V&R

Gottfried Orth

Siehst du den Balken nicht?

Soziale Gerechtigkeit

Religionsunterricht praktisch

Unterrichtsentwürfe und Arbeitshilfen
für die Sekundarstufe II

Herausgegeben von
Frauke Büchner, Michael Wermke, Birgit Zweigle

Vandenhoeck & Ruprecht

Bibliografische Information der Deutschen Nationalbibliothek

Die Deutsche Nationalbibliothek verzeichnet diese Publikation in der Deutschen Nationalbibliografie; detaillierte bibliografische Daten sind im Internet über http://dnb.d-nb.de abrufbar.

ISBN 978-3-525-61038-1

Printed in Germany.
Satz: weckner media+print GmbH, Göttingen
Druck und Bindung: ⊕ Hubert & Co, Göttingen

Gedruckt auf alterungsbeständigem Papier.

Inhalt

IV. Die Frage nach der Gerechtigkeit ist die Frage von Minderheiten: Gerechtigkeit als Thema in der Geschichte der Kirchen

V. Gerechtigkeit: „Eine Welt ohne Armut ist möglich" – Situationen sozialer Ungerechtigkeit

VI. Gerechtigkeit: „Eine Welt ohne Armut ist möglich" – Die Frage der Gerechtigkeit als sozial-ethisches Thema

VII. Gerechtigkeit: „Eine Welt ohne Armut ist möglich" – Ein Modell ethischer Urteilsbildung

VIII. Zwischen Sintflut und Regenbogen: Fantasie für Gerechtigkeit und Würde und Glück

A Theologisch-didaktischer Überblick

Das Thema „soziale Gerechtigkeit" ist kein Thema wie jedes andere. Es ist im wahrsten Sinne des Wortes eine *Heraus*-Forderung der Schülerinnen und Schüler wie der Lehrerinnen und Lehrer. Dies gilt theologisch und didaktisch. Die Lehrerinnen und Lehrer – auch ich selbst als Autor – gehören ebenso wie die meisten Schülerinnen und Schüler der gymnasialen Oberstufe nicht zu denen, die (zuerst) unter sozialer Ungerechtigkeit leiden. So werden sie herausgefordert, sich mit den Augen anderer zu sehen, einen Perspektivenwechsel vorzunehmen, ohne den Lernen und Lehren zum Thema sozialer Gerechtigkeit mir unmöglich erscheint.

Soziale Ungerechtigkeit betrifft zuerst „die anderen"

Unter sozialer Ungerechtigkeit leiden beispielsweise jene Schülerinnen und Schüler, aus deren Schulalltag eine Förderschullehrerin folgende Statements zitiert: „Mir geht es schlecht heute, ich habe gesoffen, lass mich in Ruhe." – „Kann ich mit Ihnen unter vier Augen reden? ... Mein Freund hat mich geschlagen." – „Ich habe Angst, dass ich schwanger bin." – „Meine Mutter hat keine Zeit, zum Schulfest zu kommen." – „Ich kann mich nicht konzentrieren, woran liegt das?" – „Warum kapieren andere Mathe schneller als ich, bin ich zu doof?" – „Ich darf nicht mit auf Klassenfahrt, wir haben kein Geld." – „Ich mache Sport nicht mit, weil alle mich zu dick finden, das sieht so scheiße aus." – „Die XY stinkt so, ich will nicht neben ihr sitzen." – „Warum vergesse ich alles? Ich bin so schlecht geworden in der Schule." – „Meine Freundin ist von zu Hause abgehauen, sie wird von ihrem Vater geschlagen – und ihre Mutter auch." – „Mein Leben ist doch scheiße." Die Lehrerin spricht von einer endlosen „Kette von Offenbarungen jeden Morgen, jeden Tag. Sie sind die eigentliche Herausforderung."[1]

Es sind Schülerinnen und Schüler, die an den gesellschaftlichen Rand ausgegrenzt wurden, die unter Erfahrungen von Gewalt leiden und Gewalt anwenden – teilweise seit Generationen. Es sind Schülerinnen und Schüler, die in Deutschland unter der schreienden Ungerechtigkeit gegenüber Kindern aus ärmeren Familien und Migrantenfamilien leiden. Es sind Schülerinnen und Schüler wie Marcel: „Als ich die Hausaufgaben der Klasse nachsehe, bleibe ich auch bei Marcel (14) stehen. Er riecht sehr stark und trägt ein schmutziges, ehemals weißes Sweat-Shirt voller Flecken, seine Hände sind dreckig, seine Hausaufgaben hat er in einem alten Heft aus dem 6. Schuljahr auf die Hälfte einer freien Seite geschrieben, einen Füller besitzt er nicht ... Ich bitte ihn, in der Pause nachher noch einen Moment in der Klasse zu bleiben, weil ich mit ihm reden möchte. Vorsichtig spreche ich ihn auf seine verschmutzte Kleidung an und darauf, dass er ungewaschen erscheine, erkläre ihm, dass Jungen und Mädchen in der Pubertät oft schnell starken Körpergeruch haben und deshalb täglich duschen sollten – sage ihm aber auch, dass er alt genug sei, auf saubere Kleidung zu achten. Etwas betreten druckst Marcel herum, erklärt dann, sie müssten Wasser sparen, sie seien so viele zu Hause, da könne man nicht jeden Tag duschen. Auf sein Arbeitsmaterial angesprochen, sagt er, sein Vater sei arbeitslos, es gebe kein Geld für neue Füller, wenn der alte verloren sei – und neue Hefte erst im nächsten Monat, aber er hätte noch ein paar Seiten in alten Heften gefunden. ... Am nächsten Tag kommt Marcel mit einer anderen Hose, jedoch mit dem schmutzigen Sweatshirt vom Vortag in die Schule. Erneut spreche ich ihn an: ‚Bei uns gab es nichts Gewaschenes mehr, nur die Hose habe ich gefunden.' Stolz jedoch zeigt er mir seine geschrubbten Hände: ‚Ich habe aber geduscht, obwohl ich noch nicht dran war.'"[2]

1 G. Orth, H. Fritz, „... und sei stolz auf das, was du bist" – Muslimische Jugendliche in Schule und Gesellschaft. Stuttgart 2007. S. 149f., i.A.
2 Mitgeteilt von H. Fritz mit dem Zusatz: „In anderen Familien wird Wert gelegt auf Kleidung oder auf Produkte der Unterhaltungsindustrie, Geld für Bücher, Arbeitshefte, Arbeitsmaterial, Schulausflüge – das gibt es dann auch hier nicht mehr."

Lernvoraussetzungen

Gymnasialschülerinnen und -schüler und ihre Lehrerinnen und Lehrer sind anders; meist kennen sie jene Kinder und Jugendlichen und ihre Lebenssituationen nicht. Soziale Grenzen verhindern auch soziale Empathie. Sie zu erlernen und einzuüben wird nötig sein, soll soziale Gerechtigkeit gelernt und gelehrt werden. Die mit dem Thema gegebene Herausforderung ist freilich nicht nur eine auf der gegenwärtigen sozialen Ebene. Sie betrifft auch die Auseinandersetzung mit nahezu allen Texten der christlichen Tradition, angefangen von den biblischen Geschichten, die unser Thema betreffen.

Die zentrale Lernvoraussetzung für unser Thema scheint mir deshalb soziale und historische Empathie zu sein: die Bereitschaft und der Wille, sich in fremde soziale Lagen und in die Situation der Armen, Witwen und Waisen, der Elenden und Gefangenen, der Beraubten und Geschlagenen zu biblischen Zeiten zu begeben und dies – wenigstens kognitiv – als Herausforderung an sich selbst und seine Sichtweisen der Welt und des Lebens zuzulassen. Nur wenn dieser Perspektivenwechsel wenigstens ansatzweise gelingt – und darin liegt die didaktisch-methodische Herausforderung an die Lehrenden – macht das Thema „soziale Gerechtigkeit" Sinn: es geht immer auch um den Balken im eigenen Auge, der Sehen verhindert (Lukas 6, 41ff.). Es geht um *mich*, wenn es um Gerechtigkeit geht!

Was protestantisch nahe liegt, sei sofort ausgeschlossen: Es geht nicht darum, anderen ein schlechtes Gewissen zu machen oder Schuldgefühle zu produzieren. Sie helfen niemandem und verhindern Solidarität und Veränderungen eher, denn dass sie diese ermöglichen. Es geht zunächst *nur* um Wahrnehmung und Klarheit. In dem aus der Tradition der Bekennenden Kirche herrührenden und in der Ökumene bedeutungsvoll gewordenen Dreischritt „sehen – urteilen – handeln" hängt zunächst alles an dem ersten Schritt des Sehens: Will ich hinschauen? Was hindert mich daran? Will ich mich fremdem Leid aussetzen, von der himmelschreienden Not anderer herausfordern lassen? Als eine erste Seh- und Wahrnehmungsschule dazu bietet das Material Informationen zu Situationen sozialer Ungerechtigkeit in Deutschland und Europa und in Afrika, Asien und Lateinamerika an.

Konzeptionelle Überlegungen

Doch es geht im evangelischen Religionsunterricht nicht um beliebiges Sehen, sondern um einen gerichteten Blick auf Ungerechtigkeit. Mit der Frage nach Gerechtigkeit und der Realität von Ungerechtigkeit steht Gott auf dem Spiel: Gerechtigkeit ist sein bevorzugter Name in den biblischen Traditionen des Alten wie des Neuen Testamentes, die zuerst ausführlich zu Wort kommen (Bausteine II und III). Gott selbst identifiziert sich mit dem Willen nach Gerechtigkeit für die Armen und Geschundenen (Psalm 82). Ihnen gelten die prophetische Kritik von Ausbeutung und Reichtum und die Hoffnung auf Leben, ihnen die jesuanischen Seligpreisungen.

Damit ist ein zentrales hermeneutisches Problem der Lektüre der biblischen Texte verbunden. F. Bovon bringt dies zu Beginn seines Kommentars zu Lukas 6,20–26 so auf den Punkt: „Wie kann ich als wohlhabender Exeget es wagen, die Seligpreisungen in einer armen Welt auszulegen? Auf keinen Fall darf ich mich als Vermittler verstehen. Meine einzig mögliche Stellung ist nicht auf der Seite Jesu, sondern auf der seiner Hörer. Seligpreisungen und Weherufe darf ich nur hören. Dies scheint auch die Haltung von Lukas gewesen zu sein ..."[3] Ob es bei Lukas so war, wissen wir nicht. Für uns heute in Deutschland gilt freilich Bovons Überlegung: Wir dürfen die Seligpreisungen hören. Sie gelten anderen. Den Schülerinnen und Schülern wie den Lehrerinnen und Lehrern und natürlich mir selbst, dem Autor, gelten die Weherufe. Von ihnen und mir sind Parteilichkeit und Solidarität, Perspektivenwechsel, Teilen gefordert. Soziale Gerechtigkeit ist nicht nur eine Frage der Armut; es ist eine von Armut und Reichtum: Wer über das eine reden möchte, darf über das andere nicht schweigen. Armutsberichte ohne gleichzeitige Reichtumsberichte sind schamlos. Auch darum wissen die biblischen Traditionen.

Eine zweite Voraussetzung bestimmte die Auswahl der biblischen Texte ebenso wie diejenige der theologischen Positionen, die zur Sprache kommen. Alt- und neutestamentliche Texte sind gleichberechtigt und es wurden nur Texte von solchen theologischen Autorinnen und Autoren in das Material aufgenommen, für die diese Voraussetzung Gültigkeit hat. Ansgar Moenikes

3 F. Bovon, Das Evangelium nach Lukas. EKK 1. Teilbd. Neukirchen 1989. S. 288.

beschreibt sie so: „Das Alte Testament ist das Fundament des Christentums." Er soll mit seinen Erläuterungen dieses Satzes ausführlich zu Wort kommen: „Das Neue Testament und Jesus schreiben der Tora bzw. der jüdischen Bibel insgesamt unbedingte Gültigkeit für Juden und Nichtjuden zu. Dies ist die grundlegende Erkenntnis, die Christen ernst nehmen müssen. Wer sich mit Jesus beschäftigt und wem an Jesus liegt, der kommt an der Tora nicht vorbei, denn für Jesus ist die Tora die zentrale normative Autorität, und davon abhängig die Propheten, die die Tora auslegen. Ohne das so genannte Alte Testament, ohne die Tora, ohne die Gebote der Gottes- und Nächstenliebe, und das bedeutet: ohne das Judentum, gäbe es nicht den jüdischen Messias Jesus, der zur radikalen Befolgung der Gebote der Tora mit dem Liebesgebot im Zentrum auffordert. Christen können keineswegs so tun, als ginge sie die jüdische Bibel nichts an, im Gegenteil: Wer die Tora befolgt, und zwar radikal, das heißt: mit dem Herzen, in Ausrichtung auf den Geist der Tora und mit dem Liebesgebot im Zentrum, der handelt und lebt ganz im Sinne Jesu und des Neuen Testaments; wer aber die Tora nicht befolgt, hat die zentrale Forderung Jesu und des Neuen Testaments missachtet und das theologische Fundament des Christentums verfehlt. Eine Missachtung der jüdischen Bibel bedeutet zugleich, die Identität Jesu als Sohn Israels zu leugnen und damit Jesus selbst zu verleugnen. Eine Missachtung der jüdischen Bibel bedeutet außerdem, den Gott der Bibel und den Gott Israels und damit auch Jesu, den Gott also des Alten und des Neuen Testamentes zu leugnen. Eine Missachtung der jüdischen Bibel bedeutet schließlich, das Neue Testament zu missachten, das ohne das Alte Testament sein Fundament verliert, das ohne es zusammenfällt, so wie etwa das Dachgeschoss eines Hauses ohne das Erdgeschoss nicht sein kann. Die jüdische Bibel ist das Fundament der Gottesbotschaft Jesu und des Bekenntnisses zu Jesus als dem Messias. Christliche Identität gibt es nur in der Ausrichtung auf die Bibel Jesu, die heiligen Schriften Israels – oder, wie es der Kirchenvater Hieronymus formulierte: *Die Schrift nicht kennen, heißt Christus nicht kennen.*"[4] Dies gilt erst recht und selbstverständlich für die Frage sozialer Gerechtigkeit – die (!) Gottesfrage des Alten und Neuen Testamentes schlechthin.

Abschließend eine dritte hermeneutische Bemerkung zum Umgang mit den biblischen Texten. Auch wenn die Kenntnis der historischen Situation und ihrer ersten Adressaten so entscheidend dafür ist, dass wir heute „richtig" lesen können, auch wenn der Zusammenhang der Texte – gerade auch intertestamentarisch – bedeutsam zu ihrem Verständnis ist, „existiert das Original nicht"[5]. Ein biblischer Text ist seine eigene Geschichte. Mit biblischen Texten ist es wie mit der Musik und dies ist das Einzigartige und Außergewöhnliche: Ihre Überlieferung und ihre Interpretation sind ein und derselbe Vorgang.

„Gemälde kann man in Museen aufbewahren; interpretieren kann man sie natürlich auch, aber das ist ein anderer, separater Vorgang, der nichts mit ihrer bloßen Erhaltung zu tun hat. Bei der Musik – und bei biblischen Texten – ist das anders. Der Prozess ihrer Erhaltung, ihrer Überlieferung, ist immer gezeichnet von den unendlich vielen Variationsmöglichkeiten, die ihre Lektüre mit sich bringen."[6] Der „echte Lukas" beispielsweise – falls es je so etwas gegeben hat – ist mit seiner ersten Lektüre für immer verloren. Biblische Texte vermitteln sich in ihrer Aneignung und werden dabei jeweils neu konstruiert. Und: „Die Pflicht zur Überlieferung braucht nicht mehr die Lust an der Interpretation zu zensieren"[7], wie dies vielfach in biblischer Exegese, aber auch beispielsweise in der Literaturwissenschaft immer wieder zu beobachten ist.

Überlieferung gibt es hier nur als meine, unsere Interpretation, oder noch einmal mit Barrico: „Das Kunstwerk ist seine eigene Geschichte. ... Was wir letztlich erben, ist nicht mehr die unversehrte Schöpfung eines Autors, sondern eine Spurensammlung, bei der die ursprünglichen Merkmale von den andern nicht mehr zu unterscheiden sind. ... Der Akt, der das Original preisgibt, findet zum innersten Wesen des Werkes: seinem eigentlichen Anspruch, nie zu vergehen."[8]

4 A. Moenikes, Der sozial-egalitäre Impetus der Bibel Jesu und das Liebesgebot als Quintessenz der Tora. Würzburg 2007. S. 38f.

5 A. Barrico, Hegels Seele oder die Kuh von Wisconsin. Nachdenken über Musik. München 2006. S. 39. Den Gedanken dieses Textes folgen wir im Folgenden.

6 A.a.O. S. 37f. mit den von dem Verfasser vorgenommenen Ergänzungen jeweils hin zu biblischen Texten.

7 Barrico spricht davon, dass in der Musikproduktion „die Pflicht zur Überlieferung die Lust an der Interpretation zensiert" und „im Schatten dieses Banns die verschiedenen Formen des Musizierens mehr oder weniger dahin kümmern" (aaO. S. 38) – Ist es mit der Poesie nicht auch hier ähnlich, zumindest in vielen ihrer unterrichtlichen Gestaltungen ...?

8 A.a.O. S. 41.

Auf die ausführliche Auseinandersetzung mit biblischen Traditionen, die den Blick schärfen für die Wahrnehmung sozialer Ungerechtigkeit und für die Ausrichtung jüdischer und christlicher Praxis, folgen Ausschnitte aus der Kirchen- und Theologiegeschichte (Baustein IV). Sie verdeutlichen, wie trotz aller großkirchlichen Anpassung an politische und gesellschaftliche Herrschaft immer wieder auch prophetische Kritik und jesuanische Praxis Gestalt annahmen in der Praxis christlicher Gruppen wie einzelner Christinnen und Christen.

Sodann werden gegenwärtige Situationen sozialer Ungerechtigkeit Thema (Baustein V). Sie verdeutlichen den theologisch konstitutiven Zusammenhang von „Bibel und Zeitung", wie Karl Barth ihn proklamierte. Geht es um gegenwärtige sozialethische Urteilsbildung und um aktuelle Praxis für soziale Gerechtigkeit, dann ist – geschult durch Kenntnis biblischer Traditionen und unabgegoltener Hoffnungen aus der Kirchen- und Theologiegeschichte – gegenwärtiges Unrecht wahrzunehmen. So lautet die Überschrift dieses und der kommenden Bausteine mit der globalisierungskritischen Bewegung Attac und mit dem Ökumenischen Rat der Kirchen: „Eine Welt ohne Armut ist möglich". In Berichten und Situationsschilderungen geht es um exemplarische Beispiele sozialer Ungerechtigkeit in Deutschland und Europa wie in Afrika, Asien und Lateinamerika.

Es schließen sich Materialien aus – vornehmlich deutschen evangelischen – Kirchen und Theologien zum Thema an (Baustein VI). Diese werden jeweils eingeleitet durch Texte aus der ökumenischen Bewegung. Sie ist der Resonanzboden der prinzipiell provinziellen und partikularen Theologien der einzelnen Kirchen und nationalen Universitäten oder theologischen Zentren. Sie ist der Raum, innerhalb dessen sich diese wechselseitig Rechenschaft abzulegen haben. Maßstäbe dafür sind beispielsweise die zehn Regeln der Rechenschaft der Weltkonsultation 1990 in Seoul zum Abschluss des konziliaren Prozesses für Gerechtigkeit, Frieden und Bewahrung der Schöpfung[9]. Auch bei der dann folgenden Textauswahl geht es – wie insgesamt in den Bausteinen – um exemplarische Texte, nicht um eine irgendwie geartete wissenschaftsgeschichtliche Vollständigkeit. Die Textauswahl ist subjektiv und parteilich – getragen von der biblisch bezeugten Option Gottes für die Armen. Sie ist letztlich der Maßstab theologischer Reflexion und der Praxis von Kirchen und Gruppen.

Nun folgt ein Modell ethischer Urteilsbildung, das Heinz Eduard Tödt in den 1970er Jahren konzipiert und vielfach erprobt hat (Baustein VII). Es ermöglicht einen kontrollierten, nachprüfbaren und wissenschaftsorientierten Prozess, zu ethischen Urteilen zu gelangen. Zugleich können in diesem Prozess ethischer Urteilsbildung alle die Themen und Inhalte der vorstehenden Bausteine zusammenfassend nochmals zur Sprache kommen.

Gerahmt sind die Bausteine II bis VII vom Ausgangspunkt aller christlichen Ethik, dem Loben und Danken, in dem wir uns der Güte Gottes versichern (Baustein I). Wer lobt und dankt, sieht die Erde und die Menschen mit neuem, franziskanischem Blick und nimmt die Geschwisterlichkeit allen Lebens wahr, wie sie Franz von Assisi in seinem Sonnengesang dichtete. Wer loben und danken kann, freut sich des eigenen Lebens und seiner grundlosen Fülle; er und sie wissen, dass wir aus dem leben, was wir uns nicht selbst geben können und was nicht zu kaufen oder sonstwie zu erwerben ist. Aus solch grundloser Freude entsteht Solidarität, die darauf gerichtet ist, Freude und Leben zu schenken. Aus solch grundloser Freude entsteht jene Fantasie, die am Glück und an der Würde der Menschen interessiert ist, von der die Texte des Alten Testamentes Zeugnis ablegen und die Jesus lebte (Bausein VIII). Getragen ist jene Fantasie von der Gewissheit, dass solange die Erde steht, nicht aufhören sollen Saat und Ernte, Sommer und Winter, Tag und Nacht (Genesis 8,22). Als Zeichen dieses Bundes zwischen Gott und den Menschen – vor dem Bund mit seinem Volk Israel und vor Jesus Christus – setzte Gott nach der Sintflut den Regenbogen in die Wolken. Greenpeace hat diesen Regenbogen, der zum Zentralsymbol des Judentums wie des Christentums hätte werden können, als sein Zeichen gewählt.

9 Vgl. W. Stierle, D. Werner, M. Heider (Hrsg.), Ethik für das Leben. 100 Jahre ökumenische Wirtschafts- und Sozialethik. Rothenburg 1996.

Didaktisch-methodische Überlegungen

Ein idealtypischer Grundsatz konstruktivistischer Didaktik, der ich hier folgen möchte, weil sie mich – verknüpft mit Konzepten systemischer Psychologie und den wenigen bisher vorliegenden Konstrukten der Hirnforschung – überzeugt, lautet: „Jeder Sinn, den ich selbst für mich einsehe, jede Regel, die ich aus Einsicht selbst aufgestellt habe, treibt mich mehr an, überzeugt mich stärker und motiviert mich höher als von außen gesetzter Sinn, den ich nicht oder kaum durchschaue und der nur durch Autorität oder Nicht-Hinterfragen oder äußerlich bleibende Belohnungssysteme gesetzt ist."[10] Dies gilt gerade für religiöse und ethische Lernprozesse. Er ist zudem hier von besonderer Bedeutung, da gegenüber den biblischen Texten und ihren Herausforderungen hinsichtlich sozialer Gerechtigkeit Schülerinnen und Schüler wie Lehrerinnen und Lehrer sich nichts oder kaum etwas voraushaben: Sie stehen den gleichen Situationen gegenüber und suchen sie mit den biblischen Traditionen im Interesse eigener Verhaltensmöglichkeiten zu verknüpfen. So werden Lehrer und Schüler – mit Paulo Freire – zu Lehrer-Schülern und Schüler-Lehrern.

Nehmen wir den zitierten didaktischen Grundsatz ernst, so folgt daraus weiter die Anerkennung der Sch. als Subjekte ihres eigenen Lernweges und damit die Individualisierung des Lernens: „Lernen als Konstruktion zeigt uns, dass wir didaktisch jeden Lerner in seinen Ressourcen und Lösungen anerkennen müssen, dass wir mit einer kreativen Vielfalt rechnen können und Vorsicht walten lassen müssen, alle Lerner bloß aus der Sicht eines wissenschaftlichen Lernansatzes zu beurteilen; es erhebt sich didaktisch immer die kritische Frage, wie wir möglichst viele unterschiedliche Lerner zu konstruktiven Lösungen bei unterschiedlichen Ressourcen bringen können; unsere Lösungen müssen individuell, singulär, situativ angepasst sein."[11] Ein solcher individualisierter Lernansatz, der von der Wertschätzung jedes einzelnen Sch. geprägt ist, ermöglicht ein Denken in viele unterschiedliche Richtungen und trägt so bei zu kreativen Interpretationen biblischer Texte, zu kreativen Formen ethischer Urteilsbildung und zu kreativen Wahrnehmungen und Veränderungsstrategien sozialer Situationen. So kommen Sch., L., biblische und theologische Texte oder kirchliche Verlautbarungen oder Zeugnisse und gegenwärtige Situationen in ein gemeinsames Gespräch.

Schließlich kann eine Unterrichtspraxis, die dem zu Beginn des Abschnittes zitierten Grundsatz zu entsprechen sucht, wohl am ehesten dem wehren, was Claudia Dalbert, Pädagogische Psychologin, das „Gerechtigkeitsparadox" nennt.[12] In einer empirischen Studie hat sie herausgefunden, dass das Streben nach Gerechtigkeit „zwei Gesichter hat": Gerade die Probanden, die zunächst ein besonders starkes intuitives Gerechtigkeitsgefühl äußerten, neigten angesichts von Bildern von Jugendlichen in Slums, hungernden Kindern in Afrika oder Flüchtlingen in Zeltlagern dazu, diese Situationen abmildernd zu interpretieren: „So schlecht geht es denen ja gar nicht" oder „Irgendwie sind die selbst schuld" oder Ähnliches. Dalbert spricht als Erklärung von einer Umwertung der Situation, weil sie dem intuitiven oder auch unbewussten Gerechtigkeitsempfinden zu stark widerspreche: „Wenn sich ein Mensch besonders machtlos fühlt, etwa angesichts der Benachteiligungen in manchen Ländern und wenn diese Situationen sehr komplex sind, dann kann man diese Machtlosigkeit und den Kontrollverlust durch Umwertungen kaschieren." Sollen real vorhandene Benachteiligungen irgendwie seelisch integrierbar sein, dann werden sie nach dieser Studie gerade von Gerechtigkeits-sensiblen Menschen ungerecht umgedeutet.[13] Für die Entwicklung des Gerechtigkeitsempfindens „scheinen einem emotional harmonischen Familienklima sowie schulischen Gerechtigkeitserfahrungen eine besondere Bedeutung zuzukommen"[14].

10 K. Reich, Konstruktivistische Didaktik. Weinheim/Basel 2006. S. 95.

11 A.a.O. S. 194.

12 Vgl. B. Dribusch, Paradoxes Spiel im Hirn. Gerade Menschen, die stark nach Gerechtigkeit streben, verhalten sich häufig besonders unfair. In: TAZ 16./17. 12. 2006.

13 Vgl. auch C. Dalbert, Gerechtigkeit als Gegenstand der Psychologie. Von der Autorin zur Verfügung gestelltes unveröffentlichtes Manuskript 2007, hier bes. S. 2: „Die Gerechtigkeitsmotivtheorie (Dalbert, C., The justice motive as a personal resource: Dealing with challenges and critical life events. New York: Kluwer Academic/Plenum Publishers 2001) unterscheidet zwischen einer bewussten Ebene der Operationen und einer unbewussten, intuitiven Ebene. Auf der bewussten Ebene können sich Menschen selbst so beschreiben, dass es ihnen wichtig ist, für Gerechtigkeit zu sorgen und gegen Unrecht vorzugehen. Dieses motivationale Selbstkonzept leitet dann die Reaktionen der Menschen, sofern es um relativ bewusste und kontrollierte Reaktionen geht. Ein Beispiel hierfür sind Aufteilungsentscheidungen. Bei Menschen mit einem solchen selbst zugeschriebenen Gerechtigkeitsmotiv ist es z. B. eher unwahrscheinlich, dass sie sich zu einer egoistischen Aufteilung entschließen, da sie mit einem solchen Verhalten den eigenen Anforderungen an sich selbst nicht gerecht würden. Im Alltag erfolgen jedoch viele Reaktionen auf einer eher intuitiven Ebene. Hierzu gehören etwa die Auswahl der Reize, die überhaupt verarbeitet werden, oder spontane Bewertungen von Personen und Situationen. Die Gerechtigkeitsmotivtheorie nimmt an, dass solche Prozesse, sofern sie gerechtigkeitsthematisch sind, von einem unbewussten Gerechtigkeitsmotiv beeinflusst werden, und dies kann bisweilen zu paradoxen Reaktionen führen. So ist es gut belegt, dass Menschen, denen Gerechtigkeit auf einer unbewussten Ebene besonders wichtig ist, dazu neigen, Ungerechtigkeiten, die sie ihrer Meinung nach nicht beseitigen können, kognitiv so zu restrukturieren, dass sie als gerecht erscheinen."

14 Ebd.

Soll das Gerechtigkeitsparadox aufgebrochen werden können, dann kann dies freilich nur jeder einzelne Schüler und jede einzelne Schülerin individuell für sich leisten in einem Lernprozess, der immer wieder auch selbstreflexiv nachfragt, ob hinter den eigenen Urteilen, wenn andere Menschen ausgegrenzt oder abgeurteilt werden, ein Gerechtigkeitsparadox steckt, um das eigene Weltbild nicht ganz aus den Fugen geraten zu lassen. Wird dies nicht geleistet, könnte es sein, dass jemand, gerade weil ihm Gerechtigkeit wichtig ist, Ungerechtigkeit hinnimmt und prolongiert.

Mit der Erarbeitung der Texte und der Lösung der anderen Aufgaben sind eine Reihe von Präsentationen verbunden. Diese sollen ebenso die Selbstpräsentation der Sch. fördern wie die didaktisch reflektierte und methodisch abwechslungsreiche Darstellung zunächst fremder Positionen mittels verschiedener Präsentationsmöglichkeiten, wie Power Point, Lernposter, Mind Mapping oder Overheadfolien, einüben. Sämtliche Präsentationen dienen auch der Ausbildung sozialethischer Argumentationsfähigkeit.

Sozialethische Ausdrucksfähigkeit ist gerade auch dann wichtig, wenn ethische Fragen zu Themen der Schulkultur werden und die Schüler hier wie in fächerübergreifenden Projekten gefordert sind. Fächerübergreifende Bezüge ermöglichen die Materialien dieses Kurses beispielsweise

- zum Fach Politik/Soziologie hinsichtlich der Fragen nach Armut und Reichtum und einer entsprechenden Wirtschafts-, Sozial-, Arbeits- und Entwicklungspolitik,
- zum Fach Geschichte durch die angesprochenen kirchengeschichtlichen Themen, die nach Parallelen und Divergenzen im säkularen Raum fragen lassen,
- zum Fach Deutsch, in dem parallel zu diesem Kurs literarische Texte zu Armut und Reichtum gelesen und erarbeitet werden können.

Zielperspektiven

Die folgenden Zielperspektiven, die in den einzelnen Bausteinen als Intentionen konkretisiert werden, gehen davon aus, dass Sch. als Subjekte ihres eigenen Lernens geachtet und ernst genommen werden und dem Ziel innergesellschaftlicher wie weltweiter Gerechtigkeit gegenüber aufgeschlossen sind bzw. sich von dieser Frage zumindest berühren lassen.

Unter diesen beiden Voraussetzungen sollen die Schülerinnen und Schüler

- erkennen, dass die biblischen Traditionen Gott und die Aufrichtung von Gerechtigkeit so eng miteinander verknüpfen, dass mit der Frage der Realisierung von Gerechtigkeit Gott selbst, wie ihn Juden und Christen glauben, auf dem Spiel steht, und mit ihm die Hoffnung für seine Schöpfung,
- soziale Empathie an Hand von in Texten repräsentierten Situationen von Menschen, Gruppen und Gesellschaften in Armut, Not und Elend wahrnehmen und einüben können,
- theologische und insbesondere sozialethische Argumentationen kennen und anwenden und ethische Urteile hinsichtlich sozialer Gerechtigkeit sich erarbeiten können,
- sich Alternativen zur herrschenden Unordnung sozialer Ungerechtigkeit vorstellen und Fantasie für Gerechtigkeit, die Würde und das Glück aller Menschen entwickeln können.

Unterrichtspraktische Hinweise

Die hier zusammengestellten Unterrichtsmaterialien sind zu umfangreich, als dass sie alle in einem Kurs bearbeitet werden können. Dem Religionslehrer und der Religionslehrerin obliegt die Entscheidung, welche der Materialien in ihrem Unterricht „jetzt dran" und für den Fortgang der Erarbeitung des Themas hilfreich und bedeutsam sind.

Den einzelnen Materialien zugeordnet sind jeweils Hinweise auf einführende Literatur zur Vorbereitung des L. oder für Schülerreferate. Ebenfalls sind kurze didaktische und methodische Hinweise sowie Bearbeitungsfragen und -aufgaben zur Gestaltung des Unterrichtsgesprächs angefügt, die die Vorbereitung und Durchführung des Unterrichtes erleichtern sollen.

Ich empfehle, in jedem Fall dem vorliegenden didaktisch-methodischen Aufbau des Kurses zu folgen, d.h. eher Ausschnitte aus dem Material zu verwenden als einzelne komplette Bausteine; dabei würden m. E. notwendige Lernschritte ausgelassen. Unter eigenen Gesichtspunkten können die einzelnen Bausteine freilich auch frei kombiniert und zu neuen thematischen Einheiten gestaltet werden. Ich nenne einige Beispiele:

- Geht es um ethische Urteilsbildung, kann entweder Baustein VII für sich allein herangezogen werden oder in Kombination mit den Bausteinen I und VIII, um den theologischen Sinn ethischer Urteilsbildung im Kontext des Religionsunterrichtes zu verdeutlichen.
- Geht es um das Erlernen sozialen Einfühlungsvermögens, kann Baustein V hilfreich sein.
- Geht es um den Kontext „Dritte Welt“ oder um „Armut in Deutschland“, sind die entsprechenden Texte aus Baustein V nutzbar.
- Geht es um biblische Gotteslehre bzw. um den Zusammenhang von Gott und Gerechtigkeit, sind die Bausteine II und III für sich zu bearbeiten.
- Geht es um Kirchengeschichte im Religionsunterricht, kann diese ausgehend von Baustein IV zum Thema werden.

Literatur

Brot für die Welt (Hrsg.), Gesichter des Hungers. Der Hunger-Report. Frankfurt 2005.

U. Duchrow, R. Bianchi, R. Krüger, V. Petracca, Solidarisch Mensch werden. Hamburg 2006.

W. Esterley, Wir retten die Welt zu Tode. Frankfurt 2006.

Gerechte Teilhabe – Befähigung zu Eigenverantwortung und Solidarität. Eine Denkschrift des Rates der EKD zur Armut in Deutschland. Gütersloh 2006.

Le Monde diplomatique, Atlas der Globalisierung. Berlin 2006.

Kirchlicher Herausgeberkreis Jahrbuch Gerechtigkeit, Armes reiches Deutschland. Jahrbuch Gerechtigkeit I. Frankfurt/Oberursel 2005.

Kirchlicher Herausgeberkreis Jahrbuch Gerechtigkeit, Reichtum – Macht – Gewalt. Jahrbuch Gerechtigkeit II. Frankfurt/Oberursel 2006. S. 66–71.

N. Klinger, J. König, Einfach abgehängt. Ein wahrer Bericht über die neue Armut in Deutschland. Berlin 2006.

M. Mies, Globalisierung von unten. Der Kampf gegen die Herrschaft der Konzerne. Hamburg 2002.

M. Robra, Ökumenische Sozialethik. Gütersloh 1994.

Social Watch Deutschland, In Angst und Not. Report 2004. Ohne Ort 2004.

Social Watch Deutschland, Handeln statt Versprechen. Report 2005. Ohne Ort 2005.

W. Stierle, D. Werner, M. Heider (Hrsg.), Ethik für das Leben. 100 Jahre ökumenische Wirtschafts- und Sozialethik. Rothenburg 1996.

B Bausteine

I. Einführung: „sozusagen grundlos vergnügt“ (M. Kaléko)

Theologische und didaktische Aspekte

Der Heidelberger Katechismus benennt – theologisch sachgemäßer als der Martin Luthers – als Erstes das Geschenk des Glaubens an Gott den Schöpfer, an Jesus Christus und an den Heiligen Geist oder mit den trinitätstheologischen Formulierungen Hans Küngs: „Gott ist als Geheimnis über uns – Gott ist in Christus mit uns – Gott ist im Heiligen Geist in uns“[1] Dem folgt als Zweites der Teil „Von der Dankbarkeit“, der die Gebote enthält, die ethischen Angebote und Konsequenzen des Lebens unter, mit und in Gott.

Die Barmer Theologische Erklärung hat als gesamtevangelische Bekenntnisformulierung dies in ihrer zweiten These aufgenommen, wenn sie formuliert: „Wie Jesus Christus Gottes Zuspruch der Vergebung aller unserer Sünden ist, so und mit gleichem Ernst ist er auch Gottes kräftiger Anspruch auf unser ganzes Leben; durch ihn widerfährt uns frohe Befreiung aus den gottlosen Bindungen dieser Welt zu freiem, dankbarem Dienst an seinen Geschöpfen.“

Menschen finden sich wie alle Geschöpfe in Gottes Schöpfung vor, von der es heißt – was nicht nur Bestandsaussage, sondern Hoffnungssatz ist: „Und siehe, es war sehr gut“. Wir leben aus dem, was wir nicht produzieren, uns nicht kaufen oder sonst wie beschaffen können. Christinnen und Christen leben aus einem grundlegenden Befreiungsakt. Dies ist theologisch sachgemäß das Erste. Und Christinnen und Christen antworten darauf mit freiem, dankbarem Dienst. Oder mit einem schönen Bild Martin Luthers: So wie es keine Sonne ohne Schatten gibt, so gibt es keinen Glauben ohne Werke. Diese sind dann nicht „Gesetz“, nicht Zwang oder Müssen, sondern selbstverständliche Konsequenz, eben: freier und dankbarer Dienst an allen Geschöpfen.

Um dies zu verdeutlichen, beginnt dieser Kurs mit dem Gedicht von Mascha Kaléko „sozusagen grundlos vergnügt“. Was hat diese Freude über all das, was uns „zufällt“, wenn wir achtsam und aufmerksam unseren Alltag wie unser Leben wahrnehmen, mit Ethik zu tun? Die Förderschullehrerin Hilde Fritz, die mit diesem Gedicht in einer siebten Klasse arbeitete, beschreibt es so: „Vermeintliche Selbstverständlichkeiten werden bewusst als Grund zur Freude gesehen und beachtet – und sie implizieren, dass ich mich selbst bewusst als Grund für Freude sehe und beachte. Daraus, ‚weil ich mich selber liebe‘, kann die Liebe zum nächsten Anderen wachsen: Ich sehe mich und kann andere sehen. Ich beachte mich und kann andere beachten. Ich freue mich über mich und kann mich über andere und anderes freuen. ‚An solchen Tagen erklettere (ich) die Leiter, die von der Erde in den Himmel führt …‘ Ethisches Lernen und Lehren fängt mit der Freude an und mit dem Entdecken dessen, ‚was wir lieben‘ – wir wollen lernen und lehren, wie wir achtsam und zärtlich mit uns und mit dem Leben umgehen, dessen wir uns freuen und das uns staunen lässt …“[2]

Dem folgt ein Textausschnitt aus der sog. Bergpredigt Jesu, wie sie Matthäus überliefert. In unseren Bibeln ist dieser Text überschrieben mit „Vom Schätzesammeln und Sorgen“, richtiger wäre: „Von Gottes Sorge für uns“. Theologie beginnt mit Wahrnehmungen. Mit Wahrnehmungen des Glückes und der Freude, die uns vergnügt sein lassen. Mit Wahrnehmungen der Natur, die Gott schön sein lässt. Mit Wahrnehmungen von mir selbst, der ich mich freuen darf ob meines Lebens und der Für-Sorge Gottes.

1 Zit. nach G. Lange, Glaube – was ist wesentlich? In: KatBl 126 (2001). S. 98-101, hier S. 100.
2 Vgl. G. Orth, H. Fritz, „Ich muss wissen, was ich machen will …“. Ethik lernen und lehren in der Schule. Göttingen 2008.

Es schließt sich eine systematisch-theologische Reflexion an. Dorothee Sölle, die lebenslang dem Unrecht und der Zerstörung widerstehende Theologin, hat ihn im letzten Vortrag vor ihrem Tod „Wer nur Glück will, will nicht Gott" im Zusammenhang des mystischen Weges formuliert. Sie verdeutlicht den Ausgangspunkt nicht nur mystischer Erfahrung, sondern christlichen Glaubens.

Ein Text aus der Bekennenden Kirche schließt den Materialteil dieses Bausteines ab: die schon zitierte 2. These der Barmer Theologischen Erklärung vom Mai 1934, die mit dem Bekenntnis zu Jesus Christus dessen Zuspruch der Befreiung wie dessen Anspruch formuliert. Zugleich widerspricht dieser Text in der Situation des totalitären deutschen Nationalsozialismus jedwedem Anspruch auf Eigengesetzlichkeit – eine wichtige Voraussetzung theologisch-ethischen Arbeitens zu sozialer Gerechtigkeit.

Im Sinne eines den Kurs begleitenden „mitlaufenden Anfangs" (R. Oberthür) werden die Sch. abschließend gebeten, eine drei- bis fünfminütige Rede an die ganze Menschheit zu schreiben über das, was gut und was schlecht „läuft" auf der Erde. Im zweiten Baustein werden u. a. prophetische Texte eine Rolle spielen. Das Verfassen einer solchen Rede ermöglicht den Schülerinnen und Schülern prophetennahe Erfahrungen und lässt sie prophetisch reden, bedeutet doch prophetische Rede nicht mehr, aber auch nicht weniger als kritische Zeitansage[3], eine für den Gesamtkurs zentrale Aufmerksamkeitsperspektive.

Intentionen

- Die Sch. sollen dem theologisch grundlegenden Zusammenhang von „Glaube und Werke", von „Befreiung und Praxis", von Jesu „Zuspruch und Anspruch" auf die Spur kommen und möglicherweise an eigenen biografischen Erfahrungen verdeutlichen.
- Die Sch. sollen die Freude und das Vergnügtsein im Gedicht Mascha Kalékos erspüren und die Gründe der Freude diskursiv zusammenfassen können. Die Sch. sollen das Gedicht fortschreiben.
- Die Sch. sollen den biblischen Text interpretieren, in ihre Sprache mit ggf. eigenen Bildern übertragen und sich kritisch mit ihm auseinandersetzen.
- Die Sch. sollen das „Sorget nicht" für sich und ihr Leben durchbuchstabieren und die Frage nach dem Realitätsgehalt des biblischen Textes diskutieren können.
- Die Sch. sollen die systematisch-theologischen Texte verstehen und auf dem Hintergrund ihrer Entstehungszeit interpretieren und jeweils individuell Stellung zu den formulierten Positionen nehmen.

Unterrichtsideen/Verlaufsplanung/Projektideen

1. Der Ausgangspunkt: Meine Freude

Unterrichtsideen

Die Sch. beginnen mit einer kleinen Schreibwerkstatt zum Stichwort „Freude". „Freude" steht als stiller Impuls an der Tafel. Nun werden die Sch. gebeten, sich dazu

- drei Substantive
- drei Adjektive
- drei Verben
- und eine Farbe

auszuwählen, die für sie zu dem Stichwort „Freude" gehören. Mit Hilfe der ausgewählten Wörter sollen die Sch. ein Gedicht schreiben. In diesem Gedicht müssen alle ausgewählten Wörter vorkommen; es können dazu auch weitere Wörter benutzt werden.

Die Sch. werden gebeten, zunächst die von ihnen gewählten Wörter und dann ihre Gedichte vorzulesen.

In einem zweiten Schritt wird das Gedicht von Mascha Kaléko **M1** laut gelesen. Dazu lesen die Sch. zunächst das Gedicht für sich, um sich in Stimmung und Klang einzufühlen. Danach wird es von einem jungen Mann und einer jungen Frau laut vorgelesen. Daran anschließend schreiben die Sch. ein Gedicht: Was mich freut und „sozusagen grundlos vergnügt" sein lässt. Die Texte der Sch. werden gemeinsam mit dem Gedicht von Kaléko in einer kleinen Ausstellung an die Wand gehängt, gemeinsam gelesen, ggf. vorgelesen und kurz besprochen.

3 Vgl. R. Oberthür, „... andere Fächer erklärt ja der Lehrer, Religion erklären wir Kinder selbst!" Erfahrungen mit einer Didaktik der Aneignung im Religionsunterricht. In: M. Bahr u. a. (Hrsg.), Subjektwerdung und religiöses Lernen. München 2005. S. 203–217, hier S. 204.

L.-Impulse

- Ehe eine Schülerin und ein Schüler das Gedicht laut vorlesen, lesen Sie das Gedicht bitte zunächst für sich und fühlen Sie sich ein in die Stimmung und den Klang dieses Textes.
- Schreiben Sie das Gedicht weiter, so wie es für Sie und Ihre Freuden passt: Was freut Sie und lässt Sie sozusagen „grundlos vergnügt" sein?
- Woran freuen sich Mascha Kaléko und Sie? Wo sehen Sie Übereinstimmungen, wo möglicherweise Differenzen?

2. Die Vögel im Himmel, die Lilien auf dem Felde – Bilder des Lebens (Matthäus 6,25–33)

Literatur zur Vorbereitung

U. Luz, Das Matthäusevangelium. 1. Teilband. Neukirchen-Vluyn 2002. S. 471–487.

Unterrichtsideen

Der Text (jedem Sch. sollte eine Bibel zur Verfügung stehen) wird zunächst laut vorgelesen, handelt es sich doch um eine – wenn auch von Matthäus stilisierte – Predigt Jesu. Anschließend setzen sich die Sch. in Kleingruppen mit dem Text kritisch auseinander.

Ein Gespräch im Plenum zu den Ergebnissen der Kleingruppenarbeit schließt sich an. Dabei kommt es nicht darauf an, die Gruppenergebnisse oder Schüleräußerungen zu harmonisieren. Jede und jeder kann nur die eigene Wahrheit sagen, sie neben den biblischen Text stellen oder ihm gegenüber positionieren. Damit ist ein Horizont biblischer Auseinandersetzung eröffnet, der den Kurs als „mitlaufender Anfang" ebenso begleiten wird wie die den Baustein abschließende erste Positionierung der einzelnen Sch. in ihrer kurzen Rede an die Menschheit.

L.-Impulse

- Was fasziniert Sie an diesem Text, was stößt Sie ab?
- Ist das nicht eine fahrlässige und im schlechten Sinn leichtsinnige Forderung Jesu?
- Ist das im Text zum Ausdruck kommende Gottvertrauen für Sie nachvollziehbar?
- Würden wir u.U. glücklicher und leicht-sinniger leben ohne die Sorge um das, wessen wir bedürfen?

3. Am Anfang stehen Staunen und Verwundertsein

Literatur zur Vorbereitung

D. Sölle. Gesammelte Werke. Band 1: Sprache der Freiheit. Stuttgart 2006. S. 9-33 (Einführung in Sölles Biografie und Denken).

Unterrichtsideen

Ein Sch. wird gebeten, sich über die Biografie Sölles (**M2**) zu informieren und für die Unterrichtsgruppe eine kurze Biografie zusammenzustellen, denn Sölles Nachdenken über welche Fragen auch immer lebt aus dem Zusammenhang von Biografie und Theologie. Nach der biographischen Einführung liest eine Schülerin den Text zunächst laut vor. Ggf. werden Verstehensschwierigkeiten geklärt, ehe eine kritische Diskussion im Plenum der Klasse beginnt.

L.-Impulse

- Was lässt uns staunen und verwundert sein? Was verzaubert uns?
- Wieso zerreißt radikales Staunen die Schleier der Trivialität?
- Was macht uns fühllos, wahrnehmungslos, unberührbar? Kommen wir unseren „Fettschichten" auf die Spur?
- Wozu fordert Sölles Text heraus?
- Sind wir einverstanden mit unserem Hier und Jetzt?
- Wären Jammern oder die Klage angemessene Haltungen gegenüber dem Hier und Jetzt?

4. Jesus Christus – Zuspruch und Anspruch auf unser ganzes Leben

Literatur zur Vorbereitung

E. Busch, Die Barmer Thesen. 1934-2004. Göttingen 2004.

Unterrichtsideen

In einer kurzen Einführung erläutert L. die Entstehungssituation der Barmer Theologischen Erklärung, ehe die 2. These (**M3**) in Kleingruppen bearbeitet wird. Ein Plenumsgespräch in der Klasse schließt die Bearbeitung ab. Dabei kann daran gedacht werden, eine Pro- und eine Contra-Gruppe zur Frage der Eigengesetzlichkeit bestimmter Wirklichkeitsbereiche und ihrer radikalen Ablehnung durch die Barmer Theologische Erklärung zu bilden.

L.-Impulse

- Wozu brauche ich Vergebung? Bin ich mir nicht selbst genug?
- Will ich Jesus den Anspruch auf mein ganzes Leben zugestehen?
- Was würde dies bedeuten? Was sträubt sich in mir dagegen? Was lässt mich dem Gedanken zustimmen?
- Was meint Nachfolge?
- Stimmen Sie dem Verwerfungssatz der These, der jedwede Eigengesetzlichkeit bestimmter Wirklichkeitsbereiche radikal ablehnt, zu? Welche Pro-, welche Contra-Argumente fallen Ihnen ein?

5. Rede an die Menschheit

Unterrichtsidee

Die Sch. werden gebeten, eine drei- bis fünfminütige Rede an die Menschheit zu entwerfen. Die eine oder andere Rede wird vorgelesen. Die Reden werden vom L. gesammelt, kopiert und allen Sch. zur Verfügung gestellt.

L.-Impuls

Was läuft gut, was läuft schlecht auf der Erde? Entwerfen Sie eine drei- bis fünfminütige Rede an die Menschheit und schreiben Sie diese auf. Schreiben Sie bitte leserlich; alle Reden sollen allen Sch. der Klasse kopiert zur Verfügung gestellt werden.

M1

Sozusagen grundlos vergnügt

Ich freu mich, dass am Himmel Wolken ziehen
Und dass es regnet, hagelt, friert und schneit.
Ich freu mich auch zur grünen Jahreszeit,
Wenn Heckenrosen und Holunder blühen.
– Dass Amseln flöten und dass Immen summen,
Dass Mücken stechen und dass Brummer brummen.
Dass rote Luftballons ins Blaue steigen.
Dass Spatzen schwatzen. Und dass Fische schweigen.

Ich freu mich, dass der Mond am Himmel steht
Und dass die Sonne täglich neu aufgeht.
Dass Herbst dem Sommer folgt und Lenz dem Winter,
Gefällt mir wohl. Da steckt ein Sinn dahinter,
Wenn auch die Neunmalklugen ihn nicht sehn.
Man kann nicht alles mit dem Kopf verstehn!
Ich freue mich. Das ist des Lebens Sinn.
Ich freue mich vor allem, dass ich bin.

In mir ist alles aufgeräumt und heiter:
Die Diele blitzt. Das Feuer ist geschürt.
An solchen Tagen erklettert man die Leiter,
Die von der Erde in den Himmel führt.
Da kann der Mensch, wie es ihm vorgeschrieben,
– Weil er sich selber liebt – den Nächsten lieben.
Ich freue mich, dass ich mich an das Schöne
Und an das Wunder niemals ganz gewöhne.
Dass alles so erstaunlich bleibt, und neu!
Ich freue mich, dass ich … dass ich mich freu.

Mascha Kaléko
M. Kaléko, In meinen Träumen läutet es Sturm,

Am Anfang steht das Staunen

M2

Dorothee Sölle redete in ihrem letzten Vortrag kurz vor ihrem Tod im April 2003 über das Glück und verbindet dieses mit ihren Erfahrungen wie mit ihrem Nachdenken über die mystische Reise. Was sie für die mystische Reise formuliert, gilt weit darüber hinaus für alles theologische Arbeiten, ja: für unseren Glauben als Christinnen und Christen. Ich zitiere aus einer Mitschrift:

Am Anfang steht das Staunen, das Verwundertsein: Wie erfahren etwas, was wir noch nicht gekannt oder gewusst hatten. Die Schönheit. Wir erleben Verzauberung: Jedes Entdecken der Welt und eines ihrer geringsten Teile kann uns in einen Jubel stürzen, in ein radikales Staunen, das die Schleier der Trivialität zerreißt. Nichts ist selbstverständlich und am allerwenigsten die Schönheit. Sie macht uns verwundert. Das erste ist ein „Ja". Von Abraham Joschua Heschel stammt die Überlegung, dass der Ursprung unseres „In-Beziehung-Stehens" die Erfahrung eines radikalen Hingerissenseins ist, ein überwältigendes Staunen angesichts dessen, wer oder was uns begegnet: erfahrene Schönheit. Das ist Staunen, wie Gott am sechsten Tag die Welt wahrnahm: Und siehe, es war alles sehr gut. Das ist ein Anfang. Das befreit von Gewohnheiten, Sichtweisen, Überzeugungen, die sich wie Fettschichten um uns lagern und uns unberührbar machen und wahrnehmungsunfähig (das ist ein Ausdruck der islamischen Sufi-Mystiker). Solche Befreiung, die mit ihr verbundene Begeisterung und so erfahrbare Fähigkeit zur Verwunderung stellt Einverständnis mit unserem Jetzt-Sein her. Das können wir erlernen in jeder Form von Schönheit und Gutsein: „Hiersein ist herrlich." (R. M. Rilke).

Dorothee Sölle, „Wenn du nur Glück willst, willst du nicht Gott". Vortrag am 25. April 2003 in der Evangelischen Akademie Bad Boll. Vgl. auch den Vortrag in: Religion, Kirche, Ökumene – edition akademie multimedia 1

2. These der Barmer Theologischen Erklärung (1934)

M3

Durch Gott seid ihr in Christus Jesus, der uns von Gott gemacht ist zur Weisheit und zur Gerechtigkeit und zur Heiligung und zur Erlösung. (1. Kor 1,30)

Wie Jesus Christus Gottes Zuspruch der Vergebung aller unserer Sünden ist, so und mit gleichem Ernst ist er auch Gottes kräftiger Anspruch auf unser ganzes Leben; durch ihn widerfährt uns frohe Befreiung aus den gottlosen Bindungen dieser Welt zu freiem, dankbarem Dienst an seinen Geschöpfen.

Wir verwerfen die falsche Lehre, als gebe es Bereiche unseres Lebens, in denen wir nicht Jesus Christus, sondern anderen Herren zu eigen wären, Bereiche, in denen wir nicht der Rechtfertigung und Heiligung durch ihn bedürften.

II. und III.: Die Frage nach Gott ist die Frage nach Gerechtigkeit – im Alten wie im Neuen Testament

Theologische und didaktische Aspekte

Mit der Frage nach der Gerechtigkeit steht Gott, wie ihn die biblischen Überlieferungen bezeugen, auf dem Spiel. Dies verdeutlicht in besonderer Weise Psalm 82, einer der aufregendsten Texte der gesamten Bibel. Es geht darum, wer oder was das eigentlich ist, den oder das wir Gott nennen. Dieser Psalm reflektiert so etwas wie eine Momentaufnahme der Entstehung des Monotheismus. Die Götter kommen nicht dem nach, was ihre Aufgabe ist, nämlich Gerechtigkeit auf der Erde herzustellen. So werden sie von dem Gott Israels entmachtet und dieser wird aufgefordert, nun das herzustellen und dafür einzustehen, was er selbst zum Kriterium des Gottseins der Götter und zum Kriterium seiner selbst gemacht hat: Gerechtigkeit.

„Eigentlich" könnte der gesamte Kurs zum Thema „soziale Gerechtigkeit" als Bibelkurs entfaltet werden und in der Aufforderung bestehen, die biblischen Schriften zu studieren; auf Schritt und Tritt ist Gerechtigkeit ihr Thema: Gerechtigkeit zwischen Menschen, gesellschaftlichen Gruppen und Klassen, Völkern, ja der gesamten Schöpfung, die in ängstlichem Harren auf das Offenbarwerden der Kinder Gottes wartet (Römer 8). Ausgangspunkt der Forderung nach und der Überlegungen zur Gerechtigkeit ist dabei immer Gottes besondere Option für die Armen. Sie sind diejenigen, denen Gerechtigkeit widerfahren muss. Sie sind der „Prüfstein" für Gerechtigkeit und somit für Gottes Gottsein. So sind diese Texte immer auch Anfrage an „unsere" (d.h. des Autors dieses Materials, der Lehrerinnen und Lehrer wie der Sch.) Parteilichkeit und Solidarität mit denen, denen Gerechtigkeit widerfahren soll. Durchweg sind die biblischen Texte kritische Anfrage und Infragestellung unseres Lebensstiles wie unserer gesellschaftlichen Position und unserer sozialen Umgangsformen. Wegen dieser ihrer prinzipiellen Bedeutung nehmen in diesem Material biblische Texte zum Thema der Gerechtigkeit und damit zur Frage nach Gott und Jesus Christus breiten Raum ein. Gleichwohl kann es sich jeweils nur um exemplarische Ausschnitte handeln.

Wegen der besonderen Bedeutung des Textes steht am Beginn dieses Bausteines eine Auseinandersetzung mit Psalm 82. Dem folgen zunächst Texte der hebräischen Bibel aus den Büchern Exodus, Leviticus, Psalter, Kohelet, Jesaja und Amos. So kommen alle Teile des sog. Alten Testamentes zu Wort: Texte der Weisung, der Weisheit und der Prophetie. Neutestamentliche Texte aus den Evangelien und der Apostelgeschichte, den Briefen und der Offenbarung schließen sich im folgenden Baustein an, so dass hier wiederum alle Teile der neutestamentlichen Überlieferung Berücksichtigung finden. Dabei beginnen wir mit einem Ausschnitt der lukanischen Feldrede Jesu, die die prinzipielle Position Jesu zu den Armen und die damit verbundenen Auslegungsprobleme verdeutlicht. Der Durchgang durch beide Testamente in allen ihren Teilen zeigt, dass unser Thema von gesamtbiblischer Relevanz ist und in allen biblischen Traditionen begegnet.

Das ist das eine, was deutlich wird. Das andere: Biblische Autoren bedenken die Erfahrungen und die Geschichte von Menschen, Gruppen und Völkern mit ihrem Gott und im Zusammenhang ihres Glaubens. Dabei ist Gott keine „Zutat" zur Welt und zu den Erfahrungen der Menschen, sondern das, was auf der Erde sich ereignet, geschieht unmittelbar auch im Zusammenhang mit Gott. Zu allen Zeiten nun, die die biblischen Texte reflektieren, war das Thema der sozialen Gerechtigkeit, die Auseinandersetzung zwischen Arm und Reich ein individuell, gesellschaftlich und politisch bedeutsames Thema, an dem die biblischen Autoren, wollten sie an der Zeit sein, nicht vorbeigehen konnten. Bereiche der Wirklichkeit, die eigenen Gesetzmäßigkeiten folgen, gab es für sie nicht.

Hat Religionsunterricht in der gymnasialen Oberstufe immer auch wissenschaftspropädeutischen Charakter, dann genügt es in ihm nicht, biblische Texte zu lesen und sich methodisch vielfältig mit ihnen auseinanderzusetzen. Vielmehr gehört dazu auch die Lektüre und Diskussion wissenschaftlicher und d.h. historisch-kritischer Kommentare zu den jeweiligen Textpartien. So sind allen zitierten biblischen Texten jeweils Ausschnitte aus anerkannten biblischen Kommentaren zugeordnet. Dabei wurde der in Kommentaren reich vorhandene Anmerkungsapparat gekürzt und die Anmerkungen nur da belassen, wo sie absolut notwendig erschienen. Des Weiteren wurde darauf geachtet, dass die Kenntnis der beiden biblischen Sprachen, des Hebräischen und des Griechischen, nicht notwendig ist, um die Kommentare zu verstehen. Dies machte hier und da einen Eingriff in deren Text notwendig.

Selbstverständlich ist es notwendig, soll die Arbeit mit den Kommentaren fruchtbar sein, dass die Schülerinnen und Schüler für diesen Kurs eine Bibel zur Verfügung haben und diese auch benutzen.

Didaktisch stellt sich mit jedem der biblischen Texte wie mit den hinzugefügten Kommentarauszügen natürlich die Frage nach dem konkreten Schülerbezug beider Textgattungen. Dazu finden sich einige Hinweise, wenn es jeweils um die Bearbeitung der einzelnen Texte geht. Eine prinzipielle Überlegung aber vorweg: So wichtig diese Frage ist – und dies gilt erst recht im Kontext einer hier favorisierten konstruktivistischen Didaktik, die von individuellen Aneignungsprozessen und nicht von Vermittlungsstrategien her denkt –, so künstlich erscheinen mir vielfach die Antwortversuche. Das individuelle Interesse oder der persönliche Bezug eines Schülers oder einer Schülerin zu einem Text kann nicht das einzige Kriterium seiner Thematisierung im Kontext eines wissenschaftsorientierten gymnasialen Oberstufenunterrichtes im Fach Religion sein. Es gibt auch eine Logik des jeweils verhandelten Themas, die die didaktisch und methodisch reflektierte Textauswahl mitbestimmen muss.

Intentionen

- Die Sch. sollen „Gerechtigkeit“ als durchgängiges Thema biblischer Autoren und Traditionen kennen und verstehen lernen.
- Die Sch. sollen die Verknüpfung der Frage nach Gott mit der Frage nach Gerechtigkeit als konstitutiv für die jüdisch-christliche Tradition wahrnehmen.
- Die Sch. sollen biblische Texte entdecken als Texte, die zeitgeschichtlichen Erfahrungen von Individuen, Gruppen, Gesellschaften und Völkern im Kontext ihres Glaubens an Gott nachdenken und in diesen Kontexten (und nicht in irgendwelchen Sonderwelten) Gott bezeugen wollen.
- Die Sch. sollen sich mit der wissenschaftlichen Reflexion biblischer Texte auseinandersetzen können.
- Die Sch. sollen die Parteilichkeit der biblischen Texte wahrnehmen, die in ihnen deutlich werdende „Option für die Armen“ erkennen, als Anfrage an sich selbst ernst nehmen und nach Konsequenzen für sich selbst fragen lernen.
- Die Sch. sollen ihrem eigenen Lernprozess mit biblischen Texten nachdenken und ihn kritisch reflektieren können.

Unterrichtsideen/Verlaufsplanung/Projektideen

Zu diesem Baustein erstellen die Sch. ein Lerntagebuch. Dazu gehört beispielsweise:

- am Beginn des Lerntagebuches: Worauf will ich im Zusammenhang biblischer Texte in besonderer Weise achten? Was interessiert mich an biblischen Texten, was ist mir weniger wichtig? Woher kommen diese Wahrnehmungs- und Aufmerksamkeitsperspektiven?
- Kopien aller biblischen Texte, die in der Gesamt- oder in Kleingruppen behandelt werden;
- Zusammenfassungen aus den Gruppenarbeiten und Notizen, die sich die Sch. während des Unterrichtes machen;
- Fragen und Einfälle im Umfeld der biblischen Texte, die den Sch. im Verlauf der Bearbeitung des Bausteins wichtig werden;
- die Reflexion des Lernprozesses der Sch.: Was interessierte mich besonders und was weniger und warum war das so? Was fällt mir schwer? Was leicht?
- Am Ende des Lerntagebuches fassen die Sch. den Ertrag des Lernweges zu den biblischen Texten hinsichtlich ihrer Ausgangsfragen zusammen und reflektieren diesen wie ihren Lernweg abschließend.
- Vielleicht legen sich die Sch. auch eine Sammelmappe an, in der sie alles das sammeln, was sie im Verlauf der Erarbeitung dieses Bausteines zu seinen Fragestellungen und Themen irgendwo finden: Zeitungsausschnitte, Bilder, Materialien, Internetadressen oder anderes mehr.

Die Lerntagebücher gelten zuerst der Selbstreflexion der Sch. Sie werden in einer diesen Baustein abschließenden Stunde hinsichtlich des Ertrages des Lernweges und seiner Reflexion gemeinsam besprochen. Sie können auch, wenn dies den Sch. zuvor mitgeteilt wurde, vom L. eingesammelt und zur Notengebung herangezogen werden.

Den jeweils ersten und den letzten Baustein des Kapitels II und III sollen die Sch. gemeinsam in der gesamten Lerngruppe bearbeiten. Die anderen Bausteine können in arbeitsteiliger Gruppenarbeit erarbeitet werden, wenn sichergestellt ist, dass die Gruppenergebnisse an die gesamte Lerngruppe jeweils rückvermittelt werden. Dazu bieten sich neben „normalen" Gruppenberichten u. a. folgende zwei Möglichkeiten an:

- Die Ergebnisse der Gruppenarbeit werden auf Wandzeitungen festgehalten. Die Wandzeitungen werden als Ausstellung im Klassenraum aufgehängt. Die Sch. gehen herum, lesen die biblischen Texte und die Erarbeitungen ihrer Mitschüler, woran sich eine Frage- und Erläuterungsrunde anschließt.
- Die Ergebnisse der Gruppenarbeit werden in einer Power-Point-Präsentation oder einem anderen Medium, das dem Umgang mit dem entsprechenden biblischen Text entspricht, dargestellt und erläutert.

II. Die Frage nach Gott ist die Frage nach Gerechtigkeit I: Texte aus der hebräischen Bibel

1. Gott steht auf dem Spiel

Literatur zur Vorbereitung

Claus Westermann/Ferdinand Ahuis/Jürgen Wehnert: Calwer Bibelkunde. Stuttgart. 14. Auflage 2001. S. 184–193.

Unterrichtsideen

Im Plenum lesen die Sch. zunächst den Bibeltext Psalm 82 für sich und notieren sich in Einzelarbeit ihre Fragen und Assoziationen. Offene Verständnisfragen – Psalm Asafs, Sela – werden geklärt, ehe der Psalm nun laut gelesen wird.

In einem zweiten Schritt lesen die Sch. **M1** und **M2**. Dabei sind die unten formulierten Bearbeitungsfragen hilfreich. Die Texte werden sodann den Fragen entsprechend auf einer Folie zusammengefasst, die dem Austausch in der Gesamtgruppe dient. Diese Arbeit kann in arbeitsgleichen oder arbeitsteiligen Kleingruppen vorgenommen werden.

Schließlich setzen sich die Sch. im Plenum mit **M3** und **M4** anhand der unten formulierten Bearbeitungsfragen auseinander.

Die Arbeit zu Psalm 82 abschließend reflektieren die Sch. Lerninhalte und Lernwege zusammenfassend und kritisch in ihrem Lerntagebuch. Leitfragen können dabei sein: Was war für mich spannend und neu? Was bedeutet Gerechtigkeit für mich und meinen Glauben?

L.-Impulse

- Lesen Sie zunächst jeder für sich Psalm 82 und notieren Sie alles das, was Ihnen dazu einfällt an Fragen und Assoziationen zu den jeweiligen Versen.

M1 und M2:

- In welcher Weise werden Gott, die Götter und die Welt zueinander in Beziehung gesetzt?
- Was bedeutet es für das Verständnis des Psalms, wenn in ihn mythische Vorstellungen unterschiedlicher Völker eingehen?
- Wie werden Mythos und Realität zueinander in Beziehung gesetzt und was bedeutet der Zusammenhang von Mythos und Realität?

M3 und M4:

- Wovon geht der Psalm selbstverständlich aus? Ist dieser Ausgangspunkt – faktische Realität unterschiedlicher Religionen und Götter – heute noch aktuell? Welche Götter könnten heute in dieser Auseinandersetzung angesprochen sein?
- Gott soll endlich Gott werden – Voraussetzung dafür ist Gottes Parteilichkeit mit den Armen und die zuallererst ihnen zukommende Aufrichtung von Gerechtigkeit. Was bedeutet dies für die Sch.?
- Was bedeutet dieser Text für das Verständnis Jesu?
- Sind etwa die alten Götter, die das Unrecht begünstigen, am Leben und an der Herrschaft geblieben? Oder sollte auch der Gott Israels sich nach seinem eigenen Kriterium als Ungott erwiesen haben, so dass wir in einer ganz und gar gottlosen Welt leben?
- Inwiefern stehen das Menschsein des Menschen und das Gottsein Gottes gemeinsam auf dem Spiel, solange auf Erden noch Unrecht und Ungerechtigkeit herrschen?

2. „Weh' wenn auch du sie ihre Abhängigkeit fühlen lässest!"

3. Nicht hassen – sondern lieben

Literatur zur Vorbereitung

Zu 2: Claus Westermann/Ferdinand Ahuis/Jürgen Wehnert: Calwer Bibelkunde. Stuttgart. 14. Auflage 2001. S. 67–88.
Zu 3: Claus Westermann/Ferdinand Ahuis/Jürgen Wehnert: Calwer Bibelkunde. Stuttgart. 14. Auflage 2001. S. 67–88.

Unterrichtsideen

Die Schüler lesen für sich zunächst jeweils die biblischen Textausschnitte zu 2. in **M5** aus Exodus 22 und 23, einem Teil des sog. „Bundesbuches" – den „Rechtsordnungen" für das aus ägyptischer Sklaverei befreite Israel – bzw. zu 3. aus **M6**, Levitikus 19, ein Teil des sog. Heiligkeitsgesetzes, und notieren jeweils ihre Anfragen, Assoziationen und Kritiken. Nachdem diese geklärt bzw. ausgetauscht wurden, lesen die Sch. die Kommentarauszüge und vergleichen sie kritisch mit dem Text sowie ihren eigenen Überlegungen zum Text. Wird im Plenum gearbeitet, schließt sich daran eine zusammenfassende Diskussion der Texte des Buches Exodus unter der Leitfrage ihrer historischen und ihrer aktuellen Bedeutung an. Wird in arbeitsteiligen Gruppen gearbeitet, bereiten die Sch. ihre Präsentation vor.

L.-Impulse

- Aus welchem Blickwinkel sind die Texte formuliert?
- Was soll Israel tun, was unterlassen, wie sich verhalten gegenüber „denen unten"?
- Wie wird die Forderung nach solchem Verhalten begründet?
- Lässt sich hier von einer erfahrungsorientierten Ethik sprechen (Israel erfuhr Befreiung aus ägyptischer Sklaverei und Fremdlingschaft und nun sollen sich die Israeliten als Befreite verhalten und ihre Befreiung nicht verspielen)?
- Wie schätzen Sie die Aktualität der Texte ein?
- Fehlt uns als Voraussetzung einer solchen Ethik Befreiung?
- Und als weiterführender Impuls: Gottes Gottsein steht mit dem Aufrichten der Gerechtigkeit auf dem Spiel. Steht unser Menschsein damit ebenso auf dem Spiel: Können Menschen in ungerechten Strukturen ihr volles Menschsein leben?

4. Eine biblische Erlasskampagne

Literatur zur Vorbereitung

Claus Westermann/Ferdinand Ahuis/Jürgen Wehnert: Calwer Bibelkunde. Stuttgart. 14. Auflage 2001. S. 81–83.
Zur Erlasskampagne: www.erlassjahr.de

Unterrichtsideen

Die Sch. informieren sich zunächst im Internet unter www.erlasjahr.de über die von vielen Basisgruppen getragene Erlasskampagne und ihre politischen Ziele und diskutieren diese kritisch. Nun werden sie mit dem biblischen Text **M7** konfrontiert und vergleichen dessen Aussagen mit den Zielen der Erlasskampagne und ihren eigenen Positionen. Hinzu kommt der Kommentartext, der an seinem Ende eine Brücke vom biblischen Text in unsere Zeit schlägt. Wird im Plenum gearbeitet, schließt sich daran eine zusammenfassende Diskussion über den Text aus Lev 25,8–13 unter der Leitfrage seiner historischen und seiner aktuellen Bedeutung an. Wird in arbeitsteiligen Gruppen gearbeitet, bereiten die Sch. ihre Präsentation vor.

L.-Impulse

- Worauf zielt die Erlasskampagne? Halten die Sch. deren Ziele für angemessen oder für überzogen? Was hat die Erlasskampagne bisher bewirkt?
- Vergleichen Sie diese aktuelle politische Kampagne mit dem biblischen Text. Was fällt Ihnen auf? Was stört Sie? Ist eine solche Verknüpfung plausibel oder gar sinnvoll?
- Wozu fordern der biblische Text und seine Auslegung durch Erhard Gerstenberger heraus?

5. Zinsen verboten!

Literatur zur Vorbereitung

Claus Westermann/Ferdinand Ahuis/Jürgen Wehnert: Calwer Bibelkunde. Stuttgart. 14. Auflage 2001. S. 81–83.

Unterrichtsideen

Ohne Zins- oder Aktiengewinne würde unser kapitalistisches Wirtschaftssystem schnell zusammenbrechen. Aus dem Islam kennen wir das Verbot, Zinsen zu nehmen. Und jetzt begegnet ein solches Verbot auch in einem biblischen Text ... Welche Einstellung haben die Sch. zu Zinsen? Als Argumentationshilfe können dazu die kurzen Texte von Margot Käßmann und Konrad Raiser dienen (**M8**). Im Anschluss an diese kleine „Erhebung" wird der biblische Text und mit ihm zugleich der Kommentar von E. Gerstenberger in **M9** gelesen. In einer Spielsituation bilden sich eine pro-Zinsen- und eine contra-Zinsen-Gruppe; zunächst sucht jede Gruppe für sich Argumente für ihre Position; in einem Streitgespräch werden sodann die Argumente ausgetauscht. Anschließend wird nach dem ethischen Gehalt des biblischen Textes und seiner Auslegung und nach seinen Realisierungschancen gefragt. Wird im Plenum gearbeitet, schließt sich daran eine zusammenfassende Diskussion über den Text aus Lev 25,35–38 unter der Leitfrage seiner historischen und seiner aktuellen Bedeutung an. Wird in arbeitsteiligen Gruppen gearbeitet, bereiten die Sch. ihre Präsentation vor, ggf. in einer ausgeführten Form des Pro- und contra-Spieles.

L.-Impulse

- Was denken Sie über Zinsen und wie schätzen Sie diese ethisch ein?
- Setzen Sie sich kritisch mit Lev 25,35–38 und der Auslegung durch E. Gerstenberger auseinander.
- Wie realistisch ist ein solches Zinsverbot hinsichtlich seiner politischen und ökonomischen Durchsetzbarkeit?
- Lösen wir das Thema „Zins" aus seinen ökonomischen Zusammenhängen und fragen von einer anderen Position her: Welche Forderungen ergeben sich aus dem Rechtsgut der Menschenwürde und aus dem Gedanken der individuellen Selbstverwirklichung für den Umgang mit Zinsen?
- Informieren Sie sich über die Praxis islamischer Banken.
- Ist die Frage nach einer möglichen Realisierung eine ethisch relevante Frage? Wenn nein, warum nicht? Wenn ja, inwieweit ist sie ethisch relevant?

6. Güte und Treue (Wahrheit) und Gerechtigkeit und Friede

Literatur zur Vorbereitung

Claus Westermann/Ferdinand Ahuis/Jürgen Wehnert: Calwer Bibelkunde. Stuttgart. 14. Auflage 2001. S. 184–193.

Unterrichtsideen

Die Sch. lesen den Psalm 85 und konzentrieren sich insbesondere auf dessen vierte Strophe (Verse 11–14) und dort auf den Zusammenhang der Begriffe „Güte und Treue (Wahrheit) und Gerechtigkeit und Friede" (**M10**). Sie assoziieren zunächst frei zu den einzelnen Begriffen und der Bedeutung ihrer Zuordnung zueinander in diesem Text. Anschließend lesen sie den Kommentarausschnitt. Die Sch. notieren in Einzelarbeit ihre Fragen und Anmerkungen zu Text und Kommentar. Im nächsten Schritt gestalten sie ein Poster (Malen, Collage, Kalligraphie oder anderes) zu der Hoffnung auf „Güte und Treue (Wahrheit) und Gerechtigkeit und Friede". Dabei ist es hilfreich für die Gestaltung, auf die Verben in den Versen 11–14 zu achten, die den Begriffen zugeordnet sind. Wird im Plenum gearbeitet, schließt sich daran eine zusammenfassende Diskussion über Psalm 85,11–14 unter der Leitfrage des hier deutlich werdenden Zusammenhangs ästhetischer und ethischer Beobachtungen an. Wird in arbeitsteiligen Gruppen gearbeitet, bereiten die Sch. die Präsentation ihres Posters vor.

L.-Impulse

- Beschreiben Sie die Bilder dieses Psalms, insbesondere seiner Verse 11–14.
- Wie wirken die großen Worte „Güte und Treue (Wahrheit)" und „Gerechtigkeit und Friede" auf Sie?
- Würden Sie die Worte anders kombinieren, das „und" anders setzen?
- Das hebräische Wort für „küssen" kann auch „kämpfen" bedeuten (dahinter verbirgt sich eine lexikographische Problematik der entsprechenden hebräischen Verbform). Was würde sich an der Bedeutung ändern? Wie würden Sie, nehmen wir an, beide Übersetzungen sind möglich, die Dynamik von Gerechtigkeit und Friede beschreiben zwischen Kampf und Kuss?
- Gestalten Sie ein Poster der Hoffnung auf „Güte und Treue (Wahrheit) und Gerechtigkeit und Friede" und beachten Sie dabei die Verben in den entsprechenden Versen.

7. Korruption geht immer zu Lasten der Armen

Literatur zur Vorbereitung

Claus Westermann/Ferdinand Ahuis/Jürgen Wehnert: Calwer Bibelkunde. Stuttgart. 14. Auflage 2001. S. 208f.

Unterrichtsideen

Kohelet ist der große Skeptiker der biblischen Traditionen. Er nimmt Korruption in seinem Umfeld wahr. Die Sch. recherchieren zunächst im Internet zum Stichwort „Korruption“ und „Anti-Korruptions-Kampagnen“ und tragen die Ergebnisse zusammen. Sie lesen sodann den biblischen Text in **M11** und vergleichen ihre Recherche-Ergebnisse mit ihm. Sodann nehmen sie den Kommentar hinzu und diskutieren den von ihnen hergestellten Zusammenhang. Wird im Plenum gearbeitet, schließt die Arbeit zu diesem Text hiermit. Wird in arbeitsteiligen Gruppen gearbeitet, bereiten die Sch. die Präsentation ihres Themas und Textes möglicherweise in Gestalt eines Anti-Korruptionsaufrufes vor.

L.-Impulse

- Was wissen Sie über Korruption in ihrer Umgebung, in Deutschland, weltweit? Machen Sie eine kleine Recherche im Internet und informieren Sie sich auch über Anti-Korruptionskampagnen.
- Diskutieren Sie Ihre Recherche-Ergebnisse im Zusammenhang mit Koh 5,7–8. Was fällt Ihnen auf? Wo sehen Sie Übereinstimmungen, wo Differenzen?
- Nehmen Sie nun den Kommentarauszug hinzu und vergleichen Sie Ihre Ergebnisse mit den Überlegungen des Kommentars.

8. Gegen Ungerechtigkeit prophetisch reden

Literatur zur Vorbereitung

Claus Westermann/Ferdinand Ahuis/Jürgen Wehnert: Calwer Bibelkunde. Stuttgart. 14. Auflage 2001. S. 131–137 und 168–172.

Unterrichtsideen

Die Sch. lesen zunächst die prophetischen Texte von Jesaja und Amos **M12** und **M13** und achten dabei gleichermaßen auf Inhalt und Form und notieren ihre Beobachtungen dazu. Nun nehmen sie die Kommentare hinzu und diskutieren Texte, ihre eigenen Beobachtungen und die fremden wissenschaftlichen Kommentare. Im nächsten Schritt vergleichen sie ihre Reden an die Menschheit über das, was gut läuft, und das, was schlecht läuft auf der Erde, mit prophetischer Sprache und Rede. Die Differenzen werden herausgearbeitet und besprochen. In einer Schreibwerkstatt entwerfen die Sch. einen aktualisierten Jesaja- oder Amos-Text. Dabei wäre es schön, wenn alle vier prophetischen Texte aufgegriffen und aktualisiert werden.

L.-Impulse

- Welche Felder und Themen prophetischer Ungerechtigkeitskritik werden deutlich?
- Prophetie ist immer auch Gesellschaftsanalyse, „Zeitansage“ im Namen Gottes, d.h. sie hat zum Ziel die Herstellung gerechter Lebensverhältnisse. Wie reden die beiden Propheten?
- Stellen Sie sich vor, Sie veranstalten ein Happening auf dem Marktplatz ihrer Stadt und inszenieren die Jesaja- und Amos-Texte. Was würde geschehen?
- Vergleichen Sie die Redetexte der beiden Propheten mit ihrer Rede an die Menschheit über das, was gut läuft, und das, was schlecht läuft auf der Erde. Was fällt Ihnen auf? Wie bewerten Sie den Befund?
- Wir machen eine kleine kreative Schreibwerkstatt: Schreiben Sie eine aktualisierte Rede des Jesaja oder des Amos zu Beginn des 21. Jahrhunderts.

Psalm 82 im Kontext Israels und der Völker

Von seiner Eröffnung V 1 her lässt der Psalm an einer „Götterversammlung" und ihren Entscheidungen teilnehmen. Freilich beschäftigt sich diese „Götterversammlung" und damit der Psalm nicht mit den Göttern „an sich", sondern mit ihrer Beziehung zur Welt bzw. mit einer fundamentalen Gefährdung der Welt, die durch einen anklagenden Gott als Folge des Fehlverhaltens der Götter diagnostiziert wird. Dieser eine „Gott" ist zweifelsohne der Gott Israels, der im Psalm (in V 8) beschworen wird, endlich die universale Weltherrschaft zu übernehmen, damit die Ungerechtigkeit auf Erden und die Macht der Frevler zu Ende gehen und den Armen der Erde endlich Rettung und Recht zuteil wird.

Der Psalm greift auf *mythische Vorstellungen* der Umwelt Israels zurück und gestaltet mit ihnen eine originäre israelitische Dichtung. Im Psalm sind mindestens drei unterschiedliche mythische Vorstellungswelten zusammengearbeitet: (1) das kanaanäische und altorientalische Pattern der hierarchischen Götterversammlung bzw. des himmlischen Thronrats mit einem „Götterpräsidenten" an der Spitze; (2) die Zuweisung bestimmter Territorien der Welt an einzelne Gottheiten durch den Götterkönig, mit dem Auftrag, für diese Territorien zu sorgen und sie zu „regieren"; (3) das in der altorientalischen Religionswelt mehrfach belegte Schema vom Aufstieg eines bestimmten Gottes zum Haupt des Pantheons.

Diese Vorstellungen werden in unserem Psalm freilich dem Hauptpattern eines Göttergerichts untergeordnet, das in Analogie eines „irdischen" Gerichtsverfahrens abläuft. In diesem Gerichtsverfahren spielt JHWH, der Gott Israels, mehrere Rollen: Er ist Ankläger, er verkündet das Urteil – und steigt kraft dieses Urteils zum Gott schlechthin auf, der die Regierung über *alle* Territorien der Welt übernimmt. Insofern er den Tod der anderen Götter verkündet, steigt er nicht zum Vorsitzenden eines polytheistischen Pantheons auf, sondern erhält exklusive göttliche Kompetenz.

Im Psalm überlagern sich „himmlische" und „irdische" Sphäre. Einerseits spielt die in V 1 geschilderte Szenerie nach dem zugrundeliegenden mythischen Schema im Himmel (oder zumindest auf der Spitze des Götterberges, im Palast des Götterkönigs); die Akteure heißen auch ausdrücklich „Götter". Andererseits scheinen die diesen Akteuren in V 2-4 zugeschriebenen Aktivitäten sehr plastisch auf der Erde stattzufinden; darüber hinaus sind die neben den „Göttern" in V 2-4 genannten Gestalten (Frevler, Waisen, Arme, Kleine bzw. Kleinbauern, Elende) nicht gerade die „weltpolitisch" für das Regiment der Territorial- bzw. Nationalgötter entscheidenden Figuren.

Ps 82 entwirft also mit mythischen Farben ein hochdramatisches „Weltbild", das eine Welt voller Unrecht und Gewalt zeigt, und er beklagt diese Erschütterungen als Folge des Versagens der Götter der Völker. Der Psalm sieht keinen anderen Ausweg, als dass diese Götter von der Himmels- und Weltbühne verschwinden und JHWH, der Gott Israels, zum Gott *aller Völker* wird – und zwar als Retter der ausgebeuteten und verarmten Massen. „Für die den Psalm betende Gemeinde [ist] aber nicht einen Moment zweifelhaft, dass Jahwe seine im Himmel gesprochene Verurteilung der Götter in Bälde vollstrecken und auf Erden spürbar werden lässt; deshalb bittet sie abschließend leidenschaftlich um Verwirklichung der schon visionär geschauten alleinigen Weltherrschaft Jahwes (V. 8). Andererseits macht ebendieses abschließende Gebet deutlich, wie sehr sie unter dem Auseinandertreten von Glaube (Verurteilung der Götter) und Erfahrung (von Ungerechtigkeit in der Welt) leidet" (Jörg Jeremias).

M2

Psalm 82: Einzelexegese

Die *Anklage* (V 2) setzt mit einer vorwurfsvollen Frage ein. Die Frage setzt die gemeinaltorientalische Vorstellung voraus, dass der Welt eine göttliche Rechtsordnung zugrunde liegt, die von den Göttern auf den von ihnen zugewiesenen Territorien und bei den ihrer Kompetenz unterstehenden Völkern geschützt und durchgesetzt werden soll, und zwar als Recht und Gerechtigkeit sowohl in den einzelnen Völkern selbst als auch im Zusammenleben der Völker untereinander. Aber wie die Realität zeigt, ist genau dies nicht der Fall. Die Spitze des Vorwurfs ist freilich, dass die Götter selbst an dieser Rechtsbeugung und am Machtmissbrauch beteiligt sind. *Sie* verkehren das Recht in Unrecht und proklamieren das Unrecht als Recht.

Die Anklage von V2 bereitet die (ultimative) *Mahnung* (V 3-4) vor, die der Ankläger-Gott den Göttern stellt. Diese Mahnung greift einerseits traditionelle Topoi auf, mit denen auch nach altorientalischem Verständnis göttliche Pflichten angegeben werden. Andererseits werden diese Topoi von unserem Psalm in zweifacher Hinsicht geradezu radikal neu akzentuiert: (1) Während in altorientalischen Texten die Schutzpflicht für Waisen, Witwen und Entrechtete nur zu den Aufgaben einzelner „Rechtsgottheiten" gehört, macht unser Psalm dies zum entscheidenden Merkmal des Gott-Seins aller Gottheiten. (2) Während altorientalische und andere alttestamentliche Texte die besondere göttliche Fürsorge „nur" für die traditionellen „Randgruppen" der sog. personae miserae („Waise, Witwe, Rechtloser") fordern, verlangt unser Psalm eine umfassende Änderung der gesellschaftlichen und politischen Verhältnisse. Die Radikalisierung des altorientalischen „Armenethos" wird an zwei Eigenheiten von V 3-4 sichtbar: Zum einen werden die für das „Armenethos" charakteristischen Paarbildungen „Witwe und Waise" sowie „Armer und Besitzloser/Elender" durch Neubildungen aufgebrochen und so verändert, dass sie die faktisch bestehenden Gesellschaftsstrukturen evozieren und diese zum anderen als Unrechtssysteme ausweisen, denen die Masse der kleinen Leute zum Opfer gefallen ist und aus deren Gewalt sie befreit werden müssen. Auch in unserem Psalm wird die Gruppe der personae miserae, die unter dem *besonderen* Schutz Gottes (bzw. des Königs als seines Mandatars) stehen sollen, genannt, wenn auch nicht vollständig (es fehlt neben der Waise „die Witwe"), außerdem ist das übliche Wortpaar „der Arme und der Elende" aufgebrochen. Der Psalm bildet neue Wortpaare „Geringer und Waise", „Armer und Bedürftiger", „Geringer und Elender" und setzt durch die Wiederholung „Geringer" seine besonderen Akzente. Die neu eingefügte Reihe „Geringer – Bedürftiger – Geringer" meint die breite Mehrheit der altorientalischen und israelitischen Gesellschaft. Es ist die Masse der Kleinbauern, Handwerker und Tagelöhner, der die herrschende Klasse und die Großgrundbesitzer gegenüberstehen. Der Psalm kämpft also nicht nur darum, dass sich die Götter und die von ihnen legitimierten Herrschaftssysteme in besonderer Weise um die durch Unglück Marginalisierten kümmern, sondern dass die *bestehenden* politischen Systeme wegen ihrer fundamentalen Unrechtsstrukturen dadurch verändert werden, dass zuallererst der breiten „Masse" dadurch Recht und Gerechtigkeit widerfährt, dass sie „aus der Hand der Frevler", d. h. von der Unterdrückung, Ausbeutung und Entwürdigung durch die herrschende und die besitzende „Klasse" befreit wird.

Die in direkter Gottesrede ergehende *Urteilsverkündung* (V 6-7) ist einer der spektakulärsten Texte der Bibel: Er kündigt den Tod *aller* Götter an – den Gott Israels ausgenommen – und die Entmachtung der sich auf diese Götter berufenden Herrschaftssysteme.

Entnommen aus: F.-L. Hossfeld, E. Zenger, Psalmen 51-100, S. 468-488 i.A., © Verlag Herder, Freiburg im Breisgau, 3. Auflage 2007

Psalm 82 theologisch weiterdenken

M3

Der Psalm konstatiert die faktische Realität der Religionen und der Götter der damaligen Epoche, um dieser Realität dennoch das Ende anzukündigen – in Namen des Gottes Israels (als des einzig „wirklichen" Gottes) und von ihm her. V 7 kündigt das Ende dieser Götter und „ihrer" Religionen an, weil sie dem von unserem Psalm als Gegen-Entwurf zur leidvoll erfahrenen „Realität" proklamierten Gottes-Konzept nicht entsprechen: Der „*Begriff des Göttlichen* [wird hier] vom Begriff der Gerechtigkeit her definiert: „Götter" und „Söhne des Höchsten" sind nicht das, was sie zu sein vorgeben – nämlich Instanzen, die Recht und Gerechtigkeit in der Welt des Menschen garantieren und darin das Antlitz des wahren Gottes zu erkennen geben" (B. Janowski). Dabei ist diese Definition des Gott-Seins von V 3-4 her nicht bloß im Sinne des traditionellen „privaten" Armenethos gemeint, sondern stellt eine radikale Kritik *aller* damaligen Gesellschaftssysteme dar. V 7 verkündet seine massive Kritik der Religionen mit kontrastiven Gegenbildern zu V 6: Die „Götter" werden zerfallen und vermodern wie die sterblichen Menschen; sie werden ihre „Funktionen" und „Machtansprüche" verlieren wie „Beamte" und „Fürsten", sozusagen von heute auf morgen abgesetzt und „funktionslos" werden.

Die den Psalm als Reaktion auf diese „Göttertodgeschichte" beschließende *Bitte V 8* fordert JHWH auf, das von ihm selbst definierte (und beim Exodus geoffenbarte) Gott-Sein endlich und *weltweit* zur Rettung (!) des vom Chaos bedrohten Kosmos zu realisieren. Die Bitte fordert mit dem betont gesetzten Vokativ „Du (der du allein ein wirklicher Gott bist) Elohim/Gott" den Gott Israels auf, endlich der Gott *zu werden*, der er doch als der Exodusgott ist. Die Brisanz dieser Bitte wird vor dem geschichtlichen Hintergrund, in dem sie formuliert ist, und im Kontext der Asafsammlung, in der der Psalm eine theologische Schlüsselposition einnimmt, deutlich: Der Psalm verarbeitet die faktischen Erfahrungen mit den nichtisraelitischen Religionen, denen Israel begegnet ist, insbesondere in den beiden politischen Katastrophen von 722 und 587/586. Diese politischen Erschütterungen waren Erschütterungen seiner eigenen Religion, in Sonderheit seines Gottes JHWH, zumal nach gängigem Religionsmuster die Zerstörung seines Tempels den Gott Israels buchstäblich ortlos machte. Die Konfrontation mit den mächtigen Nachbarn und ihren Göttern stellte massiv die Frage nach dem religionsgeschichtlichen Ort des Gottes JHWH innerhalb der machtvollen Religionssysteme der Umwelt. Unser Psalm versucht eine radikale Antwort: Der scheinbare Verlierergott ist eigentlich der einzige wahre Gott. Er steigt hier nicht einfach zum Vorsitzenden des internationalen Götterpantheons auf, wie oft gesagt wird, sondern er löst dieses ganze Götterpantheon und *alle* Götter ab. Die anderen Religionen haben zwar politische Macht, aber ihre Götter sind in der Sicht unseres Psalms und im Vergleich mit dem Gott Israels eigentlich keine Götter – und werden deshalb „wie Menschen sterben" und „wie Machthaber gestürzt"...

Ps 82 bleibt einer der spektakulärsten Texte des Alten Testaments, der in seiner Bedeutung bislang wenig erkannt ist. Mit seiner „Definition" des wahren Gottes, der sein Gott-Sein an das Schicksal der Armen und Entrechteten gebunden hat, ist der Psalm sowohl religionsgeschichtlich als auch systematisch-theologisch originell und singulär. Diese Definition liegt voll in der Perspektive der Selbstvorstellung Gottes in Ex 3,14 und 34,6 f, legt man diese beiden Texte in ihrem Kontext und von diesem her aus.

Entnommen aus: F.-L. Hossfeld, E. Zenger, Psalmen 51-100, S. 489f. und 492, © Verlag Herder, Freiburg im Breisgau, 3. Auflage 2007

M4

Auch heute steht Gott auf dem Spiel

Bis heute ist die Erde voll von Gewalttat und Unrecht, mächtige Frevler herrschen nach wie vor, Arme und Elende werden ausgebeutet. Die Bitte „Steh auf, Gott, richte du die Erde, du musst ja das Erbe bei allen Völkern antreten" ist bisher nicht befolgt worden. Sind etwa die alten Götter, die das Unrecht begünstigen, am Leben und an der Herrschaft geblieben? Oder sollte auch der Gott Israels sich nach seinem eigenen Kriterium als Ungott erwiesen haben, so dass wir in einer ganz und gar gottlosen Welt leben? Hier zeigt sich: der Psalm hat eine Schlüsselfunktion zum Verständnis dessen, was die Bibel Gott nennt. Denn wenn es um eine Momentaufnahme der Entstehung des Monotheismus geht, dann leben wir noch immer im gleichen Augenblick.

Dieser Psalm unterstreicht auf seine Weise die biblische Grundkategorie der Verheißung. Vom Abrahamsegen angefangen bis zur Vision der Stadt Gottes, die die Völker heilt, am Ende der Johannesoffenbarung (Offb 22) umgreift sie den gesamten christlichen Kanon. Mit wechselnden Begriffen und Akzentuierungen besteht das Projekt Gottes aus Verheißung und damit aus Hoffnung. Dieser Psalm bringt in sie ein, dass es Gott selbst ist, der dabei auf dem Spiel steht. Ob es so etwas gibt, das verdient, Gott zu heißen, muss sich erst erweisen. Dass Gott diese Gerechtigkeit herbeiführen wird, ist die Option, die wir Glauben nennen. Auch was wir mit dem Neuen Testament „Erfüllung" nennen, hat wiederum die Gestalt der Verheißung, es stellt eine Erneuerung und Bestätigung der alten Verheißung dar – denn es ist noch nicht erschienen, was wir sein werden. Diesem „noch nicht", das auch die Botschaften des Neuen Testamentes bestimmt, korrespondiert freilich auch in diesem ein „schon jetzt": Die Hoffnung auf Gerechtigkeit entdeckt an vielen Stellen in der Welt Anzeichen davon, dass dieser Gott nicht tot ist, sondern bereits wirkt, dass falsche Götter entmachtet werden und Armen Gerechtigkeit widerfährt. Der Kampf gegen die Götzen von Gewalt und Unterdrückung ist im Gange, wir müssen nur hinschauen. Unser Tun ist ein Teil des Vorganges, wie sich der wahre Gott durchsetzt und die Götzen der Ungerechtigkeit überwindet. Menschen sind Mitarbeiter Gottes an der Veränderung und Vollendung der Erde. In dieser Weise von Gott zu sprechen, impliziert die Frage, ob wir so von Gott reden können, „dass Gott ein Du bleibt und nicht in irgendeinem Sinn ein Objekt unseres Wissens, ein Es wird" (D. Sölle). Wenn der Menschen Praxis für Gerechtigkeit Teil des Einsatzes Gottes für Gerechtigkeit und Recht ist, dann steht Gott und der Mensch in dieser Beziehung gemeinsam auf dem Spiel.

Vgl. F. Crüsemann, Maßstab: Tora. Israels Weisung für christliche Ethik. Gütersloh 2004. S. 260 f., leicht geändert und ergänzt durch G.O.,

Exodus 22,20–23,12

22,20: Die Fremdlinge sollst du nicht bedrängen und bedrücken; denn ihr seid auch Fremdlinge in Ägyptenland gewesen.

23,9: Die Fremdlinge sollt ihr nicht unterdrücken; denn ihr wisst um der Fremdlinge Herz, weil ihr auch Fremdlinge in Ägyptenland gewesen seid.

Die erste Forderung des Abschnittes ist mit einer Begründung verbunden, die formal ein Rahmungselement bildet, denn der identische Begründungssatz „denn Fremdlinge seid ihr im Land Ägypten gewesen" begegnet in Ex 23,9 wieder, so dass alles, was dazwischen liegt, eingeschlossen wird. Mit der Rahmung durch die Begründung von Ex 22,20 und 23,9 geschieht also ein Verweis auf die eigene Volksgeschichte als Motivation für eine soziale und humanitäre Haltung, die die Gesellschaft in Israel bestimmen soll. Das bedeutet aber auch, dass es nicht nur um „Fremden-Gesetze" geht, sondern um mit diesem Satz intentional angezeigte Werte der Gesellschaft. Der hier zu verwirklichende und eingeforderte Wert lässt sich am besten in Begriffen wie „Rücksicht" oder auch „Milde" umschreiben. Als gesellschaftlicher Wert spielt er gerade dort eine Rolle, wo der Rechtsgrundsatz der Gleichheit eingefordert wird, weil gerade Rechtsgleichheit ihr Ziel verfehlen kann, wenn sie rein formalistisch durchgesetzt wird und dabei die unterschiedlichen, individuellen Voraussetzungen unberücksichtigt lässt.

22,21-26: Ihr sollt Witwen und Waisen nicht bedrücken. *22* Wirst du sie bedrücken und werden sie zu mir schreien, so werde ich ihr Schreien erhören. *23* Dann wird mein Zorn entbrennen, dass ich euch mit dem Schwert töte und eure Frauen zu Witwen und eure Kinder zu Waisen werden. *24* Wenn du Geld verleihst an einen aus meinem Volk, an einen Armen neben dir, so sollst du an ihm nicht wie ein Wucherer handeln; du sollst keinerlei Zinsen von ihm nehmen. *25* Wenn du den Mantel deines Nächsten zum Pfande nimmst, sollst du ihn wiedergeben, ehe die Sonne untergeht, *26* denn sein Mantel ist seine einzige Decke für seinen Leib; worin soll er sonst schlafen? Wird er aber zu mir schreien, so werde ich ihn erhören; denn ich bin gnädig.

Durch die formale Gestalt des Folgenden scheint die Intention des Abschnitts hindurch. Denn wenn nun ausgehend von den Hilfsbedürftigen bzw. Benachteiligten der Gesellschaft am Beispiel von Witwe und Waise – nach dem Fremdling im Vorausgehenden – wiederum eine soziale und humanitäre Haltung eingefordert wird, dann nicht um in Einzelfällen die verschiedenen sozialen Gruppen (Fremdlinge, Witwen, Waisen) der Reihe nach zu behandeln, sondern es kommt ein tiefer liegender Aspekt zum Tragen. … Zum einen will der Kontext der Drohung beachtet sein. Gottes Zorn wird gerade nicht als unmittelbare Folge des Fehlverhaltens zur Sprache gebracht, sondern als Reaktion auf das Schreien, d. h. die Not der Ausgebeuteten, so dass zuerst gilt: Gottes Zorn ist in Wahrheit Erbarmen. Es ist folglich in erster Linie eine Aussage über Gott, die aus der gegenüber dem Hilfsbedürftigen geforderten Handlung abgeleitet wird, was auch der Schluss zu erkennen gibt: „Es wird geschehen, wenn er zu mir schreit, werde ich ihn erhören, denn gnädig bin ich" (Ex 22,26). Zum anderen ist hier das „Hören Gottes" auf das Schreien des Benachteiligten oder Ausgebeuteten zentral, was die Wiederaufnahme dieses Motivs in V 26 deutlich macht. Die Stichworte – „schreien/Geschrei" in Verbindung mit dem „Hören" Gottes – spielen eindeutig, wie auch das Unterdrückungsmotiv, auf die Exodustheologie an. Von den in V 21-23 Angesprochenen wird wiederum keine spezielle Handlung gefordert: S. R. Hirsch übersetzt (und erklärt) Ex 22,22 feinsinniger: „Weh' wenn auch du sie ihre Abhängigkeit fühlen lässest! Denn wenn sie erst zu mir schreien muss, …". Weit mehr als nur der Schutz und die Hilfe für die Bedürftigen wird gefordert: „Die Abhängigkeit nicht spüren lassen" spricht die an, die solches wohl schon erfahren haben und richtet sich sinnvollerweise an die Gemeinschaft als ganze. Insofern also auch hier die Situation des Volkes eingespielt wird, ist die Reaktion Gottes auf das, was den Benachteiligten in der Gesellschaft betrifft, entscheidend. Die Motivation der Forderung nach Rücksicht durch einen Verweis auf die Reaktion Gottes in V 22 („ich werde erhören"). 23 („ich werde schlagen"). 26 („ich werde erhören") markiert also letztendlich die Basis dieser Gesellschaft, für die die angezeigten Werte gelten sollen. Es ist nicht irgendeine Masse oder Gruppe, sondern das Volk, das von Gott aus Ägypten befreit ist, und von daher wird hier also herausgestrichen, dass es im Ganzen um Grundwerte des Gottesvolkes geht. Der Einzelne im Gottesvolk ist in die Gemeinschaft eingebunden und von ihr auch in die Pflicht genommen. Die Verwirklichung dieses sozialen Gefüges fordert Solidarität, die im Folgenden an zwei Beispielen verdeutlicht wird. Die assoziative Brücke zum Vorausgehenden bildet die Notsituation, so dass mit dem in V 24 erwähnten Armen die Linie „Fremdling, Witwen und Waisen" fortgesetzt wird. Nicht die soziale Differenz von Arm und Reich ist hier das beherrschende Thema, sondern das Verbundensein in ein und derselben Volksgemeinschaft. Die dieser Stelle inhärente Wesensbeschreibung der Volksgemeinschaft sieht S. R. Hirsch sogar als theologische Spitzenaussage, insofern nicht der Tempelgottesdienst, „sondern das soziale Leben die gottverherrlichende Offenbarungsstätte" sei. Keine Individualethik, sondern das Gemeinwohl fordert Solidarität im Gottesvolk, so dass die Notsituation eines Mitglieds nicht Anlass zur Bereicherung eines anderen werden darf. Vielmehr ergibt sich aus dem im Gottesvolk zu realisierenden Wert der Solidarität geradezu eine Verpflichtung, dem in Not geratenen Armen das Notwendige zu leihen.

23,1–9: Du sollst kein falsches Gerücht verbreiten; du sollst nicht einem Schuldigen Beistand leisten und kein falscher Zeuge sein. *2* Du sollst der Menge nicht auf dem Weg zum Bösen folgen und nicht so antworten vor Gericht, dass du der Menge nachgibst und vom Rechten abweichst. *3* Du sollst den Geringen nicht begünstigen in seiner Sache. *4* Wenn du dem Rind oder Esel deines Feindes begegnest, die sich verirrt haben, so sollst du sie ihm wieder zuführen. *5* Wenn du den Esel deines Widersachers unter seiner Last liegen siehst, so lass ihn ja nicht im Stich, sondern hilf mit ihm zusammen dem Tiere auf. *6* Du sollst das Recht deines Armen nicht beugen in seiner Sache. *7* Halte dich ferne von einer Sache, bei der Lüge im Spiel ist. Den Unschuldigen und den, der im Recht ist, sollst du nicht töten; denn ich lasse den Schuldigen nicht Recht haben. *8* Du sollst dich nicht durch Geschenke bestechen lassen; denn Geschenke machen die Sehenden blind und verdrehen die Sache derer, die im Recht sind. *9* Die Fremdlinge sollt ihr nicht unterdrücken; denn ihr wisst um der Fremdlinge Herz, weil ihr auch Fremdlinge in Ägyptenland gewesen seid.

Die unterschiedlichen Beispiele der V 1–8 thematisieren Aspekte des Sozialverhaltens des Einzelnen. Der Abschnitt von Ex 23,1–8 baut sich konzentrisch um die V 4–5 auf. Die Rahmenteile (V 1–2 und V 7–8) behandeln mit den Themen Gerüchte, Aussagen, Entscheidungsbedingungen u. ä. nicht juristisch abgrenzbare Situationen oder Fälle, sondern grundlegender das Verhältnis von Mensch und Mitmensch, das durch Aussagen, Gerüchte und Reden derart bestimmt werden kann, dass dem einen Schaden zugefügt wird und der andere davon profitieren kann. Das Thema, das hier behandelt wird, bzw. der Wert, dessen Verwirklichung gefordert wird, ist die „Gerechtigkeit".

Diesem Thema ist auch das Mittelstück der V 3–6 gewidmet. Man kann es mit Recht zu den „Spitzenaussagen alttestamentlicher Ethik" rechnen. Die Rahmenverse dieses Stückes (V 3 und V 6) sind über das Stichwort „Rechtsstreit" sowie die sachlich und semantisch nahe beieinander liegenden Begriffe des „Geringen" und des „Hilfsbedürftigen" eng aufeinander bezogen, so dass sie auch zusammen gelesen werden müssen. Am Beispiel des Rechtsstreites zeigen die beiden Verse, dass der Wert der Gerechtigkeit etwas völlig anderes ist als der in materiellen Dingen geforderte Wert der Solidarität, weshalb hier wohl zwei unterschiedliche Begriffe für „Arme" gebraucht werden, die aber, insofern sie soziale Stellung und Abhängigkeitsprobleme aufnehmen, die materielle Seite hinter sich lassen. Wenn die beiden Verse zusammen gelesen so verstanden werden können, dass der „Arme" weder bevorzugt noch benachteiligt werden soll, dann könnte das – eng verstanden – eine Weisung allein für die Richter im Prozess sein. Betrachtet man allerdings die Gerichtssituation als exemplarische, dann lässt sich der Appell an jeden Einzelnen deutlich erkennen. Der „Hilfsbedürftige", der sein Recht vielleicht nicht selbst durchsetzten kann, keinen Fürsprecher oder keine starke Gruppe im Hintergrund hat, soll nicht seinem Schicksal überlassen bleiben, sondern die Verwirklichung seines Rechts und damit der Gerechtigkeit in der Gesellschaft müssen für alle Mitglieder der Gesellschaft Maßstab bleiben.

Deutet sich in V 3 und V 6 schon ein Durchbruch dergestalt an, dass sich zeigt, dass Rechtsbestimmungen alleine das gesellschaftliche Zusammenleben nicht regeln können, sondern der Wille und die Pflicht jedes Einzelnen zur Gerechtigkeit notwendig ist, so kommt dieser Durchbruch vom Recht zum Ethos in dem Mittelstück der V 4-5 vollends zur Geltung.

Gerechtigkeit in einer Gesellschaft braucht ein Mehr gegenüber allem Recht, wie es in diesen beiden Fällen exemplarisch vorgeführt wird. Man muss sich die Sache des anderen – sogar des Feindes und des Hassers – etwas angehen lassen, man muss sich die Not, nicht nur die materielle, des anderen zu seiner Sache machen lassen. Ein solches Mehr, als jedes Recht es fordern kann, wird verlangt, d. h. eine moralische Gesinnung und Haltung, damit Gerechtigkeit in der Gesellschaft Wirklichkeit werden kann.

23, 10-12: Sechs Jahre sollst du dein Land besäen und seine Früchte einsammeln. *11* Aber im siebenten Jahr sollst du es ruhen und liegen lassen, dass die Armen unter deinem Volk davon essen; und was übrig bleibt, mag das Wild auf dem Felde fressen. Ebenso sollst du es halten mit deinem Weinberg und deinen Ölbäumen. *12* Sechs Tage sollst du deine Arbeit tun; aber am siebenten Tage sollst du feiern, auf dass dein Rind und Esel ruhen und deiner Sklavin Sohn und der Fremdling sich erquicken.

Die Landbrache im siebten Jahr mag aus der agrarischen Kultur Kanaans bekannt und vielleicht auch übernommen sein, aber sie wird hier weder im Blick auf einen Anteil der Götter noch auf eine Rekreation des Ackerbodens begründet, sondern die Motivation zielt auf einen sozialen Ausgleich ab, der erkennen lässt, dass der Einzelne sich nicht als Eigentümer und alleiniger Nutznießer des Landes verstehen soll, sondern als Teil eines Volkes, dem JHWH diese Land gegeben hat. Die nun in V 12 folgende Ruhetagsregelung – der Begriff Schabbat begegnet hier noch nicht – führt die soziale Motivation der Landbrache weiter, in dem als Ziel des angeordneten Ruhetages das Ausruhen der Arbeitstiere sowie der von der Arbeit besonders Betroffenen genannt wird.

Entnommen aus: C. Dohmen, Exodus 19-40, Herdes Theologischer Kommentar zum Alten Testament, S. 172, 174; 174-176 i.A.; 181-183 i.A., 185; 186 f., © Verlag Herder, Freiburg im Breisgau, 2004

M6 Levitikus 19

In Lev 19 wird deutlich: Es gibt kein Leben abseits der Forderung Gottes, immer und überall steht der Mensch dem Heiligen gegenüber. Dem Verfasser kam es darauf an, das Leben des Gottesvolkes so umfassend wie möglich unter das Wort Gottes zu stellen. Die Vielfalt des Lebens wird durch die gewollt unsystematische Anordnung der Rechtssätze unterstrichen. Lev 19 ist ein Spiegel des menschlichen Lebens. Wahrscheinlich ist es dies, was das Kap. noch heute aktuell erscheinen lässt.

K. Grunwald: Das Heiligkeitsgesetz Leviticus. Ursprüngliche Gestalt, Tradition und Theologie. Berlin, 1999. S. 253.259, © Walter de Gruyter

Motto des so entstandenen Katechismus von religiösen Lebensregeln für die frühjüdische Gemeinschaft war „Heiligung" des ganzen Lebens in wechselseitiger Verantwortung.

Waren V. 2–8 vor allem mit religiösen Pflichten befasst, so richtet sich in V. 9f. der Blick auf den inneren Zusammenhalt der Gemeinschaft. Die in ihr vorhandenen unterprivilegierten Gruppen sind ohne die Fürsorge der Bessergestellten nicht überlebensfähig. Sozialfürsorge steht voll unter dem Anspruch Gottes. Sie ist religiös motiviert: „Ich bin Jahwe, eurer Gott" (V. 10). Für unser Verständnis setzt sich das alttestamentliche Ethos aus zwei Komponenten zusammen, den Pflichten gegenüber Gott und der sozialen Verantwortung unter den Menschen. Im Alten Israel war beides eine untrennbare Einheit.

Das fünfte Lehrstück (V. 13f.) enthält fünf Prohibitive und eine positive Schlussermahnung. Mittelpunkt ist der Mitmensch, der im gleichen Gemeinschaftsverband lebt. Er wird zuerst allgemein benannt (V. 13a) und tritt dann als der lohnabhängige Arbeiter (V. 13b) oder als Behinderter (V. 14a) ins Blickfeld. In der Familie würden diese gesellschaftlich Schwachen in der Regel ohne Gewissensschärfung schonend behandelt. Lohnarbeit ist zudem innerhalb der Familie eher die Ausnahme. Also stammen die fünf Verbote wohl aus einem größeren sozialen Kontext. Sie scheinen eine Schichtung in Reiche und Arme vorauszusetzen. Denn sie untersagen dem Mächtigeren die wirtschaftliche Ausnutzung des Glaubensgenossen. „Unterdrückung" und „Raub" (V. 13a) sind im jetzigen Zusammenhang wirtschaftliche und soziale und nicht etwa einfache Gewaltdelikte. „Du sollst nicht berauben" ist durch keinerlei Ergänzungen präzisiert; es steht dem Verbot der „Unterdrückung" parallel. Der Tagelöhner hat Anrecht auf seinen täglichen Lohn. Auch er ist in der sozialen Hierarchie „unten" angesiedelt; auch er genießt den besonderen Schutz durch ethische Normen, die im Buch Levitikus durch göttliche Sanktionen abgesichert sind.

Die beiden letzten Verse des ersten Hauptstücks (17f.) sind ein krönender Abschluss alles dessen, was zum Wohl des Mitmenschen in der Gemeinschaft gesagt worden ist. Ganz zu Recht hat allein dieser Abschnitt im Judentum und Christentum das Nachdenken kräftig stimuliert. Die vier Verbote und zwei Gebote beschreiben keine konkreten Einzelhandlungen mehr wie in V. 11–16. Sie zielen vielmehr auf grundsätzliche Einstellungen gegenüber dem anderen Menschen. Sie bieten keine Handlungsnormen, sondern predigen eine bestimmte Gesinnung, die nicht von tiefsitzendem, tödlichen Hass (V. 17a), sondern von der „Liebe" oder Solidarität (V.18aß) getragen sein soll. Alles, was in dem kleinen Abschnitt zur Sprache kommt, ist von dieser polaren Bestimmung: „nicht hassen – sondern lieben" umfangen.

Der Abschnitt läuft dann im positiven Liebesgebot und in der kurzen Selbstvorstellungsformel: „Ich bin Jahwe" aus. Was ist aber mit dem bis heute weltweit bekannten und zitierten Satz „Liebe deinen Nächsten wie dich selbst" gemeint? Das Wort „lieben" darf sicher nicht romantisch oder karitativ missverstanden werden. Es ist im nahöstlichen Altertum durchaus ein gemeinschaftsbezogener und darum „politischer", nicht aber ein individualistischer Begriff. Er benennt auf dem Hintergrund der Familiensolidarität die Zusammengehörigkeit und gegenseitige Verantwortung von Menschen, die in einer Glaubensgemeinschaft leben. Dass in Lev 19,34 auch der in der Gemeinde lebende Ausländer voll mit einbezogen wird, zeigt die neue Dimension des alten Familienethos.

E. S. Gerstenberger, Das dritte Buch Mose. Leviticus. Göttingen 1993. S. 242; 243 f; 244 f; 246f.; 248

Levitikus 25,8-13

M7

Und du sollst zählen sieben Sabbatjahre, siebenmal sieben Jahre, dass die Zeit der sieben Sabbatjahre neunundvierzig Jahre mache. *9* Da sollst du die Posaune blasen lassen durch euer ganzes Land am zehnten Tage des siebenten Monats, am Versöhnungstag. *10* Und ihr sollt das fünfzigste Jahr heiligen und sollt eine Freilassung ausrufen im Lande für alle, die darin wohnen; es soll ein Erlassjahr für euch sein. Da soll ein jeder bei euch wieder zu seiner Habe und zu seiner Sippe kommen. *11* Als Erlassjahr soll das fünfzigste Jahr euch gelten. Ihr sollt nicht säen und, was von selber wächst, nicht ernten, auch, was ohne Arbeit wächst, im Weinberg nicht lesen; *12* denn das Erlassjahr soll euch heilig sein; vom Felde weg dürft ihr essen, was es trägt. *13* Das ist das Erlassjahr, da jedermann wieder zu dem Seinen kommen soll.

Das „Sabbatjahr" ist nur ein Vorspiel zu dem großen Entwurf eines allgemeinen Schuldenerlasses, der alle 50 Jahre stattfinden soll. Die Fünfzig-Jahre-Periode wirkt bis heute in den „heiligen Jahren" der katholischen Kirche nach. Der Freigabe von veräußerten oder verpfändeten Immobilien und dem möglichen Loskauf von Schuldsklaven gilt die ganze Aufmerksamkeit der Überlieferer.

Der Beginn des Freilassungsjahres fällt auf den großen Versöhnungstag, und er wird durch ein landesweites Widderhornblasen eingeleitet (V. 9). Beide Merkmale bezeugen die außerordentliche Bedeutung des Befreiungsjahres. Beim Befreiungsjahr hat das Widderhorn eine wichtige Eröffnungsfunktion, aber nicht nur das: Von dem Widder (jobel), dessen Horn benutzt wird, ist sogar der Name des Befreiungsjahres abgeleitet. Und dieser Name klingt in unserem kleinen Abschnitt dreimal nachdrücklich an (V. 10b. 11a. 12a). Wahrhaftig, das Befreiungsjahr ist ein „Widderhorn"ereignis! Wie andere Festtage auch wird es „geheiligt", d.h. Jahwe zur besonderen Verfügung gestellt.

Der Zweck des Befreiungsjahres ist das andere Thema von V. 10. Ein „Erlass", eine „Freilassung" für „alle Landesbewohner" soll „ausgerufen" werden. Der Ausdruck „Freilassung" wird im AT sowohl für Landrückgabe wie für die Befreiung der Schuldsklaven verwendet. In der Sache berührt sich die israelitische Institution des „Freijahres" mit jenen Amnestien und Schuldenerlassen, die in den Monarchien des Alten Orients gelegentlich von höchster Regierungsstelle verkündet wurden. Die „Befreiung" soll hier freilich umfassend sein: Die Rückgabe des Grundbesitzes und die Entlassung aus der Schuldsklaverei sind inbegriffen.

Welches Ziel schwebt den Überlieferern vor? Es geht in Lev 25 in erster Linie um das Bodenrecht und die Erhaltung des Familienbesitzes. Die eigene Scholle war in einer noch weithin agrarisch geprägten Gesellschaft Garantie für ein menschenwürdiges, von Gott gewolltes Dasein. In einer versippten und verschwägerten Gesellschaft musste das Bewusstsein für die Solidarhaftung für den Verwandten gefördert werden, um dieses Ziel zu erreichen. Darum die Betonung der Lösepflicht. Wie wenig zwingend eine solche Sitte eingehalten wurde, lehrt die Geschichte von Boas, Rut und Noemi (Rut 4). Schon manchem altisraelitischen Bauern war das Hemd näher als der Rock, und er entzog sich so lange wie möglich verwandtschaftlichen Belastungen. – Verlor ein Israelit seinen Hof, dann war der Abstieg in die Schuldsklaverei vorprogrammiert. Der Verlust der persönlichen Eigenständigkeit stellt den zweiten theologischen Krisenpunkt dar. Zwar waren die Israeliten nach der Meinung der frühen Gemeindeleiter alle „Sklaven Jahwes", aber genau deswegen durften sie keinem anderen Herrn verkauft werden (V. 42). Hier liegt ein theologisches Gleichnis vor: Jahwe gebietet voll über jedes einzelne Gemeindeglied; er kann seine Souveränität nicht durch die Verfügungsgewalt eines Sklavenbesitzers einschränken lassen. Der Verkauf eines Israeliten in die Dauersklaverei würde einen schweren Eingriff in die Rechte Jahwes bedeuten, der sich Besitzrechte an den Israeliten erworben hat. Denn Jahwe hat die in Ägypten versklavten Israeliten befreit, losgekauft und zu seinem Eigentum gemacht (V. 38). Jetzt dient das Bekenntnis zum Befreiergott von Ägypten hier dazu, die Versklavung eines israelitischen Bruders zu verhindern. Denn der Gott, der alle befreit hat, will nicht, dass sich auch nur einer der „Losgekauften" wieder der entmündigenden Willkürherrschaft irgendeines Sklavenhalters unterwerfen muss. Gerade ein Bruder soll nicht über den Bruder „mit Gewalt

M7

herrschen" (V. 43.46). Da wird nicht individualistisch und optimistisch argumentiert: Ein Bruder wird schon den Bruder wie einen Ebenbürtigen behandeln. Vielmehr ist die Sicht realistisch und institutionell: Wo immer Menschen anderen Menschen (und seien es „Brüder") auf Gedeih und Verderb ausgeliefert sind, da geschieht „Gewaltherrschaft", d. h. Missbrauch der Vormundschaft und Verfügungsgewalt. Diese Erkenntnis ist tief in die jüdische, die christliche und die marxistische Sozialtheorie eingegangen.Die einzige legitime Konsequenz aus den Jobeljahrbestimmungen kann nur sein: Wenn es schon damals im Rahmen der frühjüdischen Gemeinde um die wirtschaftliche Absicherung der Menschenwürde ging, wie viel mehr müssen wir heute, nach den geschichtlichen Erfahrungen von weiteren 2 1/2tausend Jahren und nach Bewusstwerdung der erdumgreifenden, hauptsächlich durch die westlichen Zivilisationen verursachten Ungleichheiten unter den Menschen sowie der selbstmörderischen Gefährdungen, die dadurch entstanden sind, für eine grundlegende Veränderung des Weltwirtschaftssystems eintreten. Die Unterscheidung von Einheimischen und Fremden darf nicht mehr gelten. Bruder und Schwester sind alle, die Menschenantlitz tragen. Die tatsächliche Vernetzung der Ökonomien und die alte Erkenntnis des einen Gottes, der Vater (und Mutter) aller Kreatur ist, zwingen zu diesen Schlussfolgerungen.

E. S. Gerstenberger, Das dritte Buch Mose. Leviticus. Göttingen 1993. S. 344; 345f. i.A.; 362–364,

M8

Zum Zinsnehmen

Margot Käßmann (Bischöfin der Evangelisch-Lutherischen Kirche Hannovers) und Konrad Raiser (bis 2003 Generalsekretär des Ökumenischen Rates der Kirchen): Ist Zinsnehmen mit christlichem Glauben vereinbar?

M. Käßmann: Nein … Das biblische Zinsverbot beruht auf dem Gebot der Nächstenliebe und dem Schutz der Armen. Luther setzt das fort, wenn er den Zinskauf für das größte Unglück der deutschen Nation hält. Wer je eine Schuldnerberatung besucht hat, weiß, dass Luthers Satz sich tatsächlich bewahrheitet. Und mit Blick auf die internationalen Beziehungen wissen wir, dass Belastung durch Schulden und Weltarmut in einem unmittelbaren Zusammenhang stehen. Zinsnehmen ist mit dem christlichen Glauben nicht vereinbar. Für den Fall, dass ein Mensch Geld leihen will, gesteht Luther allenfalls ein „Notwücherlein" von 4 bis 7 Prozent zu. Ein christlicher Bankier wird sorgfältig prüfen, ob die Kreditvergabe dem Nächsten tatsächlich dient und der Zins ethisch vertretbar ist. Und wir sollten den Gedanken des Erlassjahres im Auge behalten – eine Befreiung, auf die Menschen in vielen Ländern sehnsüchtig warten.

K. Raiser: Ja, aber… Es ist bekannt, dass die christliche Kirche bis ins Mittelalter hinein das Zinsnehmen ablehnte. Im Hintergrund stand das Modell einer in sich geschlossenen, solidarischen Wirtschafts- und Gesellschaftsordnung, in der das Kreditnehmen und -geben noch durch wechselseitige Verpflichtung geregelt war. Mit der Ausweitung und Anonymisierung des Handels und allmählich auch der Produktion wuchs der Bedarf an verfügbarem Kapital, aber damit auch das Risiko für die Kapitalgeber, das durch den Zins abgedeckt werden sollte. Die ethische Diskussion müsste daher bei der Höhe des Zinssatzes beziehungsweise der Elemente ansetzen, die zur Bestimmung des Zinssatzes beitragen.

W. Kessler und A. Schneeweiß (Hrsg.), Geld und Gewissen. Tu Gutes und verdiene daran. Frankfurt/Oberursel 2004. S. 30f.,

Levitikus 25,35–38

35 Wenn dein Bruder neben dir verarmt und nicht mehr bestehen kann, so sollst du dich seiner annehmen wie eines Fremdlings oder Beisassen, dass er neben dir leben könne; *36* und du sollst nicht Zinsen von ihm nehmen noch Aufschlag, sondern sollst dich vor deinem Gott fürchten, dass dein Bruder neben dir leben könne. *37* Denn du sollst ihm dein Geld nicht auf Zinsen leihen noch Speise geben gegen Aufschlag. *38* Ich bin der HERR, euer Gott, der euch aus Ägyptenland geführt hat, um euch das Land Kanaan zu geben und euer Gott zu sein.

Der Paragraph hat eine umfassende Bedeutung: Es handelt sich um ein generelles Gebot der Solidarhaftung nicht nur der Sippe, sondern der israelitischen Glaubensgemeinschaft insgesamt. Der „Bruder" ist wie in V. 25.29.47 nicht nur der Sippen-, sondern der Glaubensgenosse. Und der ganze erste Vers zeichnet die Situation des wirtschaftlichen Bankrotts, ganz im Sinne der anderen Paragraphen, nur noch wortreicher. Aber V. 36f. geben allgemein gültige, vom Befreiungsjahr unabhängige Verhaltensregeln der Solidargemeinschaft wieder.

Die Texte wollen die Verschuldung israelitischer Bauern von Grund auf verhindern. Wo dem wirtschaftlich Schwachen Kapital und Nahrungsmittel unbefristet zinslos zur Verfügung gestellt werden, kann es nicht leicht zu Ackerpfändungen und Notverkäufen kommen. Die Notwendigkeit von Schuldenerlässen beweist aber im Gegenteil gerade die Nichtbefolgung einer so grundlegenden Forderung. Oder anders: In einer „kapitalistisch" organisierten Wirtschaft, in der jeder seinen eigenen Vorteil suchen muss (vgl. Am 2,6; 5,11; 8,4-6 u. ö.), nimmt sich das Zinsverbot wie eine hohle Utopie oder ein verzweifelter Aufschrei von Menschen aus, die die Verarmung zahlloser Glaubensgenossen aus ihrer Verantwortung vor Gott nicht ertragen können. Es ist an unserer Stelle ein anachronistischer Block inmitten von Freijahrsbestimmungen, welche die harten Wirtschaftspraktiken anerkennen und höchstens das Elend der durch das soziale Netz Hindurchgerutschten mildern können. Das totale Zinsverbot würde ja Verschuldung und Bankrotterklärungen gar nicht aufkommen lassen. Im Kontext dieser Jobeljahrtexte, die sich um die Verarmten kümmern, klingt das grundsätzliche Wucherverbot so weltfremd wie eine Predigt über die Nächstenliebe in einem Handelsblatt.

Das Ziel des ganzen Abschnittes ist nicht nur die menschenwürdige Behandlung eines Verelendeten, sondern die Sicherung seiner elementaren Lebensbedingungen. Der sozial Schwache soll als Bruder „neben" den angeredeten Gemeindegliedern existieren können (V. 35b.36b). Er soll wirtschaftlich und sozial stabilisiert werden (V. 35b) und „wie ein Ausländer und Pächter" gehalten werden, nicht wie ein Sklave. Es geht um Integration des Heruntergekommenen und seiner Angehörigen in die Gemeinschaft. Sein Absinken in eine Unterschicht soll verhindert werden.

Die Überlieferer erkannten aufgrund bitterer Erfahrungen, dass Menschenwürde und gemeinschaftliche Selbstverwirklichung in starkem Maße von den wirtschaftlichen Bedingungen abhingen. Darum redeten sie der Gemeinde Jahwes ins Gewissen, die Jahwegebote im Blick auf Gleichheit und Brüderlichkeit eben auch im Wirtschaftsleben zu verwirklichen. Der reine Gottesstaat ließ sich nicht einfach gegen Gewohnheiten und geltendes Recht realisieren. Aber die Religionsgemeinschaft wollte ihren Einfluss auf die Wirtschaftsgemeinschaft geltend machen. Aus unserem heutigen Blickwinkel bedeutet das den Versuch, aus dem Glauben heraus die profane Wirklichkeit zu gestalten.

E. S. Gerstenberger: Das 3. Buch Mose Leviticus. Göttingen 1993. S. 353; 353f.; 355; 362,

M10 Psalm 85

Die vierte Strophe (V 11–14) beschreibt in einer kunstvollen Komposition das Nahekommen des Heils. Während die beiden mittleren Parallelismen V 12-13 mit Metaphern des Wachstums und der Ernte von Treue und Gerechtigkeit (V 12a: von unten; V 12b-13a: von oben; V 14b: von unten) eine kosmische Wiederherstellung der Schöpfung ansagen, zeichnen die beiden äußeren Parallelismen V 11 und V 14 (beachte auch die Stichwortbezüge) mit dem Stilmittel der Personifikation das geradezu gestalthafte Kommen der Gaben und Wirkweisen Gottes bzw. Gottes selbst. Die vier Gestalten „Güte" und „Treue" (bzw. „Wahrheit"), „Gerechtigkeit" und „Frieden" (das erste Paar: Aspekte der Liebe und Barmherzigkeit; das zweite Paar: Aspekte des Rechts und der umfassenden Lebensordnung) sitzen nicht untätig irgendwo in Wartestellung, sondern sie haben sich zusammengetan, um als Wegbereiter und Begleiter des auf die Welt kommenden Gottes das als Uranfang gesetzte Heil Wirklichkeit werden zu lassen (V 14). Dass Psalm 85 gerade diese vier Wirkweisen Gottes auswählt und sie gemeinsam auftreten lässt, unterstreicht die Dramatik des Geschehens, von dem hier die Rede ist. Die bleibende Bedeutung von Ps 85 liegt in dem utopischen Entwurf, dass die Welt zu einer Welt Gottes und der Menschen (nur) dort wird, wo die vier Größen Güte, Treue, Gerechtigkeit und Frieden sich begegnen. Diese vier müssen zusammenkommen, wenn das Gottes-Heil, wenn Gott selbst kommen soll. Wie steht es mit dem „und", das die vier verbindet? Ein wichtiger Aspekt der Rede von den Grundwerten in Ps 85 ist der Verweis auf dieses „und". Wo es echten Streit um die Wahrheit gibt, ohne dass daraus Krieg wird, ist das Heil Gottes im Kommen. Wo die Leidenschaft der Güte entbrennt, ohne dass darüber die Treue vergessen wird, ist das Heil Gottes im Kommen. Wo für Gerechtigkeit gekämpft wird, ohne dass die Barmherzigkeit auf der Strecke bleibt, ist das Heil Gottes im Kommen.

Entnommen aus: F.-L. Hossfeld und E. Zenger: Psalmen 51–100, S. 532f.; 533f., © Verlag Herder, Freiburg im Breisgau, 3. Auflage 2007

Kohelet 5, 7 und 8

M11

7 Siehst du, wie im Lande der Arme Unrecht leidet und Recht und Gerechtigkeit zum Raub geworden sind, dann wundere dich nicht darüber; denn ein Hoher schützt den andern, und noch Höhere sind über beiden. *8* Aber immer ist ein König, der dafür sorgt, dass das Feld bebaut wird, ein Gewinn für das Land.

Vers 7 formuliert eine radikale Kritik der ptolemäischen Herrschaftsorganisation, in der die sich kontrollierenden Instanzen sich zugleich decken: Dass es immer wieder zu Missständen kommt, ist angesichts der Korruption der Verwaltung kein Wunder. Sie hüten einander gegenseitig ihren Vorteil, keine Krähe hackt der anderen die Augen aus. Wie in 4,13-16 geht es dann auch hier nicht um Missstände, die innerhalb des Systems zu beheben wären; vielmehr produziert dieses System gerade die Missstände, die es zu beheben vorgibt. Vers 8 scheint nun freilich in der Existenz des Königs – und damit der Spitze der Hierarchie von Hoch- und Höhergestellten – einen „Vorteil" für das Land zu sehen und damit einen anti-revolutionären, skeptischen Konservatismus zum Ausdruck zu bringen, der die Monarchie immer noch für relativ besser hält als die Anarchie. Näherhin könnte V. 8 den „Vollzug" der Monarchie darin sehen, dass der König „für ein bearbeitetes Feld" da ist, d. h. sich um den Ackerbau kümmert.

In der Tat hatten die ptolemäischen Herrscher ein besonderes Interesse am „bebauten Feld", einer Hauptquelle ihrer Einkünfte. Die Steigerung des Steueraufkommens im ptolemäischen Judäa war nur durch eine intensivere Bewirtschaftung und die daraus resultierende Erhöhung der Ertragskraft des Landes möglich. Ein Anreiz dazu boten etwa (befristete) Steuerbefreiungen für neu kultiviertes Land. Insofern konnte das Interesse des Königs am bebauten Feld auch für den kleinen Bauern von Vorteil sein.

Nach Vers 7 lässt sich Vers 8 – verstanden als Aussage über den Vorzug der Monarchie – jedoch kaum anders denn als ironisches „Zitat" der „offiziellen" Ptolemäischen Herrschaftsideologie lesen. Was davon zu halten ist, unterliegt nach V. 7 keinem Zweifel: Der König ist nur die „Krönung" des Systems, in dem jeder „Höhergestellte" einzig und allein seinen eigenen Vorteil erstrebt. „Er liebt das Geld und wird des Geldes nicht satt" (V. 9).

T. Krüger, Kohelet. Neukirchen-Vluyn 2000. S. 218-219 i. A.,

M12

Jesaja 1,10–17

10 Höret des HERRN Wort, ihr Herren von Sodom! Nimm zu Ohren die Weisung unsres Gottes, du Volk von Gomorra! *11* Was soll mir die Menge eurer Opfer?, spricht der HERR. Ich bin satt der Brandopfer von Widdern und des Fettes von Mastkälbern und habe kein Gefallen am Blut der Stiere, der Lämmer und Böcke. *12* Wenn ihr kommt, zu erscheinen vor mir - wer fordert denn von euch, dass ihr meinen Vorhof zertretet? *13* Bringt nicht mehr dar so vergebliche Speisopfer! Das Räucherwerk ist mir ein Gräuel! Neumonde und Sabbate, wenn ihr zusammenkommt, Frevel und Festversammlung mag ich nicht! *14* Meine Seele ist Feind euren Neumonden und Jahresfesten; sie sind mir eine Last, ich bin's müde, sie zu tragen. *15* Und wenn ihr auch eure Hände ausbreitet, verberge ich doch meine Augen vor euch; und wenn ihr auch viel betet, höre ich euch doch nicht; denn eure Hände sind voll Blut. *16* Wascht euch, reinigt euch, tut eure bösen Taten aus meinen Augen, lasst ab vom Bösen! *17* Lernt Gutes tun, trachtet nach Recht, helft den Unterdrückten, schafft den Waisen Recht, führt der Witwen Sache!

In der scharfen Anrede von V. 10 werden Volk und Führung Judas mit Sodom und Gomorra verglichen. Wie durchweg im Alten Testament wird damit nicht auf die Sünde, sondern auf das schaurige Strafgericht über die beiden sündigen Städte angespielt. [...] Was muss und kann man tun, um sich aus dem Sodom-Gomorra-Geschick zu retten? Darauf antwortet Jesaja wie Am 5,21-25 in doppelter Weise: Er sagt zuerst sehr ausführlich, was vor der Urteilsvollstreckung nicht retten kann (V. 11-16a), und danach kurz und einprägsam, was man tun soll, um sich zu retten (V. 16b-17). 1. Was nicht retten kann (V. 11-16a), ist der Gottesdienst. [...] Es retten keine Opfer (V. 11). [...] Es rettet kein Tempelbesuch (V. 12-13a). [...] Es retten keine Feiern (V. 13b-14). [...] Es helfen keine Gebete (V. 15-16a). [...] 2. Was allein zu retten vermag (V. 16b-17), sagt Jesaja – dem Stil der Weisung entsprechend – knapp und einprägsam mit Anweisungen für das praktische Verhalten: Gutes tun statt Böses und das im ganzen täglichen Leben! Nicht der Tempeldienst ist ein Heilsmittel, das rettet, sondern der Dienst des Rechttuns im „Gottesdienst" des Alltags – ein ethisches und soziales Verhalten, das dem göttlichen Willen entspricht. [...] Diese rechte, gottgewollte Grundhaltung des Tuns des Guten, bedeutet „Umkehr": innere Wandlung des Menschen vom Bösen zum Guten und Leben in einem neuen Dasein, das dem Willen Gottes entspricht. Dadurch allein kann der Mensch vor Gott bestehen.

G. Fohrer, Jesaja 1–23. Zürich 3. Aufl. 1991. S. 33-38 i.A., © Theologischer Verlag Zürich

Jesaja 3,12–15: Kinder sind Gebieter meines Volks, und Frauen beherrschen es. Mein Volk, deine Führer verführen dich und verwirren den Weg, den du gehen sollst! *13* Der HERR steht da zum Gericht und ist aufgetreten, sein Volk zu richten. *14* Der HERR geht ins Gericht mit den Ältesten seines Volks und mit seinen Fürsten: Ihr habt den Weinberg abgeweidet, und was ihr den Armen geraubt, ist in eurem Hause. *15* Warum zertretet ihr mein Volk und zerschlagt das Angesicht der Elenden?, spricht Gott, der HERR Zebaoth.

Die Anklagerede stellt fest, worin sich die Führung Judas vergangen hat: [...] Landschaden, Raub und Mord – Kriegsverbrechen! Die herrschende Schicht hat im eigenen Lande wie der Feind gehaust. Sie hat den Weinberg niedergebrannt, anstatt ihn zu hegen und zu pflegen. Der Weinberg ist das Land Juda. [...] Die Oberschicht hat ferner die Armen beraubt und ihnen den Besitz abgenommen, den sie gerade hätten schützen sollen. Nun ist das geraubte Gut in ihren Häusern als Beweismittel zu finden. Sie hat schließlich die Leute wie Sklaven behandelt und zerschlagen, ja wie in einer Mühle zermalmt und geschrotet. Wie in unbarmherziger Sklaverei hat sie das Letzte an Besitz und Kraft aus ihnen herausgeholt und sie durch Macht und Reichtum wie zwischen Mühlsteinen zerrieben. Und das, obwohl sie Gottes Volk, in der alten Bedeutung des Wortes seine Familie und Verwandtschaft, sind. Eben deswegen aber greift Gott zugunsten der Hilflosen und Entrechteten ein, die ihm ebenso wie die Reichen und Mächtigen angehören und unter deren Unrecht er selbst leidet.

G. Fohrer, Jesaja 1–23. Zürich 3. Aufl. 1991. S. 65 i.A., © Theologischer Verlag Zürich

Amos 2,6–8

M13

6 So spricht der HERR: Um drei, ja um vier Frevel willen derer von „Israel" will ich sie nicht schonen, weil sie die Unschuldigen für Geld und die Armen für ein Paar Schuhe verkaufen. *7* Sie treten den Kopf der Armen in den Staub und drängen die Elenden vom Wege. *8* Und bei allen Altären schlemmen sie auf den gepfändeten Kleidern und trinken Wein vom Gelde der Bestraften im Hause ihres Gottes.

Die in V.6–8 aufgezählten „Verbrechen Israels" stehen pars pro toto für eine durch und durch selbstsüchtige Gesellschaft. Wahrscheinlich steht der für Amos selbst härteste Vorwurf sogleich am Anfang. Es geht in V. 6 um den Verkauf von Menschen, d. h. um die Beendigung der selbstständigen Existenz von Bauern. Angespielt ist auf die Institution einer (zeitlich begrenzten) Schuldknechtschaft, in die ein verarmter Bauer sich selbst oder eines seiner Familienmitglieder verkaufen musste, wenn er eine hohe Schuld nicht mehr begleichen konnte, auch nicht durch die Veräußerung von Sachwerten. Diese – bewährte – Institution war von Haus aus dazu gedacht, einen hoffnungslos Verarmten in der Abhängigkeit am Leben zu erhalten und ihm den Wiederaufbau einer selbständigen Existenz zu ermöglichen. Was Amos angreift, ist ihr grotesker Missbrauch.

Näherhin werden zwei verschiedene Arten des Missbrauchs unterschieden. Im ersten Fall steht das Ziel des Handelns im Vordergrund: Der Verkauf von Verschuldeten geschieht allein um des erzielten Gewinnes wegen und unabhängig von allen lebensgeschichtlichen Zusammenhängen, also unabhängig davon, inwieweit der Betroffene seine Not selber zu verantworten hat oder nicht. Im zweiten Fall geht es am ehesten um den Anlass: Schon bei einer Bagatellschuld schreiten Gläubiger rücksichtslos zum Verkauf des Schuldners. In beiden Fällen werden Menschen zur kalkulierbaren Ware, und das unter dem Deckmantel der Legalität. Der zweite Vorwurf in V. 7a beschreibt zunächst in einer generellen Aussage die Brutalität der Behandlung von Menschen, bevor die parallele Charakterisierung konkret wird. Abhängige werden menschenunwürdig gedemütigt; das sprichwörtliche Treten des Kopfes war auf bildlichen Darstellungen seit alters geläufiges Symbol mesopotamischer Könige für die Unterwerfung von Feinden.

Der abschließende vierte Vorwurf kehrt zum anfänglichen Thema der Sozialkritik im engeren Sinne zurück. Wieder geht es um rücksichtslose Behandlung Verschuldeter in zwei Varianten, wieder ist der übersteigerte Missbrauch in sich legaler Rechtsordnungen im Blick. Nur steht jetzt nicht der Gewinn wie in V. 6b im Vordergrund, sondern der Luxus der Gläubiger, und betroffen sind lebenswichtige Sachgüter der Schuldner, nicht aber Personen. Amos greift im ersten Fall nicht das Pfänden als solches an, wohl aber das Pfänden von Kleidern – der Mantel des Armen darf nicht über Nacht behalten werden, weil er als Zudecke dient.

Jörg Jeremias, Der Prophet Amos. Göttingen 1995. S. 20-23 i.A.,

M13

Amos 4,1-3: Hört dies Wort, ihr fetten Kühe, die ihr auf dem Berge Samarias seid und den Geringen Gewalt antut und schindet die Armen und sprecht zu euren Herren: Bringt her, lasst uns saufen! *2* Gott der HERR hat geschworen bei seiner Heiligkeit: Siehe, es kommt die Zeit über euch, dass man euch herausziehen wird mit Angeln und, was von euch übrig bleibt, mit Fischhaken. *3* Und ihr werdet zu den Mauerlücken hinausmüssen, eine jede vor sich hin, und zum Hermon weggeschleppt werden, spricht der HERR.

Amos beschimpft die vornehmen Damen der Hauptstadt mit einem Begriff („Baschanskühe"), der auf die Wohlgenährtheit der Frauen hinweist. Die 500-600 m hohe Hochebene des Baschan östlich des Sees Genezareth ist wegen ihres verwitterten Basaltbodens überaus fruchtbares Weidegebiet und war wegen ihres „Mastviehs" und ihrer kräftigen Bullen berühmt. Allerdings geht es Amos nicht um die äußere Erscheinung der Leibesfülle, auch nicht um äußeres Gepränge als Ausdruck von Eitelkeit und Hochmut, sondern um egoistischen Lebensgenuss durch ständiges Bedürfnis nach aufwendigen Feiern (Wein-„Trinken" steht wie die Betten in 3,12b als pars pro toto für solches Feiern, das 6,4-6 genauer beschreibt); es verschlang viel Silber, das seinerseits durch Unterdrückung abhängiger Armer aufgebracht werden musste.

Jörg Jeremias, Der Prophet Amos. Göttingen 1995. S. 44,

III. Die Frage nach Gott ist die Frage nach Gerechtigkeit
II. Texte aus dem Neuen Testament

M1 und M9 schlage ich vor, in der Gesamtgruppe zu bearbeiten, **M2 bis M8** kann in arbeitsteiligen Gruppen bearbeitet werden.

1. „Selig seid ihr Armen." – „Weh euch Reichen!"

Literatur zur Vorbereitung

Claus Westermann/Ferdinand Ahuis/Jürgen Wehnert: Calwer Bibelkunde. Stuttgart. 14. Auflage 2001. S. 257–265.

Unterrichtsideen

Die Sch. lesen in der Gesamtgruppe zunächst den Text aus Lk 6,20-26 und äußern spontane Reaktionen. Diese werden stichwortartig an der Tafel festgehalten. In einem zweiten Schritt wird der Kommentar gelesen (**M1**). Es schließt sich eine Diskussion an. Abschließend notieren die Sch. ihr persönliches Lernergebnis sowie davon möglicherweise abweichende Positionen aus der Lerngruppe in ihr Lerntagebuch.

L.-Impulse

- Wie reagieren Sie spontan auf diesen Text des Lukas, der Jesus so reden lässt?
- Was haben *wir* mit der Gemeinde des Lukas gemeinsam?
- Welche Rolle nehmen ‚wir' gegenüber diesem Text ein? Wo stehe ‚ich', zu welchen Angesprochenen gehöre ‚ich? Was bedeutet dies für das Verständnis und die Auslegung dieses Textes?
- Was bedeutet die Radikalität dieses Textes für den Glauben an Jesus und für die Nachfolge Jesu, wenn wir sie heute leben (wollen)?

2. „Verkaufe, was du hast, und gib's den Armen!"

Literatur zur Vorbereitung

Claus Westermann/Ferdinand Ahuis/Jürgen Wehnert: Calwer Bibelkunde. Stuttgart. 14. Auflage 2001. S. 242–250.

Unterrichtsideen

Die Sch. lesen den Text der „Geschichte vom reichen Jüngling", notieren ihre spontanen Reaktionen, vergleichen diese untereinander und diskutieren sie. Nun lesen sie die Auslegung von Ulrich Luz (**M2**) und fassen ihren Erkenntnisgewinn kurz zusammen. Sie diskutieren abschließend Jesu Forderung an den reichen jungen Mann, an die reiche junge Frau von heute – an die Sch. selbst!: „Verkaufe, was du hast, und gib's den Armen". Wird im Plenum gearbeitet, schließt die Arbeit an diesem Text damit. Wird in arbeitsteiligen Gruppen gearbeitet, bereiten die Sch. ihre Präsentation vor. (Dieser Text wird im kirchengeschichtlichen Baustein nochmals angeboten unter dem Gesichtspunkt seiner Auslegungsgeschichte. Dies kann hier ggf. mit bearbeitet werden; Baustein IV, **M1**).

L.-Impulse

- Wie reagieren Sie spontan auf diese Geschichte und die Herausforderung Jesu an den reichen Jüngling?
- Machen Sie sich mit dem Kommentar der Erzählung vertraut und diskutieren Sie abschließend, wie Sie auf diese Forderung, würde Jesus sie an Sie stellen, reagieren würden.

3. Gottes Großzügigkeit

Literatur zur Vorbereitung

Claus Westermann/Ferdinand Ahuis/Jürgen Wehnert: Calwer Bibelkunde. Stuttgart. 14. Auflage 2001. S. 242–250.

Unterrichtsideen

Die Sch. lesen leise für sich den Text Mt 20,1–16 und ein Sch. wird gebeten, den Text möglichst genau nacherzählen. Es schließt sich ein Gespräch an darüber, was den Sch. an der Geschichte wichtig ist und auffällt. Anschließend lesen die Sch. den ersten Teil des nacherzählenden und kommentierenden Textes (**M3**) und vergleichen dessen Aussagen mit ihren eigenen: Was ist ihnen dabei wichtig? Was erscheint weniger bedeutsam? Die Sch. schreiben nun eine aktuelle Fassung der Geschichte und reflektieren die gegenwärtige Bedeutung des ursprünglichen biblischen Textes. Sie lesen daraufhin den zweiten Teil des erläuternden Textes und vergleichen dessen Aussagen im Hinblick auf die oben genannten Fragen mit ihren eigenen. In fünf Thesen fassen die Sch. ihr Lernergebnis zusammen. Wird im Plenum gearbeitet, schließt sich daran eine zusammenfassende Diskussion der Thesen an. Wird in arbeitsteiligen Gruppen gearbeitet, bereiten die Sch. ihre Präsentation vor.

L.-Impulse

- Achten Sie auf die zwei Ebenen der Geschichte (die Alltagsebene und die Ebene Gottes).
- Was fällt Ihnen auf, was ist Ihnen wichtig?
- Schreiben Sie eine aktuelle Fassung der Geschichte und diskutieren Sie die gegenwärtige Bedeutung des ursprünglichen biblischen Textes.
- Fassen Sie Ihre Arbeitsergebnisse in fünf Thesen zusammen.

4. „Heute ist diesem Hause Heil widerfahren."

Literatur zur Vorbereitung

Claus Westermann/Ferdinand Ahuis/Jürgen Wehnert: Calwer Bibelkunde. Stuttgart. 14. Auflage 2001. S. 257–265.

Unterrichtsideen

Die Sch. lesen die Geschichte – Lk 19,1–10 – und beginnen ihre Auseinandersetzung mit ihr mit einem Blick in die Kunstgeschichte: Vielfach ist diese Geschichte Gegenstand von Bildern geworden, die im Internet recherchiert werden können. Die Akzente der Künstler lassen sich mit denen von Lukas vergleichen. Dabei wird deutlich: Es gibt kein Original, sondern verschiedene Darstellungen der Begegnung Jesu mit Zachäus, die jeweils Unterschiedliches betonen und hervorheben. In einem zweiten Schritt lesen die Sch. den Kommentar (**M4**), der unterschiedliche Interpretationen der Erzählung aus der Kirchen- und Theologiegeschichte zusammenfassend darstellt. Die Vielfalt der Auslegungsmöglichkeiten wird so immer größer. Abschließend erläutern und begründen die Sch. die für sie wichtigen Auslegungsmomente der lukanischen Erzählung und tragen sie einander vor. Wird im Plenum gearbeitet, schließt die Arbeit an diesem Text damit. Wird in arbeitsteiligen Gruppen gearbeitet, bereiten die Sch. ihre Präsentation am besten im Rahmen einer Power-Point-Präsentation vor, die die Darstellungen der Erzählung in der Kunst zum Ausgangspunkt wählt.

L.-Impulse

- Recherchieren Sie im Internet zu Bildern oder anderen Darstellungen dieser lukanischen Erzählung.
- Vergleichen Sie Bilddarstellungen und die ursprüngliche Erzählung und arbeiten Sie die unterschiedlichen Akzentsetzungen heraus.
- Lesen Sie den Kommentar zu der Erzählung und fassen Sie die differenten Auslegungspositionen zusammen.
- Erläutern und begründen Sie die für Sie wichtigen Gesichtspunkte der Auslegung dieses Textes.

5. „Man gab einem jeden, was er nötig hatte."

Literatur zur Vorbereitung

Claus Westermann/Ferdinand Ahuis/Jürgen Wehnert: Calwer Bibelkunde. Stuttgart. 14. Auflage 2001. S. 277–286.

G. Orth, Zur Solidarität befreit. Helmut Gollwitzer. Mainz 1995.

G. Orth, Solidarität und Widerspruch. In: Theologien der Gegenwart. Eine Einführung. Darmstadt 2006. S. 102–121.

Unterrichtsideen

Zunächst lesen die Sch. wiederum den biblischen Text – Apg 2,44–47 – und notieren ihre Fragen und Assoziationen zum Text und ihre Erfahrungen zu Kirche heute. Des Weiteren findet sich in **M5** eine Information zum Stichwort der Gütergemeinschaft, das für ein kontextuelles Verständnis des Textes bedeutsam ist. Ein Sch. informiert sich vor dem Unterricht über H. Gollwitzer und stellt diesen Theologen der Gruppe vor. Nun lesen die Sch. die Auszüge aus einer Predigt Gollwitzers – **M6**. Ihre Hauptaussagen und die Argumentation Gollwitzers stellen sie in Form einer mind map auf einer Wandzeitung zusammen. Eine Diskussion zum Gegenüber von Text und Predigt sowie von Predigt und den Positionen der Sch. schließt sich an. Dabei notieren die Sch. ihre wesentlichen Übereinstimmungen mit und Kritiken an Gollwitzers Predigt. Wird im Plenum gearbeitet, schließt die Arbeit an diesem Text damit. Wird in arbeitsteiligen Gruppen gearbeitet, bereiten die Sch. ihre Präsentation vor, die die zentralen Aussagen Gollwitzers und die Auseinandersetzung der Sch. mit dieser Predigt dokumentiert.

L.-Impulse

- Vergleichen Sie die Aussagen aus Apg 4,32–37 mit dem, wie Sie Kirche und Gemeinde heute kennen.
- Informieren Sie sich über das Stichwort „Gütergemeinschaft" als Kontext des biblischen Textes.
- Inwiefern entdecken Sie Parallelen zwischen Gollwitzers Biographie und seiner Predigt zu Apg 4,32–37?
- Empfinden Sie Gollwitzers Predigt als eine, die dem Text gerecht wird, oder als Provokation? Begründen Sie Ihre Position.
- Setzen Sie Ihre Erfahrungen von Kirche mit diesem Text und mit Gollwitzers Predigt in ein kritisches Verhältnis.

6. „… dass wir an die Armen dächten"

Literatur zur Vorbereitung

Claus Westermann/Ferdinand Ahuis/Jürgen Wehnert: Calwer Bibelkunde. Stuttgart. 14. Auflage 2001. S. 307–309.

Unterrichtsideen

Zunächst informieren sich die Sch. in Apg 15 und Gal 2 und im Internet über das Apostelkonzil, auf das diese Aufforderung an Paulus zurückgeht. Sodann lesen sie den kleinen Text und seinen Kommentar – **M7** – und beantworten die Frage, warum Paulus der Armen gedenken sollte und warum ihm dies selbst so wichtig war, dass er sich eifrig darum bemühte. Abschließend diskutieren die Sch., worin die aktuelle Bedeutung dieses Verses bestehen kann.

L.-Impulse

- Was war das Apostelkonzil und worum ging es in der dortigen Auseinandersetzung?
- Warum ist das Gedenken der Armen für Paulus so bedeutsam?
- Inwiefern sind Kollekten Zeichen der Einheit der Kirche bzw. der Gemeinschaft der Christinnen und Christen?
- Was kann der Text heute für christliche Gemeinden bedeuten?

7. Engel beherbergen

Literatur zur Vorbereitung

Claus Westermann/Ferdinand Ahuis/Jürgen Wehnert: Calwer Bibelkunde. Stuttgart. 14. Auflage 2001. S. 325–329.

Unterrichtsideen

Nach der Lektüre des kurzen Textes – **M8** – tauschen sich die Sch. über ihre Erfahrungen mit gewährter und erfahrener Gastfreundschaft aus. Die Sch. informieren sich sodann über das Stichwort „Gastfreundschaft" und seine Bedeutung. Dabei spielen die Klöster und die mönchischen Regeln, insbesondere der Benediktiner, eine besondere Rolle (vgl. dazu den kleinen Abschnitt in **M7**). Sodann lesen sie den Kommentar zum Text und diskutieren die Bedeutung von Gastfreundschaft heute unter unterschiedlichen Gesichtspunkten, beispielsweise: Gastfreundschaft gegenüber Freundinnen und Freunden, gegenüber Migranten und Flüchtlingen, gegenüber Armen und Obdachlosen. In drei Thesen formulieren sie abschließend, worin sie den Zusammenhang von Gastfreundschaft und sozialer Gerechtigkeit erkennen.

L.-Impulse

- Welche Erfahrungen mit gewährter und erfahrener Gastfreundschaft haben Sie gemacht? Was bedeutet Gastfreundschaft für Sie?
- Wie begründen Hebr 13 und die Benediktinerregel Gastfreundschaft? Warum bedarf es überhaupt dieser Begründung? Genügt nicht der ethische Hinweis auf Gastfreundschaft? *Muss* diese theologisch bzw. christologisch überhöht werden?
- Erläutern Sie den ethischen und politischen Sinn von Gastfreundschaft und deren Zusammenhang mit sozialer Gerechtigkeit.

8. „Ich sah einen neuen Himmel und eine neue Erde."

Literatur zur Vorbereitung

Claus Westermann/Ferdinand Ahuis/Jürgen Wehnert: Calwer Bibelkunde. Stuttgart. 14. Auflage 2001. S. 339–342.

Unterrichtsideen

Die Sch. lesen zunächst den apokalyptischen Text – Offb 21,1–8 – in der Gesamtgruppe. Verständnisfragen werden geklärt. Dann bietet es sich an, diesen Text, der den Himmel auf Erden beschreibt, künstlerisch zu gestalten und beispielsweise mit Aquarellfarben auf großen DIN-A3-Bögen zu malen. Wenn dies nicht möglich ist, kann der Text auch narrativ oder poetisch umformuliert werden: Wie sieht die Geschichte aus, die hier angesagt, verheißen und erläutert wird? Im Anschluss an die eine oder andere Möglichkeit wird der Kommentar von Elisabeth Schüssler-Fiorenza gelesen (**M9**) und auf dem Hintergrund der eigenen bildnerischen oder literarischen Deutungen diskutiert. Dabei geht es darum, den Text als Vision sozialer Gerechtigkeit zu verstehen; Gottes Gottsein hat sich realisiert, wenn er bei den Menschen wohnen und Gerechtigkeit hergestellt sein wird.

L.-Impulse

- Was bedeutet Apokalypse?
- Welche Bilder stellt der Text bereit, um zu verdeutlichen, wie der Himmel auf die Erde kommt?
- Wie stellt es sich der Autor der Apokalypse vor, wenn das Leben „wie im Himmel so auf Erden" sein wird?
- Wie kommen in dieser Vorstellung Gott und seine Selbstdefinition aus Psalm 82, die Gerechtigkeit, zusammen?

Lukas 6,20–26

Wie kann ich als wohlhabender Exeget es wagen, die Seligpreisungen in einer armen Welt auszulegen? Auf keinen Fall darf ich mich als Vermittler verstehen. Meine einzig mögliche Stellung ist nicht auf der Seite Jesu, sondern auf der seiner Hörer. Seligpreisungen und Weherufe darf ich nur hören. Dies scheint auch die Haltung von Lukas gewesen zu sein.

Arm und reich (V 20 und V 24)

Lukas freut sich, dass die Tradition die Armen an den ersten Platz setzte. Während die jüdisch-christliche Überlieferung noch am doppeldeutigen Sinn von „arm“ festhielt, versteht Lukas das Wort konkret: das griechische Wort für „arm“ bedeutet: der sich Duckende, sich Verbergende; dann: der Arme, der Bettler, der Niedrige. Durch sein Evangelium hindurch zeichnet er ein Bild der Jünger als Arme oder als arm gewordene Menschen. Dazu ist zu bemerken: 1. Soziologisch sind Lukas, seine Gemeinde und seine potentielle Leserschaft in einer oberen Schicht angesiedelt. Sie sind eben nicht arm und kämpfen deshalb so hart mit dem Problem des Besitzes. 2. Lukas ist theologisch von einer apokalyptischen Gerichtstradition über das Los des Reichen und der Armen bestimmt. 3. Bei Lukas ist die Beziehung des Menschen zum Besitz Test der Glaubensentscheidung. Die Armut-Reichtum-Frage ist also sowohl eine höchst konkrete Angelegenheit als auch gleichzeitig ein Testfall für das christliche Engagement.

Strukturell stehen wohl Syntagmen nebeneinander: zuerst ein Nominal-, dann ein Kausalsatz. Aber der Hörer spürt im kurzen Hauptsatz eine unerträgliche Spannung: Wie kann man Arme als selig betrachten? Sicher steckt in diesem Paradox etwas von der rhetorischen Kunst und der theologischen Kraft Jesu. Der Nebensatz, der nicht ohne Grund nach dem Hauptsatz steht, löst die Spannung: „denn euer ist das Reich Gottes“. Der Nebensatz hat also hermeneutische Funktion. Nicht wegen ihrer Armut sind die Armen glücklich! Im Gegenteil: Jesus und Lukas sind mit dem Alten Bund einig, dass die Armut weder ein glücklicher Zustand, noch ein Ideal ist. Aber in ihrer Armut können die Armen schon glücklich sein, weil sie wissen, dass das Reich Gottes für sie da ist. Was heißt das? Gott wird bald herrschen und sein Reich in Kraft setzen, was eine vollständige soziale Rehabilitation der Armen bedeuten wird.

Jesus verbindet die weisheitliche Tradition vom gegenwärtigen Glück mit der apokalyptischen Sicht vom zukünftigen Heil. Verborgen ist das Reich Gottes durch seine Person, sein Wort und sein Werk schon zu den Glaubenden gekommen. Weder der Zustand noch die Tugend der Armut ist der Grund ihres Glücks, sondern Gott, der den gerechten Zustand seines Bundes herstellen wird. In V 24 ist die Formulierung „denn ihr habt euren Trost schon“ merkwürdig. Das heißt: Euer Glück beschränkt sich auf euren Besitz. Das griechische Wort für „Ihr habt“ ist ein Terminus technicus der Geschäftssprache: Ihr wurdet ausbezahlt, euren eschatologischen Lohn habt ihr empfangen und habt dafür eine Quittung ausgestellt.

M3 Matthäus 20,1–16

Der Weinbergbesitzer mietet sich Tagelöhner. Wie der Weinbergbesitzer einen Aufseher hat, so wird er, kann man begründet annehmen, sicher auch über Sklaven verfügen. Aber er lässt nicht diese im Weinberg arbeiten. An der Rentabilität, d.h. der Arbeitskraft und der Lebenserwartung von Sklaven, hat der Besitzer ein Interesse. Sie sind sein Besitz, der sich amortisieren und dann noch Gewinn einbringen muss, wenn er weiterverkauft wird. Stirbt der Sklave zu früh oder ist er zu früh arbeitsunfähig, dann büßt der Besitzer sein Kapital ein. Der Tagelöhner, eine antike Ich-AG, ist dagegen eine Art Sklave auf eigenes Risiko: Seine Arbeitsbedingungen sind ähnlich, sein Lohn kaum besser.

Die Situation der Arbeitslosigkeit ist evident. Obwohl Erntezeiten ja eigentlich in der Landwirtschaft die arbeitsintensivsten Zeiten sind, scheint das Reservoir arbeitsloser Tagelöhner groß zu sein. Der Weinbergbesitzer handelt im Druck der Ernte so, dass er erst wenige einstellt, natürlich um Lohnkosten zu sparen; er kalkuliert zu seinem Vorteil, das ist klar. Und er weiß ja, es gibt genug andere, die er holen kann, wenn sich abzeichnet, dass die Ernte bis zum Abend mit den wenigen, die er jeweils eingestellt hat, nicht beendet werden kann. Bei der Einstellung der letzten Kurzarbeitergruppe wird von einem dann auch gesagt: „Niemand hat uns angeworben."

Nur mit der ersten Gruppe wird ein Lohn ausgehandelt; ein Denar für einen zwölf- bis dreizehnstündigen Arbeitstag ist offensichtlich der ortsübliche Tagessatz. Mit den nächsten drei Gruppen wird kein Lohn mehr ausgehandelt: „Ich will euch geben, was recht ist", sagt der Weinbergbesitzer und schickt die Leute an die Arbeit. Die Position der Arbeitslosen ist offensichtlich so schwach, dass sie ohne klare Lohnvereinbarung an die Arbeit gehen und in Kauf nehmen, von dem Weinbergbesitzer auch unter ihren Erwartungen entlohnt zu werden.

Am Abend beauftragt der Weinbergbesitzer seinen Aufseher, den Lohn auszuzahlen. Mit der Lohnzahlung soll er bei den Kurzarbeitern beginnen, die um 17 Uhr eingestellt worden sind. Die zweite bis vierte Gruppe der Tagelöhner kommen jetzt gar nicht mehr vor. Die Situation spitzt sich erzählerisch zu: Die letzten, die Kurzarbeiter bekommen einen Denar; ein Denar erlaubt ein Leben an der unteren Grenze des menschlichen Nahrungsbedarfs. Die Kurzarbeiter erhalten den Betrag, der mit den Langzeitarbeitern vom frühen Morgen verabredet war. Die Erzählung macht deutlich, dass die Lohnhöhe für die Kurzarbeiter absolut ungewöhnlich ist, so ungewöhnlich, dass die Langzeitarbeiter erwarten können, dass ein so großzügiger Arbeitgeber auch gegen sie, die den ganzen Tag gearbeitet haben, dieselbe Großzügigkeit zeigt und ihnen wesentlich mehr als vereinbart gibt. Doch genau dies geschieht nicht: Sie erhalten auch einen Denar. Und natürlich: Sie murren, sie sind neidisch. Diejenigen, die wenig gearbeitet haben, erhalten den gleichen Lohn wie diejenigen, die „den ganzen Tag über die Last der Arbeit und die Hitze ertragen haben". Die Langzeitarbeiter murren, weil dieser Arbeitgeber gegen die übliche Praxis verstößt. Und der Arbeitgeber verteidigt sich und sagt zu dem Langzeitarbeiter: Du bekommst, was wir vereinbart haben. Ich will dem letzten so viel geben wie dir. Und mit meinem Geld kann ich machen, was ich will. Oder bist du neidisch, weil ich so gütig bin?

Dass der Weinbergbesitzer sein Eigentum verschenken kann, ist selbstverständlich. Ungewöhnlich ist, dass er es tut. Es wird eine Geschichte erzählt, die in allen Einzelheiten so hätte passieren können, nur die Großzügigkeit des Arbeitsgebers ist ungewöhnlich. Die Auseinandersetzung darüber ist der eine Punkt, auf den das Gleichnis hinauswill.

Die Geschichte hat eine zweite Ebene: Gleich im ersten Vers heißt es: Mit dem Himmelreich ist es wie mit einem Weinbergbesitzer. Schon vom ersten Satz an kann ein jüdischer Zuhörer Jesu wissen, dass mit dem Weinbergbesitzer Gott ins Spiel gebracht wird. So sind gleichzeitig zwei Vorstellungsebenen präsent: die Arbeitswelt des Alltags und die „Welt" Gottes. Während in der ersten Hälfte des Gleichnisses die Logik des Erzählten an der Alltagswirklichkeit der arbeitslosen Tagelöhner orientiert ist, ist die zweite Hälfte des Gleichnisses bestimmt von der Logik des Handelns Gottes. Das Gleichnis stellt die Großzügigkeit Gottes dar. Weil es diese im Gleichnis von einem Arbeitgeber darstellt,

M3

wird so klar gemacht, dass Gott anders ist, dass seine Großzügigkeit Erfahrungen ermöglicht, die es normalerweise in der Härte der Lebens- und Arbeitswelt nicht gibt. Die Arbeitswelt ist der dunkle Hintergrund des leuchtenden Bildes Gottes. Neue Erfahrungen mit unserer Alltags- und Lebenserfahrung werden dadurch möglich: Auch die Alltagswelt wird dadurch durchschaubarer, man merkt deutlich, was an ihr so schrecklich ist. Das Bild des Gleichnisses ist kein „neutraler Stoff" (Bultmann): Das Nachdenken über die Großzügigkeit Gottes im Zusammenhang einer ausbeuterischen Arbeitswelt lässt diese kritisierbar und veränderbar werden.

Verbleibt jetzt noch die Frage: Warum erzählt Matthäus in seinem Evangelium dieses Gleichnis? Die Matthäusgemeinde ist keine Gemeinde von Armen. Auch die Probleme der Tagelöhner in unserem Text werden nicht so dargestellt, als habe man sie selbst erlitten. Aber die Not von Menschen stellt die vielleicht nicht ‚reiche', aber doch ohne materielle Not lebende Gemeinde vor die Wahrheitsfrage: Ob sie wirklich auf der Seite des Jesus sind, der die Mühseligen und Beladenen (11, 28-30) ruft; ob sie wirklich auf der Seite Gottes sind, der sich über die Kurzarbeiter erbarmt hat. Am Verhalten gegenüber den Armen, gegenüber den Kurzarbeitern, gegenüber den antiken Ich-Ags, den Sklaven auf eigenes Risiko – hier entscheidet sich für Matthäus, wie ernst es Christinnen und Christen mit ihrem Glauben ist.

Zwei Hinweise noch zur gegenwärtigen Bedeutung des Gleichnisses: Ein erster Hinweis: Gott rechnet nicht! Er ist großzügig gegenüber den Tagelöhnern, er teilt aus das Manna an alles Volk, er gibt seine ganze Schöpfung uns zum Leben, er ist gnädig gegenüber der Ehebrecherin und dem Zöllner, er ist gütig gegenüber jedermann und jederfrau wie gegenüber den Lilien auf dem Felde. Aus dieser Großzügigkeit leben wir alle. Was wäre, wenn wir aufhörten, alles zu berechnen? Was wäre, wenn wir solidarisch würden, jeder mit jedem, jede mit jeder, weil wir alle aus jener Großzügigkeit des Gottes leben, an den wir glauben? Ein zweiter Hinweis: Alle erhalten den gleichen Lohn. Auch wenn es nicht viel ist, auch wenn der Tageslohn von einem Denar nur ein Leben an der unteren Grenze des menschlichen Nahrungsbedarfes ermöglicht; das ist nicht entscheidend, sondern entscheidend ist: Jeder bekommt das gleiche und so muss keiner hungern; mehr kann es dann immer noch werden – für alle (vgl. auch Ex 16,13–20; Apg. 4, 32–35; vgl. Apg 2, 43–47).

Vortragstext von G. Orth. Dazu vgl. Schottroff, Luise: Die Güte Gottes und die Solidarität von Menschen. Das Gleichnis von den Arbeitern im Weinberg. In: Dies., Befreiungserfahrungen. München 1990. S. 36–56. Luz, Ulrich: Das Matthäusevangelium. EKK 1/3. Neukirchen-Vluyn 1997. S. 138–156

M4

Lukas 19,1–10

Die Zachäusgeschichte zog schnell die Aufmerksamkeit der christlichen Künstler auf sich. Auf einer Serie von Sarkophagen finden sich Darstellungen der Begegnung Christi mit Zachäus, wobei der Baum dabei natürlich nicht vergessen wurde. Dasselbe gilt von einem Fragment um 400, einem im Gastello Sforzesco in Mailand aufbewahrten Diptychonflügel. Der ikonographische Erfolg der Episode während des Mittelalters erklärt sich auch aus deren Verwendung als Evangeliumslesung in der Zeremonie jeder neu einzuweihenden Kirche. Unzählbar sind die Abbildungen in Psaltern, Evangeliaren und Lektionaren. Die westliche Freskenkunst hat sich der Zachäusgeschichte weniger stark zugewandt. Die byzantinische Kunst fügt der Begegnung am Baum mit Vorliebe das im Haus des Zachäus organisierte Mahl an.

Zachäus beschäftigte den Mailänder Bischof Ambrosius aus dem 4. Jhdt., der ihn mit dem Blinden der vorangegangenen Perikope vergleicht. Er sieht in ihm wie im Blinden einen Heiden, jedoch einen Heiden „von nobler Geburt, arm an Verdienst". Indem er den Baum besteigt, dreht er „den Fehlern seines vorangegangenen Lebens" den Rücken zu und überwindet durch seinen Glauben die eitlen Werke: „Keiner kann Jesus sehen, wenn er auf dem Boden bleibt." „Und auf diese Weise nahm er Jesus als Gast in sein inneres Zuhause auf." Zachäus war reich, während der Blinde arm war. Ambrosius will die Reichen seiner Zeit gnädig stimmen, die von gewissen evangelischen Erzählungen „erschüttert und beleidigt" waren. Und er will ihnen seine aus dem Kap. 10 des Lukas gezogene Lehre erneut in Erinnerung rufen: „Zu lernen, dass der Fehler nicht darin besteht, reich zu sein, sondern Reichtum nicht zu gebrauchen wissen."

Im Mittelalter zeichnet Albert der Große eindringlich alle Sünden des Zachäus. Das Haus des Steuereintreibers glich vor der Ankunft Jesu einer Hölle. Seine Körpergröße zeigt symbolisch an, dass es ihm an Glauben und Mut mangelte. Aber durch sein Besteigen des Baumes, der das Kreuz symbolisiert, praktizierte er die Nachfolge Christi und wurde selbst zum Vorbild. Indem er wieder hinunter stieg, hat er demütig seine irdische Natur anerkannt. Beim Eintreten in dieses Haus des Lasters vertreibt Christus, der Zachäus wie vor ihm Lazarus zum Leben gerufen hat, den Bösen. Albert insistiert im Übrigen auf der Gnade und den Werken: Zachäus wurde Sohn Abrahams dank der Handlung Christi und der von ihm selbst getroffenen ethischen Vorkehrungen. Schließlich breitet sich Albert über die beiden Bedeutungen des Wortes „Haus" aus: das dem profanen Leben vorbehaltene Haus und das Gott geweihte Haus, das Haus der Kirche, von dem er eine mit biblischen Zitaten gespickte lange Beschreibung gibt.

Als Humanist gefällt sich Erasmus von Rotterdam im Gegensatz zu Albert dem Großen darin, die Tugenden des Zachäus zu unterstreichen, die er den Lastern des Pharisäers aus der Parabel von Lk 18,9-14 in einer deutlich judenfeindlichen Perspektive entgegenstellt. Die Gerechtigkeit des Zachäus war ganz innerlich. Vorangetrieben durch ein glühendes Bedürfnis nach Gerechtigkeit, wünscht der Zöllner von ganzem Herzen Jesus zu sehen. Erasmus, der ihn wie einen Christus *avant la lettre* zeichnet, meint, dass Zachäus *de visu* die Identität des inkarnierten Sohnes Gottes verifizieren wollte. Ohne die Allegorie zu fürchten, erklärt er die geringe Körpergröße als Demut und den Maulbeerfeigenbaum als einen Feigenbaum, der ohne den Glauben des Zachäus und ohne die geistlichen Früchte seiner Liebe (so werden die in V 8 erwähnten Angebote des Zwei- und Vierfachen verstanden) steril geworden wäre. Jesus macht den von der Menge der Juden als Sünder verurteilten Zachäus ausfindig und entdeckt mit einem Blick in sein Inneres einen starken Sinn für Gerechtigkeit. Wenn Zachäus schließlich gerechtfertigt wird, wenn er Sohn Abrahams wird, dann geschieht dies wegen seines Glaubens und seiner Frömmigkeit.

M4

Mit Luther gelangt man nicht zu einem Kompromiss, sondern zu einem Paradox. Für ihn ist Zachäus zugleich Sünder und Gerechter. Er ist das Paradigma der Seele, die Gott sucht. Die Ambivalenz im biblischen Text zwischen einem gerechten oder schuldigen Zachäus gibt Luther die Möglichkeit, über das menschliche Herz nachzudenken, dessen Wille und Wahrheit so versteckt sind, dass das Herz selbst sie nicht kennt. Doch allein der Zustand dieses Herzens zählt. Die schönsten Werke zählen in den Augen des Herrn nicht, wenn das Herz nicht dabei ist. Im Fall des Zachäus gibt es also ein vorübergehendes Paradox: Solange er Christus nicht begegnet ist, wünscht er sich und wünscht er sich gleichzeitig nicht das Kommen seines Herrn: „Die Seele strebt nicht danach, wonach sie strebt, und was sie nicht erstrebt, das erstrebt sie, denn sie weiß nicht, was sie erstrebt." Luther gewinnt dieses Porträt des Zachäus aus dem Kontrast. Er hört nicht auf, den Zöllner mit jenen zu vergleichen, die wie die Menge von V 7 behaupten, den Herrn aufnehmen zu wollen, in Tat und Wahrheit aber nur sich selbst in den Vordergrund drängen und nach Anerkennung streben.

F. Bovon, Das Evangelium nach Lukas. EKK 2. Teilbd. Neukirchen 1996. S. 278–280 i.A., © Neukirchener Verlag

M5 Apostelgeschichte 2,44–47 (vgl. auch Apg 4, 32–35)

44 Und alle, die gläubig geworden waren, waren beisammen und hatten alles gemeinsam. 45 Ihre Besitztümer und Habe verkauften sie und verteilten es an alle je nachdem, wie es der Einzelne bedurfte. 46 Täglich waren sie einmütig im Tempel beschäftigt und brachen in den Häusern das Brot und speisten mit Jubel und in Einfalt des Herzens. 47 Sie lobten Gott und fanden Wohlgefallen beim ganzen Volk. Der Herr aber fügte täglich hinzu solche, die gerettet wurden.

Informationen zum Stichwort „Gütergemeinschaft"

Gütergemeinschaft wurde in der Qumran-Gemeinde praktiziert. Nach ihrer „Gemeinderegel" sollten „alle ihren Besitz in die Gemeinschaft Gottes einbringen". Hintergrund ist die Forderung von Ez 44,28: Priester sollen weder Besitz noch Eigentum haben; denn Gott ist ihr Besitz und Eigentum. – Nach Philo von Alexandrien leben die Essener, deren Zahl er auf „mehr als 4000" bemisst, in Dörfern abseits der Städte ihr einfaches und der Tugendliebe verschriebenes Leben ohne persönliches Hab und Gut: „Einige von ihnen bearbeiten das Land, andere befassen sich mit Künsten, welche den Frieden fördern, und so bringen sie sich selbst und ihrer Umgebung Nutzen. Sie verwahren weder Silber und Gold in der Schatzkammer noch erwerben sie große Ländereien aus Gier nach Einkünften, sondern beschaffen sich lediglich, was zum notwendigen Lebensbedarf gehört. Sie sind fast die einzigen von allen Menschen, die nicht aus Mangel an Glücksgütern, sondern mit Absicht weder Gold noch Geld noch Land besitzen und dabei doch für sehr reich gehalten werden, weil sie es als ein Übermaß an Reichtum – was es ja auch ist – betrachten, wenig zu bedürfen und genügsam zu sein". Sie beweisen Menschenliebe „durch ihr Wohlwollen, ihre Achtung der Gleichheit und ihr Gemeinschaftsempfinden … Zunächst, niemand besitzt ein Haus so zu eigen, dass es nicht auch allen anderen gemeinsam gehörte. Denn abgesehen davon, dass sie in Gemeinschaften zusammen wohnen, steht jedem Gleichgesinnten, der anderswoher zu ihnen kommt, die Tür offen. Sodann haben sie alle nur eine Vorratskammer und allen gemeinsam gehörendes Geld zum Ausgeben; allen gemeinsam gehören auch die Kleider sowie die Speisen, wenn sie gemeinschaftliche Mahlzeiten veranstalten. Die Gemeinsamkeit von Haus, Lebensweise oder Tisch findet man nämlich wohl bei keiner anderen Gemeinschaft in höherem Maße durch die Tat bekräftigt". – Josephus bestätigt den Essenern: „Sie sind Verächter des Reichtums, und bewundernswert ist bei ihnen der Gemeinschaftssinn; es ist Gesetz, dass die in die Sekte Eintretenden ihr Vermögen dem Orden übereignen, so dass bei ihnen insgesamt weder die Niedrigkeit der Armut noch ein Vorrang des Reichtums in Erscheinung tritt, sondern nach Zusammenlegung des Besitzes der Einzelnen nur ein Vermögen für alle als Brüder vorhanden ist … Gewählt sind die Verwalter des gemeinschaftlichen Vermögens, und unterschiedslos ist jeder einzelne für alle zur Dienstleistung verpflichtet".

Anders als in Qumran gab es in der Urgemeinde, deren sozioökonomische Zusammensetzung wohl in etwa der der übrigen Jerusalemer Bevölkerung entsprach, kein Gemeineigentum. Vielleicht galt der Grundsatz der Besitzlosigkeit nur für den inneren Kreis der Gemeinde: Die Apostel verfügten nicht über Silber und Gold. Allem Anschein nach hatte man überhaupt kein ökonomisches Konzept. Es gab freiwillige Stiftungen vermögender Gemeindeglieder, über welche die Gemeinde, anfangs repräsentiert durch die Apostel, später durch Älteste, nach Bedarf verfügen durfte. Ernst Troeltsch hat diese Lebensform „religiösen Liebeskommunismus" genannt.

W. Eckey, Die Apostelgeschichte. 1. Teilband. Neukirchen-Vluyn 2000. S. 124-127 i. A., © Neukirchener Verlag

Helmut Gollwitzer: Kirche ist Kommune (Predigt zu Apg 2, 44–47)

M6

Christentum ist Kommunismus; Kirche ist Kommune, Kirche ist Gütergemeinschaft; Auferstehung, neues Leben heißt Aufhebung des Privateigentums. Das war die „Dynamik“, mit der die Jünger die Auferstehung Jesu Christi verkündigt haben: dass die Fesseln des Privateigentums gesprengt worden sind. „Mit großer Kraft“, so übersetzt Luther, „verkündigten die Apostel die Auferstehung des Herrn Jesu.“ Sie haben keine Beweise vorgelegt, dass der Herr Jesus auferstanden ist. Der einzige Beweis, den sie vorführen konnten und wollten, war der Geist der Auferstehung, der in den Menschen, die diese Botschaft trifft, die Fesseln sprengt und also gerade – das wird hervorgehoben – die Fessel des Privateigentums. Das Wort Privat kommt vom lateinischen Wort privatio, das heißt nichts anderes als Beraubung. Das Private ist das, was man anderen raubt, anderen vorenthält. ...

Darum besagt der Bericht des Lukas: Die Auferstehung Jesu beendet diese verhängnisvolle Periode der Menschheitsgeschichte, in der Menschen sagen: „Das gehört mir“ und das, was sie besitzen, den anderen vorenthalten. Jetzt ist zu Ende diese schreckliche Periode, in der die Besitzenden zäh verteidigen, was sie haben, und heute Millionen-Heere mit den furchtbarsten Waffen dastehen zur Verteidigung der Ordnung des Privateigentums. Das ist jetzt zu Ende. Die Auferstehung sagt: das ist eine Todesordnung. Denn das ist doch deutlich: wenn die Dynamik der Auferstehung und diese Gütergemeinschaft in der Gemeinde zusammengehören, dann gehört auch auf der anderen Seite der Tod und das Privateigentum zusammen, und die Auferstehung steht in einem Gegensatz wie zum Tode, so zum Privateigentum.

Wir alle sind an der Ordnung des Privateigentums beteiligt, und wir alle sagen: „Das gehört mir und nicht dir“, und wir alle sichern uns mit Privateigentum unser Leben und den Genuss der Güter dieser Erde. Wir müssen jetzt zur Kenntnis nehmen, dass die Auferstehung sagt: das ist eine Todesordnung. Ihr werdet sterben von dem, wovon ihr euch das Leben versprecht. Diese Periode ist jetzt zu Ende. Jetzt beginnt eine neue Menschheit: eine Menschheit, die zusammenlebt wie eine Familie. So lebt als Anfang einer neuen Menschheit diese Gemeinde zusammen. Das wäre doch eine unerträgliche Atmosphäre in einer Familie, wo die Einen am Tische sich den Bauch vollschlagen und die Anderen in der Ecke vor Hunger krepieren. Eine intakte Familie, in der man sich wohlfühlt, ist eine Familie, in der alle für einander einstehen, in der allen alles gehört, in der jeder zugeteilt bekommt, wie es hier heißt: „nach seinem Bedarf“. So real, so diesseitig, so materialistisch und so revolutionär, so umwälzend ist die Botschaft von der Auferstehung.

Ein Ziel, wie es hier heißt, war: „dass keiner unter ihnen darbte“. Heute hieße das, dass wir hier in Berlin es so weit bringen müssten, dass kein Christ in der christlichen Gemeinde in Berlin darbt, - wobei wir natürlich nicht nur an den nackten Hunger denken, sondern an alles, was ein Mensch zum richtigen Leben braucht. Wenn wir z.B. Kinder taufen, dann darf kein getauftes Kind in Berlin darben und an Lieblosigkeit, an Wohnungsnot, an der Unzulänglichkeit der Heime, an der Unterbringung in Obdachlosenslums verkommen. Dann ist rasch klar: Wenn wir das erreicht hätten, dass kein getauftes Kind darbt hier in Berlin, dann können wir natürlich nicht bei den Getauften eine Grenze ziehen und sagen: die anderen gehen uns nichts an! Sondern dann ginge es weiter zu den anderen, den Nicht-Getauften; dann ginge es weiter über Berlin hinaus, dann kommen wir zu den Millionen von darbenden Menschen in der heutigen Welt.

Das Christsein wächst uns heute über den Kopf. Von allen Seiten hagelt es da an Aufgaben, und wir sehen unsere kleine Kraft und die verschwindenden Mittel und unseren Eigennutz und die Fessel des Privateigentums, und wissen nicht weiter. So ist es wohl zu verstehen, dass manche Christen heute vorschlagen, man solle das Evangelium überhaupt anders verstehen. Man solle es nicht so auf das Soziale beziehen, wie hier in diesem Bericht, sondern man solle es ganz auf das Verhältnis zu Gott beziehen, auf die Gottesgemeinschaft, auf den Trost der Sündenvergebung.

M6

O ja! Ganz wichtig ist der Trost der Sündenvergebung. Gerade dann, liebe Freunde, wenn wir an einem solchen Bericht merken: unsere Sünden bestehen nicht nur in einigen gottwidrigen Gedanken und Taten, sondern darüber hinaus in dem Eingeflochtensein in diese Todesordnung, in dem Mitmachen an den öffentlichen Sünden, an einer ganz schrecklichen Ordnung der Gesellschaft, die in Wirklichkeit eine Unordnung ist, in der von jeher die Besitzenden mit dem Schlachtruf: Das gehört mir! das Ihrige verteidigen gegen die, die weniger oder nichts haben. Da sind wir hinein gebunden, da können wir nicht herauskommen, keiner von uns, weil wir ja sorgen müssen für uns selbst, für unsere Familie, für unser Alter. Wie könnte ein Mensch aus dieser fürchterlichen öffentlichen Sündenordnung heute herauskommen? Wie könnte er, wenn er das bedenkt, noch lachen und seinen Garten genießen oder heute morgen seinen Kaffee zum Frühstück, wenn er weiß, dass dieser Kaffee uns präsentiert wird zu einem erschwinglichen Preis durch eine Schandpolitik unserer europäischen Regierungen zu Lasten der hungernden Kaffee-produzierenden Länder? Trost der Sündenvergebung in diesen Sackgassen – das ist wahrhaft nötig. Aber Vergebung der Sünden heißt ja doch nie, jetzt einfach weitermachen wie bisher. Auch bei den einzelnen individuellen Fesseln, in denen wir Vergebung der Sünden brauchen, ist diese Botschaft der Sündenvergebung immer gleichzeitig Trost und Stachel. Stachel, der sagt: Verlange nach der Freiheit, probiere es mit der Freiheit, fang wenigstens an, es zu probieren mit der Freiheit, mit dem Nicht-einfach-weiter-Mitmachen!

In diesem Bericht steht natürlich noch eine ganze Menge anderes. So hören wir, wie sie im Gottesdienst zusammenkamen. Wir hören, wie wichtig ihnen das Abendmahl geworden ist, wie sie ihre gemeinsamen Mahlzeiten mit Jubel gehalten haben, wie sie vom Lob Gottes erfüllt waren. Das Gotteslob und das Gemeinsam-Haben, die Tischgemeinschaft beim Abendmahl und die Gütergemeinschaft, das ist dort, in der rechten Gemeinde der Auferstehung, ein Lebensvollzug. Das Verhältnis zu den Menschen ist der Test auf die Echtheit des Gottesverhältnisses. Es ist eine Freiheit: die Freiheit des Jubels zu Gott hin und die Freiheit zu den Mitmenschen hin, die Freiheit, nicht mehr zu sagen: „Das gehört mir."

H. Gollwitzer: Vortrupp des Lebens. München 1975, S. 92–100 i. A.,

Galater 2,10

. . . nur dass wir an die Armen dächten, was ich mich auch eifrig bemüht habe zu tun.

Den Heidenmissionaren Paulus und Barnabas war auf dem Apostelkonzil 49 in Jerusalem keine gesetzliche Auflage gemacht worden. „Nur“ eines sollten sie tun: der Armen gedenken. Dies sollte und konnte vielmehr gerade ein überzeugender Ausdruck „der Gemeinschaft“ sein, die auf dem Apostelkonzil durch Handschlag besiegelt worden war.

Um welche „Armen“ es sich handelt, derer tatkräftig „gedacht“ werden soll, geht aus dem Text selbst nicht hervor. Paulus fügt aber an, dass er sich bemüht habe, gerade dies zu tun, und diese Bemerkung lässt erkennen, dass der Wunsch der „Säulen“ (Gal 2, 9) von ihm dann in der eifrig betriebenen Kollekte für die Armen in Jerusalem erfüllt wurde (vgl. Röm 15,26-28; 1 Kor 16,1–3; 2 Kor 8.9; Apg 11,29f.; 24,17). In Röm 15,26 wird diese Kollekte sehr sinnvoll als „Gemeinschaft“ bezeichnet, die „die Armen der Heiligen in Jerusalem“ im Auge hat, in 2 Kor 9,1 als eine „Dienstleistung“ („Diakonie“) für die Heiligen in Jerusalem. Nach Apg 24,27 sagt der lukanische Paulus in seiner Verteidigungsrede vor dem römischen Prokurator Antonius Felix, er sei nach vielen Jahren nach Jerusalem gekommen, „um Almosen für sein Volk (!) zu bringen . . .“; diese verallgemeinernde Ausdrucksweise („Volk“ statt „Gemeinde“) ist durch die Tendenz der Verteidigungsrede bedingt; denn es muss dem Apostel daran liegen, gegenüber den Anklagen seiner Gegner seine Anhänglichkeit an sein Volk zu betonen; in Wirklichkeit handelt es sich um die Almosenspende seiner heidenchristlichen Gemeinden für die Urgemeinde in Jerusalem. Da diese Kollekte nach Gal 2,10 von den Jerusalemer Autoritäten ausdrücklich gewünscht wurde und Paulus sie mit Eifer und Energie in seinen heidenchristlichen Gemeinden förderte, war sie von beiden Seiten als mehr verstanden denn nur als Zeichen tatkräftiger Armenfürsorge. Mit ihr sollte vielmehr der Wille zur „Gemeinschaft“ zwischen dem juden- und heidenchristlichen Teil der Kirche zum Ausdruck kommen und gewiss auch die Urgemeinde dankbar als der Ausgangsort des Heils anerkannt werden (vgl. Röm 15,17: „Denn wenn die Heiden an ihrem geistigen Besitz Anteil erhalten haben, müssen sie [dafür] auf dem Gebiete des Irdischen ihnen [Gegen-] Dienste leisten“).

Entnommen aus: F. Mußner: Der Galaterbrief, Herdes Theologischer Kommentar zum Neuen Testament Bd. IX, S. 124-126 i. A.,

M8

Hebräer 13,1–2

1 Bleibt fest in der brüderlichen Liebe. *2* Gastfrei zu sein vergesst nicht; denn dadurch haben einige ohne ihr Wissen Engel beherbergt.

Die betonte Hervorhebung des „Bleibt fest“ geht davon aus, dass die Bruderliebe bisher ein konstitutives Moment des Gemeindelebens gewesen ist. Wenn im gleichen Atemzug die Aufforderung ergeht, die Gastfreundschaft ebenfalls nicht in Vergessenheit geraten zu lassen, so wird damit ein zusätzlicher Gesichtspunkt eingebracht. Was modernes Denken vielleicht nicht unmittelbar beschäftigt, war in der antiken Gesellschaft von durchaus primärer Bedeutung. Gastfreundschaft hatte in der griechischen Welt ebenso wie einst in Israel den Rang einer heiligen Ordnung. Was im Sog eines allgemeinen Sittenverfalls zum Problem geworden sein mag, gewann in der christlichen Gemeinde neue vorbildliche Gestalt (s. Lk 10,5ff.). Man ist außerdem in der Lage, hierfür eine neue Begründung abzugeben und zwar unter Hinweis auf das Zeugnis des Alten Testaments (1. Mose 18,3; 19,2ff.). Berichtet es nicht davon, dass Abraham und Lot Engel beherbergten, ohne deren göttliches Wesen zu erkennen? Der Verfasser denkt wahrscheinlich vor allem an diese Erzählungen, verbleibt aber bewusst bei Andeutungen, um die Leser gedanklich zu verlocken, es auf eine ähnliche Erfahrung ankommen zu lassen. Ohne ausdrücklich darauf hinzuweisen, will er dem Wort der Zusage Jesu (Mt. 25,38.40; auch Mt. 10,41ff.) Geltung verschaffen.

A. Strobel: Der Brief an die Hebräer. Göttingen 1991. S. 175–176 i. A., © Vandenhoeck & Ruprecht

Alle ankommenden Gäste wie Christus aufnehmen

Für die Entwicklung des Gedankens und der Praxis der Gastfreundschaft im Abendland – und darin zeigt sich beispielhaft auch die große kulturelle Wirkung der Klöster – besonders bedeutsam wurden die Paragraphen der benediktinischen Regel, die sich mit dem Thema der Gastfreundschaft befassten. Hier heißt es: "Alle ankommenden Gäste sollen wie Christus aufgenommen werden, weil dieser selbst einst sprechen wird: Ich war ein Fremdling, und ihr habt mich aufgenommen. Der Obere soll wegen der Gäste das reguläre Fasten brechen. Der Aufnahme von Armen und Pilgern werde vor allem die größte Sorgfalt zugewandt; denn in ihnen wird Christus besonders aufgenommen (Mt 25)."
(G. Orth)

Offenbarung 21,1–8

Die Reihe der messianischen Urteile in der Johannesoffenbarung erreicht ihren Wendepunkt in der Vision einer qualitativ neuen und anderen Welt. Diese Vision dient gleichzeitig als Einführung in und Exposition des folgenden visionären Abschnitts, der das neue Jerusalem beschreibt (21,1 wird aufgenommen in 22,1–5; 21,2 in 21,9–11; 21,3 in 21,22f. und 22,3; 21,4 in 22,2; 21,6 in 22,1; 22,7 in 22,4; 21,8 in 21,6f. und 22,3). Nach den Visionen einer qualitativ neuen Welt und des neuen Jerusalems (21,1–2) folgt eine Ankündigung, die auf das Exodusmotiv (21,3–4) anspielt. Die Vision von Gottes „anderer Welt" der Errettung wird von Gott selbst in Kraft gesetzt mit einer Verheißung an den Sieger und einer harten Warnung an diejenigen, die durch den Weg des Drachens und des pseudoprophetischen Tieres (21,5–8) versucht wurden. Der Abschluss dieser visionären Einheit zeigt jedoch wieder einmal, dass man die Johannesoffenbarung nicht als voraussagende Beschreibung deuten darf, sondern als prophetische Ermutigung und Ermahnung verstehen muss.

Der „erste" Himmel und die „erste" Erde gehören jetzt der Vergangenheit an, da sie vom antagonistischen Dualismus zwischen der Herrschaft Gottes und Christi im Himmel und der Herrschaft des Drachens und seiner Verbündeten auf Erden und in der Unterwelt bestimmt waren. Der „neue Himmel und die neue Erde" stehen in Kontinuität mit dem alten Himmel und der alten Erde, aber sie bilden eine qualitativ neue und geeinte Welt. Diese neue Realität wird durch die Gegenwart Gottes bei den Völkern Gottes näher bestimmt. Die Vision des neuen Jerusalems, geschmückt wie eine Braut im Glanz der „gerechten Taten der Heiligen", vergegenwärtigt symbolisch Gottes eschatologische Rettung und Regierung, die erfordert, dass der Himmel auf die Erde kommt.

Die ChristInnen, die verfolgt und bekämpft wurden, weil sie AnwärterInnen auf Gottes irdisches Reich und gleichzeitig GegnerInnen des Reiches Babylons/Roms waren, sind jetzt siegreich. Anders als Paulus erschaut Johannes nicht, dass am Letzten Tag die ChristInnen in die Wolken „aufgenommen werden", um ihren Herrn einzuholen (1 Thess 4,17). Auch glaubt er nicht wie Daniel, dass die Gerechten wie Sterne am Himmel scheinen werden (Dan 12,3f). Vielmehr ist das Zentrum der theologischen Vision und der rhetorischen Bewegung der Johannesoffenbarung die Erde. Diese neue Erde unterscheidet sich von der uns bekannten Erde darin, dass „der Himmel auf Erden" sein wird.

Die Errettungsvision der Offenbarung konzentriert sich auf die Erde. Christi und Gottes Herrschaft und Macht können nicht neben der dehumanisierenden Macht bestehen, die die Erde korrumpiert und verwüstet (19,2). Die Schreie der Verfolgten nach Gerechtigkeit und Gericht ertönen deshalb auch um der Erde als Gottes Schöpfung willen. Gottes Gerechtigkeit und Gericht bedeutet nicht allein Rechtfertigung für die Verfolgten und Ermordeten, sondern schaffen auch vollständiges menschliches Wohlergehen und Heil auf Erden. Nicht Leiden, Weinen, Klagen, Hunger, Gefangenschaft und Tod, sondern Leben, Licht und Freude bestimmen die Wirklichkeit des neuen Himmels und der neuen Erde (vgl. 7,9–15); deshalb gibt es das Meer, den Ort der Tiere und das Symbol des Bösen (13,1), nicht mehr (21,1). Die zukünftige heile Welt Gottes wird nicht als Insel gesehen, sondern als eine die ganze Schöpfung umfassende Welt.

Ein explizites Wort Gottes setzt diese Vision in Kraft, indem es die eschatologische Rettung mit der nicht-unterdrückenden, befreienden Gegenwart Gottes gleichsetzt, dessen Name Immanuel ist, d. h. „Gott mit uns". Wie in 1,8, so wird auch hier Gott „Alpha und Omega" genannt. Gott macht alles neu. Diese Vision der eschatologischen Rettung hat eine klare rhetorische Funktion, da sie mit einer Verheißung und einer Warnung schließt. Die Siegreichen werden ErbInnen der befreiten Welt Gottes sein (vgl. die Zusagen an die Sieger in den Kapiteln 2–3). Wer die widergöttlichen unterdrückenden Mächte unterstützt, wird den zweiten Tod der ewigen Bestrafung erleiden.

M9

Wiederum gilt, dass der Katalog der Unrechttäter in 21,7–8 (vgl. 22,15) keinen umfassenden, exakten, sondern einen ermahnenden Charakter hat. Er wirft ein Licht auf die verschiedenen Wege der Teilnahme am Verrat gegen Gottes Weltreich. Die Feiglinge verlieren ihren Mut im Kampf mit den widergöttlichen Mächten; die Ungläubigen und Befleckten werden NachfolgerInnen Babylons; die Mörder werden zu Agenten des Tieres, indem sie die töten, die ihrer Macht widerstehen; die Unzüchtigen, Zauberer und Götzendiener beten die Herrschaft an, die die Erde zerstört; und schließlich verpflichten sich die Lügner der fundamentalen und letzten Falschheit, die Gewalt hervorbringt. Diese Laster stellen keine abstrakten Listen allgemeiner moralischer Verfehlungen dar, sondern sie fordern die HörerInnen auf, Gottes Welt und Plan von Wohlergehen und Rettung nicht zu verraten.

E. Schüssler-Fiorenza, Das Buch der Offenbarung. Vision einer gerechten Welt. Stuttgart 1994. S. 132-134 i. A.,

IV. Die Frage nach der Gerechtigkeit ist die Frage von Minderheiten: Gerechtigkeit als Thema in der Geschichte der Kirchen

Theologische und didaktische Aspekte

Maßstab kritischen theologischen Nachdenkens heute sind zuerst die biblischen Traditionen. Dazu kommen die Väter und die Mütter im Glauben und in der Theologie: Alle diejenigen Männer und Frauen, die in den Jahrhunderten vor uns ihren Glauben lebten und theologisch auf dem Weg waren. Dieses oftmals ebenso harmonische wie dissonante Gespräch der Kirchen- und Theologiegeschichte durch und über die Jahrhunderte gehört zu den weiteren wichtigen, freilich sekundären Maßstäben des Nachdenkens des Glaubens. „Gedenket an eure Lehrer, die euch das Wort Gottes gesagt haben; schauet den Ausgang ihres Wandels an und folget ihrem Glauben nach", heißt es schon im Brief an die Hebräer im Neuen Testament (Hebr 13,7). Verkündigung, also der Beruf der Lehrer, ihr Leben und ihr Glauben werden hier als entscheidend und als beispielhaft angesehen. Dieses Gespräch der Lernenden und Lehrenden im Glauben kennenzulernen und sich an ihm zu beteiligen, dazu dient die Kirchen- und Theologiegeschichte, die historische Theologie. Dabei kommt es freilich darauf an, Kirchengeschichte recht zu verstehen als eine theologische Disziplin, die uns heute hilft, den Raum unserer Freiheit wahrzunehmen und zu praktizieren. Einer Kirchengeschichte *ohne* aktuelles Erkenntnisinteresse fehlt die Perspektive, sie wahrzunehmen und immer wieder neu zu de- und rekonstruieren. Der französische Theologe Michel Clévenot[4] beschreibt dies so: „Sehr viele Probleme unserer gegenwärtigen Welt bleiben unverständlich, wenn man sie nicht einordnet in die ‚lange Dauer' der Zeit. So lassen sich etwa die Situation unserer abendländischen Gesellschaften und ihre Beziehungen zu denen der Dritten Welt nur im Lichte einer allzuoft verdrängten Vergangenheit erhellen. Gegen alle Konservativismen und restaurativen Tendenzen, die aus zu kurz greifenden und verstümmelten Erinnerungen ihr Kapital schlagen, gilt es, das komplizierte und widersprüchliche Durcheinander der Jahrhunderte, die aus uns das gemacht haben, was wir jetzt sind, zu entwirren. In dieser Hinsicht gibt es sicher wenig Archive, die so ergiebig sind wie diejenigen, die dem Christentum zur Verfügung stehen. Im Laufe von 2000 Jahren haben die Kirchen jede Form von Politik kennengelernt, alle Arten der Wirtschaft praktiziert und sich in jeglicher Spielart der Ideologie versucht. Das Buch ihrer Erfahrungen steht für alle offen. Wenige bieten eine solche Vielfalt. Man findet darin ebenso ‚Höchstleistungen' an Fanatismus, Intoleranz und Obskurantismus wie auch ‚Glanzleistungen' an Zärtlichkeit, Rechtschaffenheit und Heldenmut im Dienste der Unterdrückten. Ob wir Gläubige sind oder nicht, faktisch gehören wir zu dieser Familie. Diese Menschen – berühmte Heilige, berüchtigte Folterknechte und die bescheidene Masse der Namenlosen – sie alle sind unsere Vorfahren. Wir haben das Recht, darunter den einen oder anderen zu bevorzugen, nicht aber das Recht, sie als Gesamtheit einfach zu übergehen. Wir tragen sie in uns, sie bilden jene Kette von Genmolekülen, auf denen unsere Identität aufbaut. Allein die Kenntnisnahme von dem, was sie waren, ermöglicht uns heute, den Raum unserer Freiheit zu ermessen."

Darum geht es auch, wenn wir nun danach fragen, wie das Thema soziale Gerechtigkeit in der Kirchen- und Theologiegeschichte praktisch wahrgenommen oder verfehlt und wie es theoretisch bedacht und ausgehend von biblischen Traditionen weiter entwickelt wurde. Dabei wird eine doppelte Linie verfolgt.

Zunächst steht noch einmal ein biblischer Text und seine Auslegungsgeschichte im Mittelpunkt: Matthäus 19,26–30, die Erzählung vom reichen Jüngling. Dabei wird sich zeigen, wie für weite Strecken dieser Auslegungsgeschichte der Satz Ernst Blochs gilt, dass „die Kirche ... das Nadelöhr sehr erweitert" habe, um den Reichen den Weg ins Himmelreich zu ebnen und sich selbst den Text bequemer zu machen. Die kirchen- und theologiegeschichtlichen Mehrheitspositionen, die in aller Regel geprägt sind von der Anpassung an groß-

4 M. Clévenot, Von Jerusalem nach Rom. Freiburg (Schweiz) 1987. S. 9.

kirchliche Verhältnisse und die politische und ökonomische Macht, werden so deutlich.

Sodann geht es vor allem um jene Linie von Minderheiten, die sich ebenfalls durch die ganze Kirchengeschichte zieht, die den Zusammenhang von Gott und Gerechtigkeit ernst genommen und sich jeweils zu ihrer Zeit für soziale Gerechtigkeit engagiert haben. Diese Linie wird exemplarisch aufgewiesen an Beispielen aus der Alten Kirche, dem Mittelalter, der Reformationszeit und der Neuzeit.

Kirchen- und Theologiegeschichte werden so deutlich als Konfliktgeschichte nicht nur zwischen Mehrheiten und Minderheiten, sondern ebenso zwischen differenten theologischen, ökonomischen, sozialen und politischen Interessen. So ist diese Geschichte immer auch eine Geschichte der unabgegoltenen Hoffnungen und Möglichkeiten, die wir heute übersehen und damit ein weiteres Mal marginalisieren oder deren wir uns in Richtung ihrer Realisierung erinnern können.

Didaktisch geht es dabei darum, den Raum unserer Freiheit zu eröffnen durch erinnerndes Lernen, d.h. durch ein Lernen, das dadurch subjektiv bedeutsam ist, dass Geschichte individuell angeeignet und dabei immer auch neu dekonstruiert, rekonstruiert und konstruiert wird. Es gibt nicht die (!) Geschichte. Vollziehen sich Glaube und Nachfolge im Modus der Erinnerung, der Zukunft eröffnet, weil das, was ist, nicht alles ist, dann muss dem auch ein Lernen und Lehren entsprechen, das im Religionsunterricht historisch eröffnete oder verschlossene Möglichkeiten der Praxis sozialer Gerechtigkeit heute eruieren und diesen kritisch nachdenken möchte.

Dabei geht es zentral um die Arbeit an und mit kirchen- und theologiegeschichtlichen Quellen. Anders als bei den biblischen Texten habe ich hier auf kritische Kommentare zu den Quellen verzichtet. Sie werden lediglich kurz in ihren historischen Kontext eingeordnet. Die Arbeit der Interpretation bleibt den Sch. vorbehalten.

Intentionen

- Die Sch. sollen an historischen Modellen neue Möglichkeiten gegenwärtigen Handelns und Denkens entdecken und für sich konstruieren können.
- Die Sch. sollen Kirchen- und Theologiegeschichte als ein widersprüchliches, unterschiedlichen Interessen verhaftetes Geschehen widerstreitender Gruppen kennen und verstehen lernen.
- Die Sch. sollen auskunftsfähig werden zu unterschiedlichen historischen Positionen der Praxis von und des Nachdenkens über soziale Gerechtigkeit.
- Die Sch. sollen für sich individuelle Urteilsbildung an Hand erinnerter Erfahrungen ansatzweise entwickeln und darüber mit anderen in einen kritischen Diskurs treten können.

Unterrichtsideen/Verlaufsplanung/Projektideen

M1 ist in arbeitsteiligen Gruppen zu bearbeiten; **M2** bis **M8** können in parallelen arbeitsteiligen Gruppenarbeiten erarbeitet werden. Der Baustein schließt dann mit der Präsentation der Gruppenarbeiten wieder in der gesamten Lerngruppe, wie er begonnen wurde.

1. „Verkaufe, was du hast, und gib's den Armen" – ein Gang durch die Auslegungsgeschichte dieses Textes

Literatur zur Vorbereitung

Claus Westermann/Ferdinand Ahuis/Jürgen Wehnert: Calwer Bibelkunde. Stuttgart. 14. Auflage 2001. S. 242–250.

Ein Lexikon oder ein kirchengeschichtliches Überblickswerk zur Klärung der in **M1** genannten Personen aus der Kirchen- und Theologiegeschichte.

Unterrichtsideen

Der Text – Mt 19,16–30 – lässt sich arbeitsteilig in drei Gruppen – jeweils eine Gruppe für die Alte Kirche, Mittelalter und Reformationszeit, Neuzeit (kurze Einführung für alle Sch. (s.u.) und für die Gruppen): **M1a**, **M1b** und **M1c** – erarbeiten. Dabei gibt der L. auf Nachfrage Informationen zu den genannten Theologen oder Kirchenmännern (es sind wirklich nur Männer, die hier benannt werden...). Die Gruppen fassen auf Folien ihre wesentlichen Erkenntnisse thetisch zusammen und präsentieren ihre Ergebnisse mit einem Overhead-Projektor (so können die Folien anschließend kopiert und allen Sch. zur Verfügung gestellt werden). Leitfrage der Erarbeitung des Textes wie der Präsentationen und der Abschlussdiskussion ist die These Ernst Blochs, dass „die Kirche ... das Nadelöhr sehr erweitert" habe, um den Reichen den Weg ins Himmelreich zu ebnen und sich selbst den Text bequemer zu machen.

L.-Impulse

Einführung zu M1: Unser Text hat die kirchlichen Ausleger sehr beschäftigt. Ähnlich wie bei der Auslegung der Antithesen der Bergpredigt werden in der Auslegungsgeschichte theologische Grundentscheidungen der wichtigsten Epochen der Kirchengeschichte sichtbar, die uns bis heute prägen. Leider gilt für die Auslegungsgeschichte auf weite Strecken der Satz Ernst Blochs, dass „die Kirche ... das Nadelöhr sehr erweitert" habe, um den Reichen den Weg ins Himmelreich zu ebnen und sich selbst den Text bequemer zu machen.

- Was erfahren wir über den Umgang mit dem Text in unterschiedlichen Epochen der Kirchen- und Theologiegeschichte?
- Wie bewerten Sie diesen Umgang mit biblischen Texten, die, einmal aufgeschrieben, scheinbar frei für alle möglichen Interpretationen sind?
- Reflektieren Sie bitte die These Ernst Blochs, dass „die Kirche ... das Nadelöhr sehr erweitert" habe, um den Reichen den Weg ins Himmelreich zu ebnen und sich selbst den Text bequemer zu machen, und formulieren Sie dazu eine eigene Position. Konkretisieren Sie dabei bitte Blochs These an einzelnen Beispielen der Auslegungsgeschichte.

2. *„Den Hungernden gehört das Brot, das du für dich behältst."*

Literatur zur Vorbereitung

D. Schirmer, Die Donatisten – eine staats- und kirchenkritische Bewegung in Nordafrika im 4. und 5. Jahrhundert. In: Ders. (Hrsg.), Kirchenkritische Bewegungen. Band 1: Antike und Mittelalter. Stuttgart 1985. S. 43–62.

Zu Basilius dem Großen: ein Lexikon oder ein kirchengeschichtliches Überblickswerk.

Unterrichtsideen

Die Sch. lesen zunächst **M2** und **M3** und erstellen eine Thesenreihe zu den Donatisten und zur Auseinandersetzung des Augustinus mit ihnen. Daran schließt sich ein Vergleich der häretisch genannten Positionen der Donatisten und des sog. rechtgläubigen Bischofs Basilius von Caesarea an, der in der Kirchengeschichte sogar den Beinamen „der Große" erhielt. Die Sch. diskutieren die Frage, warum die Donatisten zu Häretikern wurden, während Basilius kirchen- und theologiegeschichtlich hohes Ansehen genießt. Wird im Plenum gearbeitet, schließt die Arbeit zu diesem Beispiel aus der Alten Kirche damit. Wird in arbeitsteiligen Gruppen gearbeitet, bereiten die Sch. ihre Präsentation vor.

L.-Impulse

- Erstellen Sie eine kurze Thesenreihe zu den Donatisten und zur Auseinandersetzung des Augustinus mit ihnen.
- Vergleichen Sie die Positionen der Donatisten und des Augustinus.
- Warum wurden die Donatisten zu Ketzern gemacht, während Basilius den wertschätzenden Beinamen „der Große" erhielt?

3. *„Ohne Eigentum"*

Literatur zur Vorbereitung

R. Mokrosch, H. Walz, Mittelalter. Kirchen- und Theologiegeschichte in Quellen. Bd. II. Neukirchen-Vluyn 1989. S. 126–129 und 163.

Unterrichtsideen

Die Sch. lesen die Texte – **M4** und **M5** – des Franziskus und von Papst Johannes XXII. Anschließend teilen sie sich in zwei Gruppen: eine Gruppe, die Franz von Assisis, und eine Gruppe, die Papst Johannes' Position übernimmt. Sie bereiten ihre Rollen vor mit all dem Wissen, was sie sich aus den Bausteinen zu den alt- und neutestamentlichen Texten und zur Alten Kirche angeeignet haben. Sie führen nun ein Streitgespräch durch. Wird im Plenum gearbeitet, schließt die Arbeit zu diesem Beispiel aus der mittelalterlichen Kirche mit eine kritischen Stellungnahme der Sch. zu dieser Auseinandersetzung. Wird in arbeitsteiligen Gruppen gearbeitet, bereiten die Sch. ihre Präsentation vor, die die wesentlichen Argumente pro und contra Franziskus sowie eine kritische Stellungnahme der Sch. enthält.

L.-Impulse

- Vergleichen Sie die Positionen des Franz von Assisi und von Papst Johannes XXII. zur Frage der Armut auf dem Hintergrund Ihres bisherigen Wissens.
- Nehmen Sie selbst kritisch Stellung zu dieser Auseinandersetzung.

4. „Lass ab, da wird nichts andres draus!"

Literatur zur Vorbereitung

U. Duchrow, Dem Rad in die Speichen fallen – aber wo und wie? Luthers und Bonhoeffers Ethik der Institutionen im Kontext des heutigen Wirtschaftssystems. In: Ders., Weltwirtschaft heute – ein Feld für bekennende Kirche? München 1986. S. 59–94.

G. Scharffenorth, Die Bergpredigt in Luthers Beiträgen zur Wirtschaftsethik. In: Chr. Frey, W. Huber (Hrsg.), Schöpferische Nachfolge. Heidelberg 1978. S. 177–204.

F- W. Marquardt, Gott oder Mammon aber: Theologie und Ökonomie bei Martin Luther. In: Einwürfe 1. München 1983. S. 176–216.

Unterrichtsideen

Die Sch. lesen beide Luther-Texte – **M6** und **M7** –, fassen die Hauptaussagen zusammen und setzen sie zueinander in Beziehung. Die Sch. übersetzen sodann Luthers Text so weit wie möglich in die gegenwärtige Situation. Eine abschließende Diskussion zu Luthers wirtschaftsethischer Position schließt sich an. Wird im Plenum gearbeitet, schließt die Arbeit zu diesem Beispiel aus der Reformationszeit damit. Wird in arbeitsteiligen Gruppen gearbeitet, bereiten die Sch. ihre Präsentation vor.

L.-Impulse

- In welcher Beziehung steht Luthers prinzipielle theologische Position „Gott oder Mammon" in seiner Auslegung des ersten Gebotes zu seinen wirtschaftsethischen Überlegungen zu den Monopolen und länderübergreifenden Kapital- und Handelsgesellschaften (Fugger und Welser)?
- Übersetzen Sie bitte Luthers Text in die gegenwärtige Situation, die mit den Stichworten Globalisierung, multinationale Konzerne, shareholder value und Hedge-Fonds hier nur benannt werden soll.
- Diskutieren Sie bitte kritisch Luthers theologische Position zur Wirtschaftsethik. ‚Darf' sich Theologie und Kirche ihrer Meinung nach in dieser Weise in ökonomische Fragen einmischen?

5. „Proletarier aller Länder, vereinigt euch!" oder: „eine sittliche Wiedergeburt des Volks mit seinen oberen und unteren Ständen"

Literatur zur Vorbereitung

G. Brakelmann, Die soziale Frage des 19. Jahrhunderts. Bielefeld 1975.

R. Rorty, Das kommunistische Manifest. 150 Jahre danach. Frankfurt 1998.

Unterrichtsideen

Die Sch. machen sich mit den drei „Manifesten" – Kommunistisches Manifest, Wichern und von Ketteler samt Leo XIII – des 19. Jahrhunderts (**M8**) vertraut. Sie halten Übereinstimmungen und Differenzen fest. In einem kleinen Rollenspiel nehmen Sie die unterschiedlichen Positionen ein und versuchen ein Gespräch unter der Fragestellung, welche der Positionen am ehesten in der Lage erscheint, das Elend der Arbeiter zu mindern und menschenwürdige Verhältnisse für alle Mitglieder der Gesellschaft herbeizuführen. Wird im Plenum gearbeitet, schließt die Arbeit zu diesem Beispiel aus der Neuzeit damit. Wird in arbeitsteiligen Gruppen gearbeitet, bereiten die Sch. ihre Präsentation vor, ggf. führen sie das Rollenspiel so vor, dass jeder Sch. zunächst die Position seiner Rolle erläutert und dann die Diskussion beginnt.

L.-Impulse

Einführung: Kapitalismus und die „soziale Frage" im 19. Jahrhundert: Die industrielle Revolution im 19. Jahrhundert war bestimmt durch ihre kapitalistische Form, die unmittelbar mit ihrem Aufkommen zwei Klassen entstehen ließ: die vom Staat mit allen Mitteln geförderten Unternehmer, die Kapitalisten, und die Klasse der Industriearbeiter, das Proletariat. Dessen Situation war gekennzeichnet von

- massiver körperlicher und zeitlicher Ausbeutung der Menschen,
- niedrigsten Löhnen,
- der deshalb für die Ernährung der Familie notwendigen Kinder- und Frauenarbeit,
- miserabelsten Wohnverhältnissen,
- Alkoholismus, Prostitution und einer allgemeinen Verwilderung der Sitten.

- Erarbeiten Sie Übereinstimmungen und Differenzen der drei „Manifeste".
- Begründen Sie, welche der drei Positionen für Sie die wichtigste und Erfolg versprechend ist. Gehen Sie dabei von den Texten aus und versuchen sich in das 19. Jahrhundert zu versetzen.
- Erarbeiten Sie ein kurzes Rollenspiel, in dem die drei Positionen miteinander ins Gespräch kommen, und bereiten Sie damit Ihre Präsentation vor.

Alte Kirche

M1a

1. Mt 19,21 als Gebot für alle

Für die Ausleger der Alten Kirche ist zunächst klar, dass der Befehl Christi in V 21 wörtlich zu verstehen ist und allen gilt. Origenes empfiehlt den Reichen, die Armen an ihrem Besitz Anteil nehmen zu lassen und dafür von ihrer Fürbitte zu profitieren. Johannes Chrysostomus sagt ausdrücklich, es genüge nicht, den Reichtum innerlich zu verachten, man müsse vielmehr etwas tun und die Armen unterstützen. Besonders dringlich fordert der Bischof und Mönchsvater Basilius von allen die Weggabe ihres Besitzes: Mt 19,21 gilt nach ihm auch für Familienväter, die Kinder haben: Sollen etwa die Kinder zum Vorwand werden, Gottes Gebote nicht zu halten? Jesu Wort an den jungen Mann ist für ihn „verpflichtendes Gebot für alle Christen". Für Basilius ist Reichtum, verstanden als das, was die zum Leben wirklich nötigen Dinge übersteigt, ein Widerspruch zum höchsten Gebot der Nächstenliebe, das auf ökonomische Gleichheit unter den Menschen zielt.

Bereits Origenes und Johannes Chrysostomus zeigen aber die Tendenz, das radikale Gebot Jesu zum weniger verpflichtenden Gebot zu mildern, wenigstens etwas vom eigenen Vermögen den Armen abzugehen. In der werdenden Großkirche konnten die alten Ideale der besitzlosen Wanderradikalen nicht aufrechterhalten werden. Mehr und mehr wurde das Gewicht auf die rechte Gesinnung gegenüber dem Reichtum gelegt: Jesus sage ja nicht, dass Reiche nicht, sondern nur, dass sie nur schwer ins Himmelreich kämen. Hilarius empfiehlt Maß im Umgang mit dem Besitz: Nicht Besitz an sich ist böse, sondern Besitz, der anderen schadet. Zu vermeiden ist auf alle Fälle der Geiz, die Liebe zum Reichtum.

2. Die Entwicklung zum Evangelischen Rat.

Man wusste aber auch, dass Jesus nicht einen maßvollen Umgang mit dem Besitz, sondern einen vollkommenen Verzicht auf ihn für ein Kennzeichen der Vollkommenheit gehalten hat. In der mehr und mehr angepassten katholischen Reichskirche versuchten Eremiten oder mönchische Gemeinschaften, mit dem Gebot der Vollkommenheit, zu der vollständiger Besitzverzicht gehörte, ernst zu machen. Die berühmtesten Beispiele für einen vollständigen Besitzverzicht aufgrund von Mt 19,21 sind in der Alten Kirche der Ägypter Antonius und im Mittelalter Petrus Waldes. Ebenso wichtig war unser Text für die Franziskaner. In beiden Versionen der Franziskusregel ist Mt 19,21 der zuerst genannte Bibeltext. Im Nebeneinander von Großkirche und Eremiten, Orden und Armenbewegungen des Mittelalters wiederholte sich in veränderter Weise das Nebeneinander von Wanderradikalen und Sesshaften des Urchristentums.

Mt 19,21 wurde damit zum Rat, der nur von wenigen befolgt werden kann. Der Begriff „consilium" (=Rat) tauchte in Verbindung mit Mt 19,21 schon früh auf, auch wenn die eigentliche kirchliche Lehre von den drei „Consilia Evangelica" Armut (Mt 19,21), Keuschheit (Mt 19,12) und Gehorsam = Nachfolge (Mt 19,21) erst mittelalterlich ist. Es gibt demnach in der christlichen Kirche zwei verschiedene Arten von Berufungen: eine zur Vollkommenheit und eine zum alltäglichen Leben. Die mittelalterliche Exegese wies auf die beiden „Stände" hin, die es schon bei Jesus gegeben habe: Neben den Aposteln, die alles verließen, standen Nikodemus, Gamaliel und Joseph von Arimathia. Über den „Vollkommenen", die Gott zum apostolischen Leben der Armut und der Keuschheit berufen hat, hat er sein Erbarmen überreich ausgegossen wie über den verlorenen Sohn. Gültig und wirkungsvoll systematisiert erscheint alles bei Thomas v. Aquino: Die Vollkommenheit besteht nach ihm „essentialiter" in der Liebe zu Gott und zum Menschen, wie sie im göttlichen Gesetz formuliert ist. „Instrumentaliter" aber ist sie im Rat zur Armut und zur Ehelosigkeit formuliert, weil diese beiden Räte wesentliche Hindernisse zur Liebe beseitigen helfen.Wichtig ist bei Thomas, dass die Vollkommenen nicht einfach mit dem Stand der „religiosi“ identisch sind, vielmehr geht es für alle darum, nach der Vollkommenheit zu streben, wobei die Evangelischen Räte eine wesentliche Hilfe sind. Freiwillige Armut ist nicht per se die Vollkommenheit, sondern sie ist „Weg“ zur vollkommenen Liebe. Matthäus und Thomas berühren sich darin, dass sie von einem Weg zur Vollkommenheit sprechen, den es zu gehen gilt.

Manchmal, allerdings m. W. nicht bei Thomas, verbindet sich mit dem Gedanken der beiden „Stände“ auch der Gedanke eines besonderen Lohns für die Vollkommenen: Ihn fand man entweder im himmlischen Schatz von V 21, seltener in V 28 angedeutet.

Dieser Rahmen für die Auslegung von Mt 19,16–22 ist gültige katholische Lehre geblieben. Spätere Exegeten haben sich immer wieder auf ihn berufen; der Katechismus der katholischen Kirche hat ihn wieder bestätigt.

3. Clemens von Alexandrien

Die Homilie, die Clemens über Mt 19 geschrieben hat, will zeigen, dass Reiche doch gerettet werden können: Es ist für Clemens eine oberflächliche Auffassung des Textes, ihn auf die äußere Weggabe des Besitzes zu beziehen und nicht vielmehr auf die Seele, aus der die Liebe zum Besitz, die Unruhe und die Sorge um das irdische Leben verbannt werden müssen. Das eigentliche Hindernis, das vom Heil abhält, ist nicht der Reichtum, sondern es sind die Leidenschaften, denn das Heil beruht ja nicht auf äußeren Dingen. Fern vom Heil kann der Reiche sein, der „Sklave seines Besitzes ist und ihn … zum Ziel und Inhalt seines Lebens macht“, aber auch der Arme in seinen Leidenschaften. Erstrebenswert ist nicht die Armut, sondern die Armut im Geist nach Mt 5,3. So muss es darum gehen, „den fremden Besitz, der in deiner Seele ist, auf(zugeben), damit du reinen Herzens werdest und Gott schauest“. Reichtum aber ist ein Adiaphoron, an sich weder gut noch böse; man darf ihn nicht wegwerfen, sondern soll daraus ein Werkzeug der Gerechtigkeit machen. Clemens drückt natürlich Tendenzen aus, die es in anderen altkirchlichen Auslegungen unseres Textes auch gibt, aber er geht weiter als fast alle anderen antiken Auslegungen. Nicht ohne Grund hat E. Troeltsch diese Predigt als die „dem Reichtum günstigste und ökonomisch verständigste“ Schrift der Alten Kirche bezeichnet.

4. Die allegorische Auslegung unseres Textes wurde von Origenes angestoßen, von Hilarius programmatisch durchgeführt und wirkte dann im Mittelalter weiter. Sie hat den Text vom Problem des Reichtums noch radikaler gelöst. Während Origenes unter dem Reichen symbolisch einen Menschen verstand, der viel schlechte Werke besitzt, hat Hilarius einer heilsgeschichtlich-allegorischen Deutung zu Gewicht verholfen: Der Reiche verkörpert das Judentum, das sich nur an das Gesetz zu halten vorgibt. Jesus konfrontiert es mit der Aufforderung, diesen Schatten der Wahrheit zurückzulassen und zugleich auch den Heiden (= den Armen) daran Anteil zu geben. Im Mittelalter wurde dieser Deutungstyp nur von einzelnen Auslegern vertreten, besonders prägnant von Opus Imperfectum und von Paschasius Radbertus. Für Paschasius Radbertus lag die Heilshoffnung für die Juden allein in den Werken und nicht im Glauben. Mit einer solchen Spitzenthese gehört dieser Deutungstyp, neben demjenigen von Clemens, zu den Voraussetzungen der reformatorischen Exegesen. Besonders schöne Deutungsspiele ergaben sich von diesem Grundansatz her für V 24: Das Kamel deutet man gerne auf die Heiden, weil es ein wildes Tier ist; das Nadelöhr konnte dann je nachdem das enge Tor von Mt 7,12f., das Bekenntnis oder die Passion Christi meinen.

5. Die reformatorischen Deutungen

Mit der Reformation wurde unser Text zum Gegenstand eines heftigen konfessionellen Streites, der fast alle Auslegungen bestimmt. Die Auslegungen aller Reformatoren sind erstaunlich ähnlich: Sie wenden sich gegen die „Evangelischen Räte", da diese den im Mönchtum besonders ausgeprägten, aber aus ihrer Sicht die ganze päpstliche Kirche prägenden Versuch verkörpern, durch eigene Werke das Leben zu erwerben. Jesu Gebot an den jungen Mann, seinen Besitz zu verkaufen, verstanden die reformatorischen Ausleger als Konkretion des Liebesgebotes, also als Gebot, nicht als Rat. Die Mitte des für alle Menschen geltenden Gesetzes Gottes ist aber nichts nur Äußerliches, sondern dass man „nichts über alle ding lieber haben" solle als Gott und dass man darum den Nächsten lieben solle wie sich selbst (Luther). In diesem radikalen Sinn hat natürlich der Mann das Gesetz nicht gehalten und kann es kein Mensch halten. Das Gespräch Jesu mit ihm wollte ihn denn auch gar nicht zu verdienstlichen Werken führen, sondern eine „Vorschule" sein, die ihn im Sinne des usus elenchticus legis „zu der geschenkten Gerechtigkeit führt" (Calvin). In seinem Geiz äußert sich seine falsche Selbsteinschätzung, sein Streben nach Werkgerechtigkeit. Der Reiche wird also zum Prototypen des Gottlosen (Luther). Es ist klar, dass im Verkauf seiner Güter nicht die Spitze des Textes liegen kann; im Gegenteil, eine solche Handlung wäre ja wieder ein Werk und könne auch „eitler Prahlsucht" entspringen (Calvin). Ganz pointiert formuliert Luther: Christus selbst habe sein Habe und seine Kleider auch nicht verkauft, sondern er habe gegessen und getrunken. In seinen Thesen zu Mt 19,21 stellt Luther den Text geradezu auf den Kopf: Das Gebot Christi ist es gerade nicht, alles zu verlassen und wie die Mönche „aus frömbden güthern… on alle sorg" zu leben, sondern im Sinne der zweiten Tafel des Gesetzes „alles (zu) erwerben, (zu)behalten, (zu)beschirmen und (zu)verwalten", damit man nicht ein Dieb und Räuber werde, ja als „ein Bürger dieser Welt" notfalls auch mit Gewalt den eigenen Besitz zu verteidigen. Mit dem eigenen Besitz für die Seinen zu sorgen entspricht also den Geboten der zweiten Tafel und ist Gebot des Glaubens; ihn zu verlassen ist dagegen Sünde. Es gibt für Luther überhaupt nur einen einzigen Fall, wo man die Gebote der zweiten Tafel hintanstellen und alles verkaufen und verlassen soll, nämlich dann, wenn man dies um der ersten Tafel willen, um des Bekenntnisses und des Glaubens willen, tun muss, also dann, wenn nicht eine nicht-evangelische Obrigkeit Protestanten zur Verleugnung des Glaubens zwingt. Gründlicher kann man das Armutsgebot unseres Textes kaum missverstehen. Aus der These, dass Jesus keinen Rat, sondern ein Gebot formuliert habe, ist hier faktisch ein Verbot geworden.

Neuzeit

6. Die nachreformatorischen Auslegungen bringen wenig Neues. Die Möglichkeit eines besonderen, mönchischen Weges war ein für allemal zerstört; protestantische Bürgerlichkeit dominierte. Das Interesse an unserem Text erlahmt entsprechend. Aus dem reformatorischen usus elenchiticus legis macht der Aufklärer Olshausen ein Beispiel für die bewundernswürdige seelsorgerliche Pädagogik, mit der der Erlöser einen jungen Mann behandelte. Der „hochstrebende Jüngling" hätte sich durch Jesus „zur Selbsterkenntnis und dadurch zum richtigen Anschluss" an den Erlöser führen lassen müssen. Unentwegt wiederholt wird, dass sein Fall ein Sonderfall gewesen sei, ein Spezialangebot für einen besonderen Geizhals, das sowenig allgemeingültig sei wie das Gebot der Opferung Isaaks an Abraham. So stellt der Text überhaupt keine Ansprüche mehr, denn wer ist schon ein besonderer Geizhals, dass er sich von ihm betreffen lassen müsste? Für Max Weber endlich wird die Forderung radikalen Besitzverzichts in unserem Text – zusammen mit der Bergpredigt – zum Inbegriff jeder Gesinnungsethik, die man nur „ganz oder gar nicht" befolgen kann, einer Ethik für Heilige, deren Taten „ganz irrational" sind und „nur exemplarischen Wert" haben, weil sie nicht verallgemeinert werden können: als Maxime eines Politikers und als Forderung für jedermann wäre Mt 19,21 verantwortungslos und sinnlos.

Die Wirkungsgeschichte des Textes prägt unsere Gegenwart. Im Protestantismus war sie fast ausschließlich eine Verdrängungs- und Ausblendungsgeschichte. Hier muss es demzufolge darum gehen, dass unser Text als Text, der von einem Reichen und vom Reichtum handelt, überhaupt wieder in den Blick kommt. Wir Protestanten müssen neu lernen, dass und warum für Jesus und das Urchristentum offenbar eine grundsätzliche Spannung zwischen Gottesreich und Reichtum bestand. Wir müssen wieder lernen, dass der Umgang mit Geld ein Brennpunkt unseres Glaubens ist. Dass „Weggabe der Güter an sich" keineswegs schon der geforderte Gehorsam der Nachfolge sein muss, sondern vielleicht bloß eine „freie Setzung eines eigenen [alternativen!] Lebensstils" (D. Bonhoeffer) sein kann, und zwar richtig. Doch haben wir heute in erster Linie das Umgekehrte zu lernen: Der Gehorsam der Nachfolge muss zentral den Umgang mit dem eigenen Geld verändern, weil das Geld die Welt regiert und Nachfolge Jesu ein Protest der Liebe gegen diese „Regierung" ist. Ich denke außerdem, dass wir Protestanten auch neu darüber nachdenken müssen, ob es nicht über ein durchschnittlich-bürgerliches Christentum hinaus besondere, radikale Gestalten von christlicher Liebe und Hingabe geben muss, die nicht von allen gefordert, sondern nur einzelnen „geraten" werden können, die aber für uns alle wichtig sind, weil sie an das alle Macht des Geldes in Frage stellende Gottesreich, das Jesus meinte, erinnern (Vgl. F.M: Dostojewski, Die Brüder Karamasoff (übers. v. E.K. Rasin), München 1977. Aljoscha Karamasoff steht vor der Kirche und überlegt: „Was hat er gesagt? ‚Verteile dein Gut und folge mir nach, wenn du vollkommen sein willst.' Und so sagte sich denn auch Aljoscha: ‚Ich kann doch nicht an Stelle meines ganzen Gutes nur zwei Rubel geben, und anstatt des ‚folge mir nach' nur zur Frühmesse gehen!".). Wie solche alternativen Lebensformen der Liebe heute aussehen könnten, müssen wir im Licht unseres Textes kreativ und fantasievoll neu überlegen. Ich denke aber, dass jede Aktualisierung, die nicht zu einer Veränderung im Bereich der Finanzen (der privaten und kirchlichen!) führt, an ihm vorbeigeht. Hier zeigt sich besonders deutlich, dass jedes gegenwärtige Verstehen eines biblischen Textes die Dimension der Applikation einschließt bzw. dass ein nur verbales, abstraktes Verstehen, das die eigene Existenz vom Anspruch des Textes ausklammert, noch kein wirkliches Verstehen ist.

Die katholische Kirche dagegen, deren „offizielle“ Interpretation des Textes als „Evangelischer Rat“ wesentliche seiner Sinnpotenzen aufbewahrt hat, wäre zu fragen, wie sie der Gefahr einer Zweiteilung der Christ/innen in „gewöhnliche“ und „besondere“ Gläubige, zu denen dann die Kleriker, Mönche bzw. Nonnen und die Hierarchen gehören, wirksam begegnet. In ihrer Geschichte zeigt sich immer wieder die Tendenz, die „Evangelischen Räte“ aus „Instrumenten“ der Vollkommenheit für alle zu Vorbedingungen der Vollkommenheit für wenige zu machen. Damit aber haben sich die zwei Stufen von Christ/innen verfestigt, und die Evangelischen Räte werden zu Gesetzen für diese wenigen. Matthäus denkt aber wohl nicht an zwei Stufen, sondern an einen Weg auf dem jeder und jede tut, was möglich ist; er denkt Wanderradikale und Sesshafte, Besitzlose und für sie verantwortliche Besitzende nicht auseinander, sondern zusammen.

Es sei mir erlaubt, an dieser Stelle auf eine evangelische und eine katholische Auslegung unseres Textes aus diesem Jahrhundert hinzuweisen, die beide gemeinsam haben, dass sie in manchem gegen den Strom der in ihren eigenen Kirchen herrschenden Auslegungen schwimmen. Die Auslegung, die Karl Barth vorgelegt hat, scheint mir darum bedeutsam, weil sie deutlich macht, wie Herrschaft Gottes und Besitzverzicht zusammengehören. Besitzverzicht als Akt der Liebe zeigt, „dass du es hast, statt dass es dich hat“, und wird so zum Zeugnis dafür, dass Gott den Menschen „hat“, und zwar als freien Menschen und als seinen Bundesgenossen. Besitzverzicht als Akt der Nächstenliebe wird so nicht wie bei Luther zum Spezialfall des Gehorsams gegenüber der ersten Tafel der Gebote, sondern zu seinem Erstfall. Die zweite Auslegung ist diejenige, die Johannes Paul II. in seiner Enzyklika „Veritatis Splendor“ vorträgt. In dieser Auslegung gibt er der Unterscheidung von „Gebot“ und „Rat“ bzw. von Anfängern und Vollkommenen den Abschied und versteht die „Aufforderung“ von Mt 19,21 als Aufforderung der Nächstenliebe für alle. Alle sind zur Vollkommenheit der Liebe gerufen, „deren Maß allein Gott ist“. Dass eine solche Aufforderung an alle Freiheit einschließt (und m. E. auch jede Gesetzlichkeit „Evangelischer Räte“ ausschließt), betont die Enzyklika mit bemerkenswerter Deutlichkeit. Beide Auslegungen konvergieren darin, dass sie energisch auf die in V 26 angesprochene Macht Gottes hinweisen, die nach K. Barth der „Drehpunkt“ des ganzen Textes ist und die allein es unseren Kirchen möglich macht, unseren Text wiederzugewinnen bzw. die festen Strukturen, die durch ihn entstanden sind, aufzusprengen.

U. Luz: Das Evangelium nach Matthäus. EKK, 3. Teilband. Neukirchen 1997. S. 118–156 i.A., © Neukirchener Verlag

M2

Donatus und die Donatisten und die Gegenposition des Augustinus: „Außerhalb der Kirche gibt es kein Heil"

Wer waren die Donastisten? Die sogenannte ketzerische Bewegung der Donatisten – so genannt ketzerisch deshalb, weil die Geschichte, auch die Kirchengeschichte, ja immer von den Siegern geschrieben wird, d.h. im Blick auf die Kirchengeschichte von denen, deren Glaube und Theologie sich historisch durchgesetzt haben – geht auf die Zeiten kurz nach der Christenverfolgung in Nordafrika zurück. Vor allem auf dem Land, unter der ärmeren Bevölkerung, gab es viele, die einen weitaus härteren Widerstand gegen die Verfolgungen geleistet hatten als die begüterte Stadtbevölkerung in Karthago und an der Küste. Die ärmere, ausgebeutete Landbevölkerung hatte die soziale und herrschaftskritische Dimension christlichen Glaubens verstanden und sich den römischen Verfolgungen stärker zu widersetzen versucht als diejenigen, die – obwohl sie Christen waren – von Rom profitierten.

Kurz nachdem das Christentum unter Konstantin nun zur erlaubten Religion geworden war, hörte dieser von Streitigkeiten um eine Bischofsnachfolge in Nordafrika. Um die ideologische Einheit des Reiches nicht zu gefährden, griff er ein, schlug sich auf die Seite Caecilians und nahm Partei gegen Donatus, einem aus dem Widerstand gegen die Christenverfolgungen hervorgegangenen kirchlichen Oberhaupt. Natürlich wurde der kaisertreue Caecilian gewählt. Daraufhin wählten seine Gegner Donatus zum Gegenbischof. "Fortan galten den Donatisten alle diejenigen Bischöfe und Priester, die vom Kaiser unterstützt wurden und sich selber als katholische Kirche ansahen, als Parteigänger der Staatsgewalt, als Opportunisten. In der Folgezeit entwickelten sie eine Theologie des Widerstandes vor allem gegen die Versuche der staatsloyalen Bischöfe", zu denen auch Augustinus gehörte, "sie in die katholische Kirche zurückzuholen."

D. Schirmer, Die Donatisten – eine staats- und kirchenkritische Bewegung in Nordafrika im 4. und 5. Jahrhundert. In: Ders. (Hrsg.), Kirchenkritische Bewegungen. Band 1: Antike und Mittelalter. Stuttgart 1985. S. 43–62, Zitat S. 50

Vier theologische Gesichtspunkte waren den Donatisten in ihrem Kampf gegen das Staatschristentum wichtig:

1. Das Märtyrertum ist das Wahrzeichen eines echten Christentums. "Die wahre Kirche", so die Überzeugung des Donatus, „ist jene, die Verfolgungen erleidet, und nicht jene, die verfolgt."

2. Die Sakramente dürfen nicht von unwürdigen Priestern gespendet werden. Taufen, die sie vollzogen haben, müssen wiederholt werden. Dabei bezog sich „die Unwürdigkeit der Priester … vor allem auf ihr Nachgeben in den Verfolgungszeiten. Wer sich den kaiserlichen Zwangsmaßnahmen gebeugt hatte, der hatte in den Augen der standhaften Christen die durch die Taufe gewonnene Mitgliedschaft in der Kirche verloren (vgl. Hebr 6,4-6)." Dies wurde zu einem Eckpfeiler der donatistischen Theologie, weil für sie mit der Taufe die Trennung von der Welt erfolgte; mit dieser Haltung versuchten die Donatisten gerade auch in der Zeit, in der das Christentum zur Staatsreligion wurde, weitere Anpassung christlichen Glaubens an den Staat zu bekämpfen.

3. Distanz zum römischen Staat und dem Kaiser. Dabei beriefen sie sich beispielsweise auf den im 3. Jahrhundert lebenden Kirchenvater Tertullian, der formulierte: „Nichts ist uns fremder als der Staat. Was hat Athen mit Jerusalem gemein? Was ist gemein zwischen dem Lager des Lichts und dem der Finsternis?" (Zit. Nach D. Schirmer, aaO.) Für Tertullian war noch völlig klar, dass es für Christen verbotene Berufe gab. Dazu zählte er neben den Prostituierten und Soldaten beispielsweise auch Beamte und vor allem den Kaiser.

4. Solidarität der Armen untereinander und mit den Armen im Geiste Jesu und seiner für die Donatisten hier eindeutigen Botschaft.

Weil es Konstantin darauf ankam, mit dem Christentum sein römisches Reich ideologisch zu einen, mussten die Donatisten bekämpft werden: So bedrohte er sie mit kaiserlichen Gerichten; belastete sie mit Steuern, die er den katholischen Bischöfen erließ; schickte die Führer der Bewegung in die Verbannung; auf Konzilien wurden die Donatisten als Häretiker und Kirchenspalter verurteilt. So musste die Bewegung angesichts der übergroßen ökonomischen und politischen und nicht zuletzt auch kirchlichen Macht ihrer Gegner verlieren und untergehen.

Zunächst versuchte Augustinus die Donatisten mit dem Wort und von der Sache zu überzeugen. Die Kirche war für ihn ein gemischter Körper, der gute und böse Glieder habe, in dem Unkraut unter dem Weizen gedeiht, und die durch die Sakramente zusammengehalten werden. Dabei, so Augustinus, sei die Wirkung der Sakramente unabhängig von der Person, die sie spendet, denn Christus schenke mit den Sakramenten seine Gnade. Doch: wer nicht hören will, muss fühlen – und so stellte Augustinus die Frage: "Warum sollte die Kirche ihre verirrten Söhne nicht zur Rückkehr zwingen?" Dieses „cogite intrate" (nötigt sie hereinzukommen), also den gewaltsamen Zwang in Glaubensfragen begründete Augustinus biblisch mit dem Gleichnis vom Festmahl (Lk 14, 15-24), wo es heißt: „...und nötige die Leute zu kommen, damit mein Haus voll wird". Oder aber er argumentierte, Gott habe zuerst die Apostel ausgeschickt, dann aber „die Jäger, die sollten sie erlegen" (vgl. Jer 16,16). Diese fatale Bibelauslegung diente nach Augustinus dann Jahrhunderte lang als Grundlage gnadenloser Zwangsmaßnahmen in Glaubensfragen, beispielsweise in der Inquisition. So heißt es im Decretum Gratiani – der zentralen Sammlung kirchlichen Rechtes aus dem 12. Jahrhundert – als Rechtsforderung: „Häretiker sind zu ihrem eigenen Heil auch gegen ihren Willen zu zwingen."

Der Schweizer Kirchenhistoriker Walter Nigg kommentiert die Entwicklung so: „Was immer man auch zur Entschuldigung Augustins vorbringen mag, es war damit das Schwert aus der Scheide gezogen. ... All die bluttriefenden Henker, welche im Mittelalter aufs grausamste gegen die Ketzer gewütet haben, konnten sich auf die angesehene Autorität Augustins berufen – und sie haben es auch getan. Der Schaden, den die Äußerung dieses einen Menschen bewirkte, ist unübersehbar." (W. Nigg, Das Buch der Ketzer. Zürich 1970, S. 109)

G. Orth, Vorlesung: Kirchengeschichte im Überblick.

M3

Basilius der Große, Erzbischof von Caesarea: Rede an die Reichen (370)

Diese Güter gehören mir,
habe ich nicht das Recht, sie zu behalten?

Gehören sie wirklich dir?
Woher hast du sie genommen?
Hast du sie von anderswo her
In die Welt mitgebracht?

Du verhältst dich wie einer,
der bei jedem Schauspielbesuch das Theaterhaus verriegelt.
Du willst anderen den Eintritt versperren,
damit du dein Vergnügen für dich allein hast.

Es ist so, als würdest du dir
das alleinige Anrecht auf das Theaterstück nehmen,
das für die Allgemeinheit gespielt wird.

Genau so sind die Reichen:
Sie betrachten die Güter, die allen gehören,
als ihr privates Eigentum,
weil sie sich diese als erste angeeignet haben.

Den Hungernden gehört das Brot,
das du für dich behältst;

den Nackten der Mantel,
den du in der Truhe versteckst;

den Armen das Geld,
das du vergräbst.

Zit. nach: C. Amery (Hrsg.), Briefe an den Reichtum.
München 2005. S. 36, © Luchterhand-Literaturverlag GmbH

Franz von Assisi und die Gründung des Franziskaner-Ordens

M4

1. Hier beginnen – in Gottes Namen – die Anweisungen für das Leben der Minderbrüder. – Dies ist die Regel für das Leben der Minderbrüder, wie man nämlich das heilige Evangelium unseres Herrn Jesu Christi befolgt durch ein Leben in Gehorsam, ohne Eigentum und in Keuschheit. Bruder Franz verspricht dem Herrn Papst Honorius und seinen rechtmäßigen Nachfolgern sowie der Römischen Kirche Gehorsam und Ehrerbietung. Gleicherweise sind die übrigen Brüder gehalten, dem Bruder Franz und dessen Nachfolgern zu gehorchen. …

4. Brüder dürfen kein Geld annehmen. – Allen Brüdern verbiete ich strengstens, persönlich oder durch einen Mittelsmann Geld oder anderen Besitz anzunehmen. …

5. Wie man arbeiten soll. – Die Brüder, denen es der Herr vergönnt hat zu arbeiten, sollen es treu und mit Hingabe tun. …

6. Die Brüder dürfen sich nichts aneignen. Einiges über das Betteln von Almosen und über schwache Brüder. – Die Brüder dürfen sich nichts aneignen, weder Häuser noch Landbesitz noch irgendetwas anderes. …

Aus der Franziskanerregel von 1223

1. So hat der Herr mir, dem Bruder Franziskus, gegeben, das Leben in Buße zu beginnen: denn, da ich in Sünden war, erschien es mir unerträglich bitter, Aussätzige anzublicken. Und der Herr selbst hat mich unter sie geführt, und ich habe ihnen Barmherzigkeit erwiesen. Und während ich fort ging von ihnen, wurde mir gerade das, was mir bitter schien, in Süßigkeit der Seele und des Leibes verwandelt. Und danach verweilte ich nur kurze Zeit und verließ die Welt.

4. Und nachdem mir der Herr Brüder gegeben hatte, zeigte mir niemand, was ich zu tun hätte, sondern der Allerhöchste selbst hat mir geoffenbart, dass ich nach der Form des heiligen Evangeliums leben solle. Und ich habe es mit wenigen Worten und schlicht aufschreiben lassen, und der Herr Papst hat es mir bestätigt. Und jene, die kamen, dies Leben anzunehmen, gaben alles, was sie haben mochten, den Armen. Und sie waren zufrieden mit einem Habit, der innen und außen geflickt war, mit einem Strick und den Hosen. …

5. Und ich arbeitete mit meinen Händen und will arbeiten. Und ich will nachdrücklich, dass alle anderen Brüder einer Arbeit nachgehen, die ehrbar ist… Und wenn uns einmal der Arbeitslohn nicht gegeben werden sollte, so wollen wir zum Tische des Herrn Zuflucht nehmen und von Tür zu Tür um Almosen bitten.

6. Als Gruß, so hat mir der Herr geoffenbart, sollten wir sagen: „Der Herr gebe dir den Frieden."

M4

7. Hüten mögen sich die Brüder, dass sie Kirchen, ärmliche Wohnungen, und alles, was für sie gebaut wird, in keinem Falle annehmen, wenn sie nicht sind, wie es der heiligen Armut entspricht, die wir in der Regel versprochen haben; wir sind ja dort immer nur zu kurzem Verweilen wie Fremdlinge und Pilger. …

13. Und ein jeder, der dies beobachtet, werde im Himmel erfüllt mit dem Segen des höchsten Vaters und werde auf Erden erfüllt mit dem Segen Seines geliebten Sohnes in Gemeinschaft mit dem Heiligen Geiste, dem Tröster, und mit allen Kräften der Himmel und allen Heiligen. Und ich, Bruder Franziskus, euer ganz geringer Diener, bestätige euch, soviel ich nur kann, innen und außen diesen heiligsten Segen.

Aus dem Testament von 1226

M5

Der Armutsstreit der Franziskaner: Verurteilung der „Spiritualen" durch Johannes XXII. 1323

Da es häufig vorkommt, dass einige Wissenschaftler die Frage zur Diskussion stellen, ob es als häretisch anzusehen sei, wenn jemand hartnäckig behauptet, unser Erlöser und Herr, Jesus Christus, und seine Apostel hätten kein privates und sogar auch kein gemeinschaftliches Eigentum besessen, – wobei sie diesbezüglich verschiedene und sogar gegensätzliche Meinungen vertreten –, wollen wir diesem Streit ein Ende setzen, und nach Beratung mit unseren Brüdern erklären wir in diesem ewigen Edikt: Diese hartnäckige Behauptung muss von jetzt an als irrig und häretisch angesehen werden; denn sie widerspricht ausdrücklich der heiligen Schrift, die an zahlreichen Stellen versichert, dass sie [sc. Christus und seine Apostel] einigen Besitz gehabt hätten und sie setzt in ihren Prämissen offen voraus, dass die Heilige Schrift selbst, durch die doch auf jeden Fall die Artikel des wahren Glaubens begründet werden, den Sauerteig der Lüge enthalte, und sie macht unter ihrem Blickwinkel in der Konsequenz den Glauben an sie [sc. Die Heilige Schrift] ganz zunichte und macht damit den katholischen Glauben, indem sie ihm seine Beweisgrundlage entzieht, zweifelhaft und ungewiss.

Johannes XXII.: Bulle „Cum inter nonnullos" vom 12. November 1323

Martin Luther, Das erste Gebot: Du sollst nicht andere Götter haben (1529)

M6

Was heißt „einen Gott haben“, oder was ist Gott? Antwort: ein Gott heißet das, dazu man sich versehen soll alles Guten und Zuflucht haben in allen Nöten. Also dass „einen Gott haben“ nichts anderes ist, als ihm von Herzen trauen und glauben. … Worauf du nun (sage ich) Dein Herz hängst und verlässt, das ist eigentlich Dein Gott. … Das muss ich ein wenig deutlich erklären, dass mans an allgemeingültigen Exempeln des Gegenteils verstehe und merke. Es ist mancher, der meinet, er habe Gott und alles genug, wenn er Geld und Gut hat; er verlässt und brüstet sich darauf so steif und sicher, dass er auf niemand etwas gibt. Siehe: dieser hat auch einen Gott, der heißet Mammon, das ist Geld und Gut, darauf er all sein Herz setzet, welches auch der allergewöhnlichste Abgott auf Erden ist. Wer Geld und Gut hat, der weiß sich sicher, ist fröhlich und unerschrocken, als sitze er mitten im Paradies; und umgekehrt: wer keins hat, der verzweifelt und verzagt, als wisse er von keinem Gott. Denn man wird ihrer gar wenig finden, die guten Mutes seien, nicht trauern noch klagen, wenn sie den Mammon nicht haben. … So verstehst Du nun leicht, was und wie viel dies Gebot fordert, nämlich das ganze Herz des Menschen und alle Zuversicht auf Gott allein und niemand anders. … So dass wir richtig und grade unseren Weg gehen und aller Güter, so Gott gibt, nicht weiter brauchen, als wie ein Schuster seiner Nadel, Ahle und Draht zur Arbeit brauchet und darnach hinweglegt, oder wie ein Gast der Herberge, Nahrung und Lager, allein zur zeitlichen Notdurft braucht; (und so tue) ein jeglicher in seinem Stand nach Gottes Ordnung und lasse nur deren keines seinen Herrn oder Abgott sein.

M. Luther, Der große Katechismus. 1529

M7 Martin Luther, Von Kaufshandlung und Wucher (1524)

Das kann man nicht leugnen, dass Kaufen und Verkaufen ein notwendig Ding ist, das man nicht entbehren und gut christlich brauchen kann, besonders in den Dingen, die zum täglichen Bedarf und in Ehren dienen. Wir wollen hier von Missbrauch und Sünden des Kaufhandels reden, soweit es das Gewissen betrifft.

Erstens haben die Kaufleute unter sich eine allgemeine Regel, das ist ihr Hauptspruch und Grund aller Wucherkniffe: Ich darf meine Ware so teuer geben, wie ich kann. Das halten sie für ein Recht, da ist dem Geiz der Raum gemacht und der Hölle alle Tür und Fenster aufgetan. Was ist das denn anders gesagt als soviel: Ich frage nichts nach meinem Nächsten? Hätte ich nur meinen Gewinn und Geiz voll, was geht mich's an, dass es meinem Nächsten zehn Schaden auf einmal täte? Denn wo das Schalksauge und der Geizwanst hier gewahr wird, dass man seine Ware haben muss, oder dass der Käufer arm ist und seiner bedarf, da macht er's sich zu Nutzen und Gewinn. Da sieht er nicht auf den Wert der Ware oder auf den Dienst für seine Mühe und Gefahr, sondern schlechtweg auf die Not und das Darben seines Nächsten, nicht um denen abzuhelfen, sondern um diese zu seinem Gewinn zu gebrauchen, seine Ware (im Preis) zu steigern, die er sonst wohl ungesteigert ließe, wo des Nächsten Not nicht da wäre. Und so muss durch seinen Geiz die Ware soviel mehr kosten, wieviel mehr der Nächste größere Not leidet, so dass des Nächsten Not zugleich der Ware Einschätzung und Wert sein muss. Sage mir, heißt das nicht unchristlich und unmenschlich gehandelt?

Es sollte nicht so heißen: Ich darf meine Ware so teuer geben, wie ich kann oder will, sondern so: Ich darf meine Ware so teuer geben, wie ich soll, oder wie es recht und billig ist. Denn dein Verkaufen soll nicht ein Werk sein, das frei in deiner Macht und Willen ohne alles Gesetz und Maß steht, als wärest du ein Gott, der niemand verbunden wäre. Sondern weil solches dein Verkaufen ein Werk ist, das du gegen deinen Nächsten übst, soll es durch solch Gesetz und Gewissen begrenzt sein, dass du es ohne Schaden und Nachteil deines Nächsten übst. Doch, dass wir nicht ganz dazu schweigen, wäre das die beste und sicherste Weise, dass die weltliche Obrigkeit hier vernünftige, redliche Leute einsetzte und verordnete, die alle Ware mit ihren Kosten überschlügen und danach das Maß und Ziel festsetzten, was sie gelten sollte, dass der Kaufmann zurechtkommen und seine ausreichende Nahrung davon haben könnte. Darum musst du dir vornehmen, nichts als deine ausreichende Nahrung in solchem Handel zu suchen, danach Kosten, Mühe, Arbeit und Gefahr rechnen und überschlagen, und alsdann die Ware selbst festsetzen, (im Preis) steigern oder erniedrigen, auf dass du solcher Arbeit und Mühe Lohn davon habest.

Wie hoch aber dein Lohn zu schätzen sei, den du an solchen Handel und Mühe gewinnen sollst, kannst du nicht besser errechnen und erschließen, als wenn du die Zeit und Größe der Arbeit überschlägst und einen gewöhnlichen Tagelöhner als Vergleich nimmst. Dementsprechend berechne, wie viel Tage du an der Ware, sie zu holen und zu erwerben du dich gemüht, und wie große Mühe und Gefahr du darin ausgestanden habest. Denn große Mühe und viel Zeit(verlust) soll auch desto größern und mehr Lohn haben.

Ebenso ist auch das beschaffen, dass etliche ihr Gut teurer verkaufen, als es auf allgemeinem Markte gilt und im Kauf gang und gäbe ist, und steigern so die Ware aus keiner Ursache, als dass sie wissen, dass von dem Gute keins mehr im Lande ist oder in kurzem keins mehr kommen wird, und man es haben müsse. Das ist ein Schalksauge des Geizes, das nur auf des Nächsten Bedürfnis sieht, nicht um demselben abzuhelfen, sondern sich an ihm zu verbessern und mit seines Nächsten Schaden reich zu werden. Das sind alles öffentliche Diebe, Räuber und Wucherer. Weiter, dass etliche ein Gut oder Ware in einem Lande oder in einer Stadt ganz und gar aufkaufen, auf dass sie allein solch Gut ganz und gar in ihrer Gewalt haben, und es danach festsetzen, steigern und geben können, wie teuer sie wollen oder können. Nun ist oben gesagt, dass die Regel falsch und unchristlich ist, dass jemand sein Gut so teuer gibt, wie er will und kann; viel gräulicher ist das, dass man darauf ein Gut allein aufkauft, welches auch die kaiserlichen und weltlichen Rechte verbieten und nennens Monopole, das sind eigennützige Käufe, die in Land und Stadt gar nicht zu leiden sind, und Fürsten und Herren sollten solches verwehren und bestrafen, wenn sie ihr Amt recht führen wollten. Denn solche Kaufleute tun gerade, als wären die Kreaturen und Güter Gottes allein für sie geschaffen und gegeben, und als könnten sie die den andern nach ihrem Mutwillen nehmen und festsetzen. Weiter: wenn etliche ihre Monopole und eigennützigen Käufe sonst nicht aufzurichten vermögen, weil andere da sind, die auch dergleichen Ware und Gut haben, fahren sie zu und geben ihr Gut so wohlfeil, dass die andern nicht mitkommen können und zwingen sie damit dahin, dass sie entweder nicht verkaufen können oder zu ihrem Verderben so wohlfeil geben müssen wie jene. Also kommen sie doch zum Monopol. Diese Leute sind nicht wert, dass sie Menschen heißen oder unter Menschen wohnen, ja, sie sind nicht wert, dass man sie unterweisen oder ermahnen sollte; sintemal der Neid und Geiz hier so groß, unverschämt ist, dass er auch mit seinem Schaden andere zu Schaden bringt, auf dass er ja allein auf dem Platze sei. Recht täte hier weltliche Obrigkeit, dass sie solchen alles nähme, was sie hätten, und triebe sie zum Lande hinaus.

Von den Gesellschaften [Anm. G.O.: die großen Warenmonopole Fugger und Welser, die Länder übergreifenden Kapital- und Handelsgesellschaften] sollte ich wohl viel sagen, aber es ist alles grund- und bodenlos mit lauter Geiz und Unrecht, dass nichts daran zu finden ist, was mit gutem Gewissen zu behandeln sei. Denn wer ist so einfältig, der nicht sieht, wie die Gesellschaften nichts anderes sind als bloße rechte Monopole? Denn sie haben alle Ware unter ihren Händen und machen's damit, wie sie wollen, und treiben ohne alle Scheu die oben berührten Stücke, dass sie (die Preise) steigern oder erniedrigen nach ihrem Gefallen, und drücken und verderben alle kleine Kaufleute, gleichwie der Hecht die kleinen Fische im Wasser, gerade als wären sie Herren über Gottes Kreaturen und frei von allen Gesetzen des Glaubens und der Liebe.

Könige und Fürsten sollten hier drein sehen und dem nach strengem Recht wehren. Aber ich höre, sie haben Anteil daran und es geht nach dem Spruch Jesaja 1,23: „Deine Fürsten sind der Diebe Gesellen geworden." Sollen die Handelsgesellschaften bleiben, so muss Recht und Redlichkeit untergehen. Soll Recht und Redlichkeit bleiben, so müssen die Handelsgesellschaften untergehen.

M. Luther, Von Kaufshandlung und Wucher

M8a Das kommunistische Manifest

Das kommunistische Manifest, das Ende Februar 1848 in London gedruckt wurde, war die Antwort von Marx und Engels auf die Erniedrigung der Menschen im frühen Kapitalismus:

Die Geschichte aller bisherigen Gesellschaft ist die Geschichte von Klassenkämpfen. Freier und Sklave, Patrizier und Plebejer, Baron und Leibeigener, Zunftbürger und Gesell, kurz, Unterdrücker und Unterdrückte standen in stetem Gegensatz zueinander, führten einen ununterbrochenen, bald versteckten, bald offenen Kampf, der jedes Mal mit einer revolutionären Umgestaltung der ganzen Gesellschaft endete oder mit dem gemeinsamen Untergang der kämpfenden Klassen.

Die gegenwärtige Zeit ist bestimmt vom Kampf zwischen der Klasse der Bourgeoisie, denen die Fabriken und die anderen Produktionsmittel gehören, und der Klasse der Proletarier, der lohnabhängigen Arbeiter. Und so beschreibt das Manifest die Lage des Arbeiters:

Die Arbeit der Proletarier hat durch die Ausdehnung der Maschinerie und die Teilung der Arbeit allen selbständigen Charakter und damit allen Reiz für die Arbeiter verloren. Er wird ein bloßes Zubehör der Maschine, von dem nur der einfachste, eintönigste, am leichtesten erlernbare Handgriff verlangt wird. Die Kosten, die der Arbeiter verursacht, beschränken sich daher fast nur auf die Lebensmittel, die er zu seinem Unterhalt und zur Fortpflanzung bedarf.

Damit die Proletarier aus ihrer Lage befreit werden, müssen sie sich zusammenschließen, in einem revolutionären Akt die Herrschaft der Bourgeoisie stürzen und die politische Gewalt ergreifen. Dann wird das Eigentum an Fabriken und anderen Produktionsmitteln abgeschafft: „Mögen die herrschenden Klassen vor einer kommunistischen Revolution zittern. Die Proletarier haben nichts in ihr zu verlieren als ihre Ketten. Sie haben eine Welt zu gewinnen. Proletarier aller Länder, vereinigt euch!" Als Ziel solch einer revolutionären Umwälzung gibt das Manifest an:

An die Stelle der alten bürgerlichen Gesellschaft mit ihren Klassen und Klassengegensätzen tritt eine Assoziation, worin die freie Entwicklung eines jeden die Bedingung für die freie Entwicklung aller ist.

Die Kirchen lehnten das Kommunistische Manifest rundherum ab; vor allem stießen sie sich an der Aufforderung zur Revolution und an der deutlichen Religionskritik.

Zitate aus: K. Marx, Die Frühschriften, hrsg. von S. Landshut. Stuttgart 1964. S. 525ff. i. A.

Johann Hinrich Wichern

M8b

Aus einer armen Familie stammend und von der Erweckungsbewegung beeinflusst, studierte Johann Hinrich Wichern Theologie, wird 1832 Leiter einer Sonntagsschule für werktätige Kinder und gründet im Jahr darauf 1833 das „Rauhe Haus" in Hamburg, ein Heim für verwahrloste und verwaiste Kinder. 1848 wies er in einer großen Rede auf dem Evangelischen Kirchentag in Wittenberg auf die sozialen Nöte hin; im Anschluss daran wurde auf Wicherns Initiative und mit seiner Programmschrift der „Centralausschuss der Inneren Mission" gegründet. Unter anderem rief Wichern in Wittenberg die Kirche zu Buße und Umkehr auf:

Es gibt keinen Tagesanbruch ohne Buße! Es ist hier eine gehäufte Schuld nicht der einzelnen, sondern der Gesamtheit, eine Schuld nicht bloß dieses Geschlechts, sondern eine ererbte und eine von Jahrhundert zu Jahrhundert vererbte Schuld, eine Schuld, die jetzt im neu anbrechenden Zeitalter der Welt gesühnt werden soll. Diese Buße würde der Grenzstein sein zwischen der alten und der neuen Zeit in unserer Kirche.

Aufgrund dieser Rede wurde Wichern beauftragt eine Denkschrift zu verfassen, die zum Manifest der Inneren Mission wurde. Darin heißt es:

Als Innere Mission gilt uns nicht diese oder jene einzelne, sondern die gesamte Arbeit der aus dem Glauben an Christum geborenen Liebe, welche diejenigen Massen in der Christenheit innerlich und äußerlich erneuern will, die der Macht und Herrschaft des aus der Sünde direkt oder indirekt entspringenden mannigfachen äußern und innern Verderbens anheim gefallen sind... Kein innerer oder äußerer Notstand, dessen Hebung Aufgabe christlich-rettender Liebe sein kann, ist der Inneren Mission fremd, und die reichste Fülle der Hilfe steht ihr zu Gebot. Denn die Wurzel ihres Werkes ist Christus, dem alle Not zu Herzen geht und in dessen Herz die Hilfe gegen alles Elend zu finden ist. ...

Die Familie, der Staat und die Kirche mit den ihr wesentlichen eingeborenen Ämtern sind die drei Zentren, um die sich alle derartige Tätigkeit sammelt. Alle drei gelten der inneren Mission als göttliche, lebendig ineinander wirkende Stiftungen, welche von ihr heilig gehalten werden und denen sie sich einordnet, um denselben zur Erreichung der höchsten Zwecke zu dienen. ... Diese Heiligtümer, die in ihr dienenden Ämter und die ihnen angehörenden Güter auch ihresteils in der Kraft und durch Taten des christlichen Geistes zu wahren, in ihnen wieder die Quellen der Wahrheit und des Heils zu öffnen, Christentum unter den Massen des von ihm entfremdeten Volkes wieder als den gemeinsamen Herrn und Grund, als das gemeinsame Band und Zentrum dieser dreifachen Ordnung – in ihrer Art zur Anerkennung zu bringen, ist der bewusste Beruf der inneren Mission. ...

Nur durch eine sittliche Wiedergeburt des Volks mit seinen oberen und unteren Ständen kann eine befriedigende Ausgleichung zwischen den verschiedenen Besitzständen möglich werden, eine Ausgleichung, die, wenn sie gründlich und andauernd sein soll, im Innern, in den Gemütern beginnen muss. Von dieser Seite her hat sich vorzugsweise die innere Mission bei der Lösung dieser sozialen Aufgabe unserer Zeit mit zu beteiligen.

Hier werden Bedeutung und Grenzen Wicherns deutlich: Seine Bedeutung liegt darin, in großem Maßstab zur sozialen Fürsorge aufzurufen. Seine Grenzen liegen in der Analyse und der darauf folgenden Aufgabenstellung, denn als Ursache für die soziale Not werden letztlich Sittenlosigkeit und Abfall von Gott, nicht aber die ökonomischen Ursachen angegeben. Und so zielte die Hauptarbeit der Inneren Mission nicht darauf, notwendige soziale Reformen einzuleiten, sondern darauf, durch Bußpredigt, Seelsorge und soziale Fürsorge die Menschen vor Entsittlichung und Atheismus zu bewahren. Die offizielle Kirche ging weitgehend den Weg Wicherns.

Zitate aus: J. H. Wichern, Sämtliche Werke. Bd. 1, hrsg. V. P. Meinhold Hamburg 1962. S. 179 f, 182, 255

M8c Bischof Wilhelm Emanuel von Ketteler und Papst Leo XIII.

Der Mainzer Bischof Wilhelm Emanuel von Ketteler (1811–1875) hielt auf dem ersten Deutschen Katholikentag 1848 sechs Predigten zum Thema „Die großen sozialen Fragen der Gegenwart". Darin heißt es:

Die Besitzenden und Nichtbesitzenden stehen sich feindlich gegenüber, die massenhafte Verarmung wächst von Tag zu Tag, das Recht des Eigentums ist in der Gesinnung des Volkes erschüttert, und wir sehen von Zeit zu Zeit Erscheinungen auftauchen gleich Flammen, die bald hier, bald dort aus der Erde hervorbrechen. Vorboten einer allgemeinen Erschütterung, die bevorsteht.

Die katholische Kirche hat in ihrer Lehre vom Eigentum nichts gemein mit jener Auffassung des Eigentumsrechtes, die man gewöhnlich in der Welt antrifft und der gemäß der Mensch sich als den unbeschränkten Herrn seines Eigentums ansieht. Nimmermehr kann die Kirche den Menschen das Recht zuerkennen, mit den Gütern der Welt nach Belieben zu schalten und zu walten, und wenn sie vom Eigentum des Menschen spricht und es beschützt, so wird sie immer die drei, ihren Eigentumsbegriff wesentlich konstituierenden Momente vor Augen haben, dass das wahre und volle Eigentumsrecht nur Gott zusteht, dass dem Menschen nur ein Nutzungsrecht eingeräumt worden und dass der Mensch verpflichtet ist, bei der Benutzung die von Gott gesetzte Ordnung anzuerkennen.

Zit. nach: A. Läpple, Kirchengeschichte in Dokumenten. Düsseldorf 1969. S. 390f.

Von Kettelers scharfe Kritik an den Zeitumständen hat viele Katholiken wachgerufen, doch ähnlich wie Wichern gab er der durch den Unglauben verursachten Unmoral die Schuld an der sozialen Not. Neben von Ketteler und Kolping (1813–1865), der die Gesellenvereine als ein Zuhause für junge Arbeiter und zur Weiterbildung, zum frohen Zusammensein und zur Glaubensinformation gründete, war die Enzyklika „Rerum novarum" (1891) von Papst Leo XIII. besonders wichtig für die katholische Soziallehre, als deren „Magna Charta" sie gelegentlich bezeichnet wird:

1. Ablehnung des Sozialismus

Der Sozialismus wird abgelehnt, weil er das Naturrecht auf Eigentum bestreitet: *Bei allen Versuchen, den niederen Klassen aufzuhelfen, ist also durchaus als Grundsatz festzuhalten, dass das Privateigentum unangetastet zu lassen sei.*

2. Versöhnung statt Klassenkampf

Der Gegensatz von besitzender und besitzloser Klasse ist nicht von Natur aus unversöhnlich. Die Kirche hat als die *Vertreterin und Wahrerin der Religion … zunächst in den religiösen Wahrheiten und Gesetzen ein mächtiges Mittel, die Reichen und die Armen zu versöhnen und einander nahe zu bringen; ihre Lehren und Gebote führen beide Klassen zu ihren Pflichten gegeneinander und namentlich zur Befolgung der Vorschriften der Gerechtigkeit.* Dann werden Arbeitnehmer und Arbeitgeber an ihre Pflichten erinnert. Werden die Arbeitnehmer z.B. zu treuer Pflichterfüllung bei der Arbeit aufgerufen, so die Arbeitgeber u. a. dazu, einen gerechteren Lohn auszuteilen: *Dem Arbeiter den ihm gebührenden Verdienst vorenthalten, ist eine Sünde, die zum Himmel schreit.*

3. Zusammenwirken von Kirche und Staat

Die Kirche ist, *insbesondere dem Arbeiterstande gegenüber, vom eifrigen Streben erfüllt, die Not des Lebens für ihn auch nach der materiellen Seite zu lindern und ihn zu besseren Verhältnissen zu erheben.* Die Hilfe des Staates ist nötig, wenn *der staatlichen Gesamtheit oder einzelnen Ständen ein Nachteil* (droht). Das aber ist jetzt der Fall: *Die Wohlhabenden sind nämlich nicht in dem Maße auf den öffentlichen Schutz angewiesen, sie haben selbst die Hilfe eher zur Hand; dagegen hängen die Besitzlosen, ohne eigenen Boden unter den Füßen, fast ganz von der Fürsorge des Staates ab. Die Lohnarbeiter also, die ja zumeist die Besitzlosen bilden, müssen vom Staat in besondere Obhut genommen werden.*

4. Hilfe zur Selbsthilfe

Das Rundschreiben regt Arbeitervereinigungen an mit dem Zweck gegenseitiger Unterstützung der Arbeiter und ihrer Familien bei Unglück, im Krankheits- und Todesfalle. Daneben werden Arbeiterausschüsse vorgeschlagen, die die Interessen ihrer Mitglieder vor den Arbeitgebern vertreten sollen.

Zit. nach: Christliche Erneuerung der menschlichen Gesellschaft. Die Sozialenzykliken der Päpste. Aschaffenburg 1962. S. 13 ff.

Ein Jahrhundert später äußerte sich die Evangelische Kirche in Deutschland etwas klarer zur sozialen Frage des 20. Jahrhunderts: *Christliche Liebe ist nicht nur dem Not leidenden Einzelnen zugewandt. Es genügt auch nicht, Schäden und Mängel, die sich aus ungerechten Verhältnissen ergeben, nachträglich aus Gründen christlicher Barmherzigkeit zu lindern. Vielmehr gehören Barmherzigkeit und Gerechtigkeit, Dienst am Einzelnen und an der Gesellschaft, die Beseitigung der Ursachen sozialer Ungerechtigkeit sowie die Fürsorge für deren Opfer gleichermaßen unter die Botschaft des kommenden Gottesreiches.* (Der Entwicklungsdienst der Kirche – ein Beitrag für Frieden und Gerechtigkeit in der Welt, hrsg. vom Rat der Evangelischen Kirche in Deutschland). Deutlicher freilich und eindeutig Position beziehend nahmen einzelne evangelische und katholische Theologen und Theologinnen sowie Basisgruppen der beiden Kirchen Stellung. Stellvertretend für sie seien der evangelische Theologe Helmut Gollwitzer und der katholische Abbé Paul Gauthier genannt; Gollwitzer schreibt: *Wer sind wir? … Wir sind der reiche Mann. … Wir gehören zu dem einen Drittel der Menschheit, das mit Entfettungskuren beschäftigt ist, während die anderen zwei Drittel mit Hunger und Verhungern beschäftigt sind. Und dieses eine Drittel besteht zum größten Teil aus getauften Christen, die anderen zwei Drittel aus Ungetauften… Die Getauften sitzen als die Reichen am gedeckten Tisch, und der arme ungetaufte Lazarus liegt draußen und darum noch ohnmächtiger, bei unserem Mahle noch leichter zu übersehen, als wenn er in unserem Hause läge, wie es das Proletariat in unseren Ländern tat.* (H. Gollwitzer, Die reichen Christen und der arme Lazarus. München 1968. S. 14f.)

Und der katholische Theologe Gauthier: *Immer noch wartet das Volk der Arbeiter und der Armen, diese zwei Drittel der Menschheit, auf das Evangelium und das Brotbrechen… Es wartet auf eine Geste der Brüderlichkeit der so genannten christlichen Welt, um aus seinem Elend herauszukommen, und da es an diese Geste nicht glauben kann, wendet es sich einer anderen völlig irdischen Hoffnung zu …*

Zit. nach: Herder Korrespondenz 19 (1964/65). S. 241

V. Gerechtigkeit: „Eine Welt ohne Armut ist möglich" – Situationen sozialer Ungerechtigkeit

Theologische und didaktische Aspekte

Der Baustein enthält Situationsschilderungen und Reflexionen zu Problemen sozialer Ungerechtigkeit in Deutschland, Europa und Afrika, Asien und Lateinamerika. Dass es sich dabei immer nur um exemplarische Beispiele handeln kann, ist selbstverständlich. Es geht darum, hinter und in Daten, Zahlen und Fakten konkrete Menschen, Männer und Frauen, Kinder und Jugendliche, ihre Lebensschicksale und ihre Gesichter wahrzunehmen. Die exemplarischen Beispiele lassen sich problemlos ergänzen und aktualisieren durch die Arbeit im Internet und/oder mit Zeitungsberichten – nach Möglichkeit unterschiedlicher Zeitungen. Den aktuellen Themen sind teilweise weitere unterschiedliche Texte zugeordnet, die jeweils besondere Schlaglichter auf die Situation werfen.

Mit der Aufnahme aktueller Situationen kommt ein Zusammenhang zum Tragen, der theologisch von Karl Barth in besonderer Weise akzentuiert wurde, wenn er festhielt, dass zum Theologietreiben allgemein „Bibel und Zeitung" gehören. So kann auch Ethik, insbesondere dann, wenn sie nach sozialer Gerechtigkeit fragt, immer nur „hart an der Realität" (Helmut Gollwitzer) bedacht und konzipiert werden. Dieser Zusammenhang von „Bibel und Zeitung" ist bedeutsam, ist Religionsunterricht doch nicht Sozialkunde; vielmehr muss in der didaktischen Einführung des Lehrers/der Lehrerin deutlich werden, dass es ein genuin theologisches Interesse an aktuellen Situationen gibt, insbesondere an der Situation derer, die unter sozialer Ungerechtigkeit leiden. Christologisch kann hier entweder inkarnationstheologisch oder mit der aus der lateinamerikanischen Theologie der Befreiung stammenden „Option für die Armen" argumentiert werden.

Die Überschrift über diesen Baustein „Eine Welt ohne Armut ist möglich", die nicht von ungefähr an das Motto von Attac – „Eine andere Welt ist möglich" – erinnert, stammt aus einem Dokument der letzten Vollversammlung des Ökumenischen Rates der Kirchen 2006 in Porto Alegre, der Stadt der Gründung und des vorletzten Weltsozialgipfels. Sie zeigt den Horizont an, innerhalb dessen Situationen sozialer Ungerechtigkeit wahrzunehmen sind und über soziale Gerechtigkeit handlungsorieniert nachgedacht werden muss.

Intentionen

- Die Sch. sollen Situationen und Probleme sozialer Ungerechtigkeit kennen und verstehen lernen.
- Die Sch. sollen auskunftsfähig sein über exemplarische Themen sozialer Ungerechtigkeit in Deutschland und/oder Europa und/oder Afrika und/oder Lateinamerika und/oder im Bereich der Umweltpolitik (Beispiel: Wasser).
- Die Sch. sollen diese Themen als ethische Herausforderung an sich selbst sehen lernen.

Unterrichtsideen/Verlaufsplanung/Projektideen

1. Situationen sozialer Ungerechtigkeit: Deutschland

Literatur zur Vorbereitung

Kirchlicher Herausgeberkreis Jahrbuch Gerechtigkeit, Armes reiches Deutschland. Jahrbuch Gerechtigkeit I. Frankfurt/Oberursel 2005.

Kirchlicher Herausgeberkreis Jahrbuch Gerechtigkeit, Reichtum – Macht – Gewalt. Jahrbuch Gerechtigkeit II. Frankfurt/Oberursel 2006.

N. Klinger, J. König, Einfach abgehängt. Ein wahrer Bericht über die neue Armut in Deutschland. Berlin 2006.

Hinzugezogen werden können auch die Armutsberichte der Bundesregierung und der Paritätischen Wohlfahrtsverbände.

Unterrichtsideen

In der Gesamtgruppe wird zunächst **M1** gelesen und diskutiert: Es kommt darauf an, sich mit dem Anspruch, soziale Empathie zu lernen, auseinanderzusetzen. Kontrastiv hinzugezogen werden kann hier der Song der Toten Hosen „Warum werde ich nicht satt", der von einem Mann handelt, der „immer fett gelebt hat" (http://www.dietotenhosen.de/veroeffentlichungen_songtexte.php?text=singles/satt/satt.php). Die Texte in **M2–7** werden sodann arbeitsteilig erarbeitet. Hierzu können weitere Informationen aus dem Internet hinzugezogen werden. Ebenso möglich ist es, die Sch. zu bitten, eine Woche lang ihre Tageszeitung auf das Thema ihres Materials hin durchzusehen und die Informationen in die Kleingruppen hineinzutragen. Die Gruppen halten ihre Ergebnisse auf Folien fest, so dass sie diese der Gesamtgruppe kurz berichten können. Der Abschnitt schließt mit der gemeinsamen Lektüre und Diskussion der Texte von Heiner Geißler und Konstantin Wecker in **M8** und **M9**.

L.-Impulse

- Was stellen Sie sich unter Armut vor? Müssen wir uns schämen über Armut im reichen Deutschland? Was bedeutet soziale Empathie?
- Diskutieren Sie die These, dass das Ansehen eines Gemeinwesens sich am Wohl der Schwachen bemisst.
- Bearbeiten Sie in Kleingruppen die Berichte in **M2–7** und suchen Sie dazu weitere Informationen aus dem Internet und/oder aus Tageszeitungen.
- Sozialer Abstieg (**M8**) – empfinden Sie dies als eine persönliche Bedrohung?
- Setzen Sie sich kritisch mit der Position Konstantin Weckers auseinander.

2. Situationen sozialer Ungerechtigkeit: Europa

Literatur zur Vorbereitung

Le Monde diplomatique, Atlas der Globalisierung. Berlin 2006.
Social Watch Deutschland, In Angst und Not. Report 2004. Ohne Ort 2004.
Social Watch Deutschland, Handeln statt Versprechen. Report 2005. Ohne Ort 2005.

Unterrichtsideen

Die Texte **M10–12** werden in arbeitsteiligen Gruppen erarbeitet und in Berichtsform der Gesamtgruppe mitgeteilt. **M13** wird abschließend in der Gesamtgruppe gelesen und diskutiert. Auch zu diesen Texten sind Internetrecherchen bzw. die aufmerksame Lektüre der Tageszeitungen möglich und sinnvoll.

L.-Impulse

- All dies sind Texte aus Ländern, in die Deutsche zu Urlauben und Städtetouren reisen – werden solche Situationen wahrgenommen?
- Vergleichen Sie die Berichte mit Situationen in Deutschland.
- Recherchieren Sie Zahlen, Fakten und Schicksale von Straßenkindern in Deutschland und vergleichen Sie deren Situation mit dem Bericht aus Rumänien.

3. Situationen sozialer Ungerechtigkeit: Afrika, Asien und Lateinamerika

Literatur zur Vorbereitung

Brot für die Welt (Hrsg.), Gesichter des Hungers. Der Hunger-Report. Frankfurt 2005.
U. Duchrow, R. Bianchi, R. Krüger, V. Petracca, Solidarisch Mensch werden. Hamburg 2006. S. 20–53.
Le Monde diplomatique, Atlas der Globalisierung. Berlin 2006.
Social Watch Deutschland, In Angst und Not. Report 2004. Ohne Ort 2004.
Social Watch Deutschland, Handeln statt Versprechen. Report 2005. Ohne Ort 2005.
Hinzugezogen werden können auch die Berichte von UNO, UNICEF, Weltbank u.a.

Unterrichtsideen

Die Arbeit in diesem Abschnitt beginnt in der Gesamtgruppe mit drei Gedichten in **M14**, die Jugendlichen aus der „dritten Welt“ eine Stimme und ein Gesicht geben. Die Texte zu Afrika, **M15** und **M16**, zu Lateinamerika, **M17**, zu Asien, **M18**, zur besonderen Situation von Frauen, **M19**, und zu einer zentralen gerechtigkeitsrelevanten Umweltfrage am Beispiel des Wassers, **M20**, werden in fünf Kleingruppen erarbeitet und diskutiert. Dabei bietet es sich möglicherweise an, **M19** in einer Gruppe, der ausschließlich Schülerinnen angehören, zu bearbeiten. Wiederum können die Texte durch Zeitungslektüre und/oder Internetrecherchen oder durch Schaubilder aus der zur Vorbereitung genannten Literatur ergänzt werden. Die Ergebnisse der Gruppenarbeit werden auf Wandzeitungen (DIN A3) zusammengefasst (hier können die Situationen auch grafisch dargestellt und mit erläuternden Stichworten versehen werden) und präsentiert. Im Anschluss an die Präsentationen wird in der Gesamtgruppe der Ausschnitt aus dem Interview mit Jean Ziegler – **M21** – gemeinsam gelesen und diskutiert.

L.-Impulse

- Welche Stimmungen vermitteln die Gedichte? Wozu fordern sie „uns“ auf, wozu wollen sie „uns“ verlocken?
- Welche Situationen schildern die Texte und welche Informationen enthalten sie? Welche Zusatzinformationen sind nötig?
- Vergleichen Sie die in den Texten geschilderten Situationen mit denen, die Sie aus Deutschland und Europa kennen.
- Was bedeuten die unterschiedlichen Situationen für den Begriff der „Armut“? Wann sind Menschen in Deutschland, wann in Afrika, Asien oder Lateinamerika arm?
- Setzen Sie sich kritisch mit dem Text von Jean Ziegler auseinander. Welche Position nehmen Sie ein?

Über die neue Armut in Deutschland

M1

Wir haben tatsächlich keinen Begriff von Armut in unserem eigenen Land. Wir haben Schwierigkeiten damit, einen Penner, der sich von seiner Sozialhilfe Pornohefte kauft, als arm anzusehen. Wir sehen schon lange nicht mehr genau hin, wenn uns der junge Punker in der Fußgängerzone anbettelt, wir denken, er könnte es mit Arbeit doch wenigstens mal versuchen.

Wir haben in der Zeitung gelesen, dass all die Hartz-IV-Empfänger, die sich Monat für Monat ihr Geld – unser Geld! – vom Staat auszahlen lassen, Handys, riesige Fernseher und DVD-Player besitzen. Wir denken, wenn unser Nachbar seinen Job verliert, ganz schnell daran, dass er ja immerhin sein großes Auto behält und seine Tochter weiter zum Tanzkurs schickt.

Wir sind für ein paar Tage alarmiert, wenn eine Hauptschule in Berlin-Neukölln vor ihren Schülern kapituliert, aber dann kleben wir das Etikett „Getto" drauf, rufen nach Werten wie Höflichkeit und Zucht und Ordnung oder wollen die „ausländischen" Schüler samt ihren Eltern am besten gleich abschieben.

Und dass es in diesem Land Zehntausende Kinder gibt, die hungern, die Montag für Montag mit Magenknurren in die Kindergärten und Schulen kommen, weil sie zu Hause nicht ausreichend zu essen haben oder niemand sich um sie kümmert, daran glauben wir einfach nicht. Es gibt ja keine Armen in Deutschland. Und Hunger leiden muss hierzulande schon gar niemand.

Der eklatante Mangel an sozialer Empathie ist übrigens nicht neu, und er hat einen Grund. „Wir sind arm an Wissen über Armut", sagt Heiner Geißler. Diesen Befund erstellte der CDU-Politiker bereits 1976; damals war er Sozialminister in Rheinland-Pfalz.

Unsere Gesellschaft ist, was Armut betrifft, autistisch. Sie interessiert sich, wie viele Autisten, nur für Systeme. Sie diskutiert die „Agenda 2010", sie predigt den „Umbau des Sozialstaates", sie wägt den Vorteil von „Teilhabegerechtigkeit" gegenüber der „Verteilungsgerechtigkeit" ab, sie kennt Tausende Statistiken über die deprimierende Lage auf dem Arbeitsmarkt. Sie spuckt Zahlen, Diagramme und Schaltpläne aus. Sie kann alles abstrahieren. Aber der Kontakt zu denen, die das betrifft, die damit klar kommen müssen, die darunter leiden, diesen Kontakt hat die Gesellschaft verloren. Sie ist unfähig, sich in die Lage armer Menschen hineinzuversetzen oder gar sie zu verstehen. Sie schildert stets eine völlig andere Welt, obwohl doch beide, die Mehrheitsgesellschaft und ihre Armen, in derselben Welt leben.

Was die Betroffenen am allerwenigsten benötigen, ist unser Mitleid. Wir können uns von der Armut unter uns weder mit Mitgefühl noch mit Geld freikaufen. Aber genaues Hinsehen könnte helfen, das Problem in seiner ganzen Schärfe erst einmal wahrzunehmen. Dies ist, das sei vorweggenommen, noch kein Beitrag zur Beantwortung der Frage, wie den Armen geholfen werden kann – aber eine wichtige Voraussetzung dafür. Wir dürfen nicht hinnehmen, dass den Armen die Anerkennung ihrer Bedürftigkeit versagt bleibt, nur weil es am anderen Ende der Welt Menschen gibt, die noch viel weniger brauchen. Wir brauchen eine Haltung von Empörung – darüber, dass wir es zulassen, dass Millionen von Menschen in Armut stürzen und kaum Chancen haben, sich daraus befreien zu können. Wer diese Empörung nicht aufbringt, dem sei angesichts von Elend und Ausgrenzung wenigstens Scham zu wünschen. So war übrigens der erste Armutsbericht der Bundesrepublik, vorgelegt in November 1989 vom Paritätischen Wohlfahrtsverband, überschrieben: „... wessen wir uns schämen müssen in einem reichen Land". Das Ansehen eines Gemeinwesens bemisst sich am Wohl der Schwachen. Ihnen muss die gleiche Würde zuerkannt werden wie den Starken.

N. Klinger/J. König: Einfach abgehängt. Ein wahrer Bericht über die neue Armut in Deutschland. Berlin 2006, S. 28–33 i.A.,

M2 Nah bei den Menschen

Anfang Januar luden wir als Diakonisches Werk in der Kaiser-Wilhelm-Gedächtnis-Kirche zu einem Gottesdienst ein, in dem einige Arbeitnehmer/innen aus den von Schließung bedrohten Firmen erzählten, was es für sie und ihre Familien bedeutet, den Arbeitsplatz zu verlieren. Eine Frau, die seit ihrem 18. Lebensjahr bei einer der Firmen beschäftigt ist und jetzt mit der Kündigung rechnen muss, beschrieb es so: „In dieser Zeit habe ich meinen Mann kennen gelernt, drei Kinder bekommen und viel gearbeitet. Ich habe immer gerne gearbeitet, als Springer musste ich an allen Bändern einsetzbar sein. Das erforderte hohe Flexibilität, die ich gerne aufgebracht habe. Unser jüngstes Kind ist ein Jahr alt. Hätten wir gewusst, dass der Betrieb schließen soll, hätten wir keinen Mut für die Familie gehabt. Ich versuche wenig Geld auszugeben, damit mehr für die Kinder bleibt. Doch auch bei ihnen müssen wir sparen. Vordem war alles da, jetzt müssen wir sagen: Nein, das können wir uns nicht leisten." Einer der Betriebe, der geschlossen wurde, gehört zum Weltkonzern Samsung. Geschickt nutzte man den frühestmöglichen Kündigungstermin, bei dem die staatlichen Fördermittel nicht mehr zurückgezahlt werden mussten. Kein Entscheidungsträger aus Korea hat je mit den Betriebsangehörigen geredet. Die Gewinne, die Samsung in Berlin erwirtschaftet hat, dienten zum großen Teil dazu, um die Werke in Ungarn und in Brasilien aufzubauen.

Wer nach einem Jahr keinen neuen Arbeitsplatz gefunden hat, kommt in die Maschinerie von Hartz IV, muss, wenn vorhanden, das Ersparte zum großen Teil einsetzen, erhält gegebenenfalls Arbeitslosengeld II. In unserer Region ist es so gut wie aussichtslos, eine neue Arbeitsstelle zu finden, d. h. man fällt sehr schnell in die Kategorie „Langzeitarbeitslos". Man ist dann in der Regel nicht mehr vermittelbar bzw. es strengt sich auch niemand mehr an, Möglichkeiten für eine Beschäftigung im ersten Arbeitsmarkt auszuloten. Wer über längere Zeit mit dem Arbeitslosengeld II auskommen muss, kann sich nicht nur die Reparatur seiner Waschmaschine nicht mehr leisten, sondern auch die Teilnahme am gesellschaftlichen Leben. Wenn die Miete über dem zulässigen Höchstbetrag liegt, muss der vertraute Kiez verlassen werden. So entsteht Armut, bei den meisten verbunden mit gesundheitlichen Schädigungen, Scham, Schuld- und Versagensgefühlen. Der gesellschaftliche Abstieg ist vorprogrammiert.

S. Kahl-Passoth, Junge Kirche 4/2006, S. 7–10 i.A

M3

Abstieg aus großer Höhe: Wie eine Berlinerin aus reichem Hause Existenzängste bekam

Gewiss gibt es schönere Wohnungen als diese, etwa mit einem Bad, in dem man sich nicht so schnell den Kopf stößt. Susanne M. weiß das. Sie hat lange anders, eher auf der Sonnenseite, gelebt. Doch mit ihrer geräumigen Loggia ist sie so glücklich wie mit der zentralen Lage. Ein paar Minuten zum Bahnhof Zoo, ein paar zu einem großen Wochenmarkt.

Seit sechs Jahren wohnt die bald 43-jährige Architektin hier, in wenigen Wochen wird sie ausziehen müssen. Denn Susanne M. gehört zu den 451 000 Berlinern, die Leistungen nach Hartz IV beziehen. Und ihre Wohnung, sagt das Amt, ist zu teuer. Die Miete liegt über dem Regelsatz von 360 Euro. Inzwischen hat sie gekündigt, ihre Eltern gleichen den Differenzbetrag aus, den das Amt nicht mehr zahlt. Die Familie hat auch die Umschulung zur Immobilien-Fachwirtin finanziert, die die Frau von anderthalb Jahren wohlgemut begonnen hat. „Ich war sicher, dass diese Fortbildung mir einen neuen Job bringen würde", erinnert sie sich. Doch diese „Zukunftsperspektive" sei nun auch weggebrochen: Dutzende Bewerbungen hat sie geschrieben, nicht einmal zehn Antworten erhalten – nur Absagen.

Jetzt ist Susanne M. an einem Tiefpunkt angekommen. „Absolut" sei der, schiebt sie hinterher. Nahezu alle Hoffnungen sind aufgezehrt. Nie hätte sie sich eine solche Situation vorstellen können. Die Architektin ist in einem wohlhabenden Elternhaus groß geworden. Sie hat im Taunus, in Darmstadt, in Rosenheim und zuletzt in Hamburg gelebt und gearbeitet. Bevor sie der Liebe wegen nach Berlin zog, kam Arbeitslosigkeit in ihrem Alltag und dem ihrer Freunde nicht vor. „Für mich stand immer die berufliche Karriere im Vordergrund. Dafür habe ich auch die vielen Umzüge auf mich genommen." Eine Familiengründung passte nicht zu einem oft zwölfstündigen Arbeitstag.

In der Hauptstadt begann dann der sanfte Abstieg: Erst bekam sie noch ein komfortables Arbeitslosengeld, dann bewarb sie sich für eine CAD-Fortbildung beim Arbeitsamt. Die elfmonatige Computerschulung schloss sie erfolgreich ab, über ein Praktikum in einem Architekturbüro fand sie Arbeit auf Honorarbasis, bis dieses Pleite machte. Danach schrieb sie weiter Bewerbungen – ohne Erfolg. Architektinnen in ihrem fortgeschrittenen Alter „werden von jüngeren Uni-Absolventen verdrängt, die in den Büros für nicht einmal ein Praktikums-Honorar arbeiten."

Seit fast einem Jahr lebt Susanne M. nun mit Arbeitslosengeld II, das heißt von 345 Euro im Monat. „Umso größer meine Existenzangst wurde, umso mehr sind mir die Härten bewusst geworden". Fast alles drehte sich nur noch um den Einkauf günstiger Lebensmittel. „Wenn etwas zu Hause kaputt geht, ist das gleich eine Katastrophe, weil man es nicht ersetzen kann." Jeder Kaffee, den sie außerhalb der Wohnung zu sich nimmt, sei ein großer Luxus.

Geblieben ist ein letzter Traum: auswandern. „In anderen Ländern bekommt man eher eine Chance." Nach der Fußball-WM-Euphorie hat sie jetzt via Internet ein Auge auf die WM-Bauprojekte in Südafrika geworfen. Ihre Eltern, das hat sie bereits erklärt, würden die Kosten für den Flug ans Kap zum Büro-Schnuppern übernehmen. Die Hoffnung stirbt, ein Glück, zuletzt.

P. Gärtner, in: Tagesspiegel, 17. 10. 2006

M4 Auf Jobsuche

Martin L. ist gelernter Maler. Noch bis Oktober hat der 25-Jährige einen Vertrag als Ein-Euro-Jobber bei der Schweriner Tafel. Der alleinstehende junge Mann lebt von 749 Euro monatlich. Hoffnung auf eine feste Arbeitsstelle hat er nicht.

Maler gibt es wie Sand am Meer. Vor fünf Jahren habe ich meine Gesellenprüfung als Lackierer und Maler in einer überbetrieblichen Ausbildung in Schwerin abgelegt. Nach der Bundeswehr und drei Monaten Arbeitslosigkeit bekam ich einen Vertrag bei einer Firma für Oberflächentechnik in Schwerin. Ich habe dort Flugzeugdüsen von Airbus und Lufthansa sandgestrahlt. Als aber dann kurz vor Weihnachten 2002 die Aufträge ausblieben, wurde ich entlassen. Eine feste, dauerhafte Stelle habe ich bislang nicht gefunden.

Das Schlimmste an der Arbeitslosigkeit ist, zu Hause herumzusitzen. Überall, wo du gerne hingehen möchtest, kostet es Geld, das du nicht hast. So bleibt das Fernsehen, und es staut sich ein Frust an. Der entlädt sich dann an Leuten, die gar nichts dafür können. Den meisten meiner Freunde geht es wie mir: Sie haben keinen richtigen Job und hängen den Tag lang zu Hause herum. Inzwischen bin ich 25 Jahre alt und habe meinen zweiten Ein-Euro-Job. Seit April dieses Jahres arbeite ich bei der Schweriner Tafel und hole von den Supermärkten in der Umgebung Lebensmittel ab. Monatlich habe ich deshalb zusätzlich 120 Euro zu den 345 Euro Arbeitslosengeld II und dem Mietzuschuss für meine Zwei-Raum-Wohnung, Davon bleiben mir, wenn Miete, Handyrechnung, Fernsehen, Riesterrente und Hausratversicherung abgegangen sind, etwa 350 Euro zum Leben. In die Disko gehe ich höchstens einmal im Monat. Mehr ist nicht drin. In meiner Freizeit trainiere ich zwei Mal die Woche im Fußballverein. Sonnabends oder sonntags haben wir dann Punktspiele.

In Schwerin liegt die Arbeitslosenquote bei 16,3 Prozent. Trotzdem denke ich nicht darüber nach, wegzuziehen. Wie viele Bewerbungen ich schon geschrieben habe? Ich weiß es nicht genau: vielleicht fünfzig, vielleicht sechzig. Ich suche eine Arbeitsstelle im Tagespendelbereich. Nach München oder Stuttgart zu ziehen, kann ich mir nicht vorstellen. Das ist für mich schon eine ganz andere Welt. Zudem, wie soll ich es anstellen? Ich müsste dann, wenn ich umziehen würde, zwei oder drei Monate doppelt Miete bezahlen. Das kann ich mir nicht leisten. Noch bis Oktober geht mein Arbeitsvertrag bei der Schweriner Tafel. Was danach kommt, weiß ich nicht. Ich habe keine große Hoffnung, in meinem Beruf als Lackierer hier eine Anstellung zu finden. Denn es gibt zu viele, die noch nicht so lange aus dem Job raus sind.

Aufgezeichnet von B. Schneider. In: Zeitzeichen 9/2006, S. 27

Arme Kinder geraten ins soziale Abseits

M5

Die Kinderarmut hat nach Berechnungen des Paritätischen Wohlfahrtsverbands durch Hartz IV einen neuen Höchststand erreicht. Acht Monate nach Inkrafttreten des Gesetzes sei die Zahl der Kinder unter 15 Jahren, die auf Sozialhilfeniveau leben müssen, von 965 000 auf rund 1,5 Millionen hochgeschnellt, sagt der Geschäftsführer des Verbandes, Ulrich Schneider. Neben dem Wohlfahrtsverband forderten auch der Kinderschutzbund, die Volkssolidarität und das Kinderhilfswerk politische Konsequenzen.

Auf weitere 200 000 schätzt der Verband die Dunkelziffer der Kinder, die zwar Anrecht auf staatliche Leistungen haben, diese aber nicht in Anspruch nehmen. Die Eltern einkommensarmer Kinder sind in der Regel Bezieher von Arbeitslosengeld II oder Sozialhilfe. Inklusive der Dunkelziffer lebten nach Angaben des Paritätischen Wohlfahrtsverbands Ende Juli rund 7,2 Millionen Menschen oder 8,7 Prozent der Bevölkerung auf Sozialhilfeniveau. Ende 2004 waren es rund drei Millionen.

Die Kinderarmutsquote in Westdeutschland beträgt den Angaben zufolge 12,4 Prozent, im Osten 23,7 Prozent. Extrem stark unterscheiden sich die Armutsquoten in den Regionen: So leben im Stadtstaat Berlin rund 30 Prozent der Kinder auf Sozialhilfeniveau, im Bundesland Bayern nur 6,6 Prozent. Schneider nannte die Entwicklung „erschreckend". Er widersprach Einwendungen von Arbeitsmarktforschern, wonach Arbeitslosigkeit und Armut durch Hartz IV nur deutlicher sichtbar werden als zuvor: „Hartz IV macht nicht Kinderarmut sichtbar, Hartz IV ist Kinderarmut."

Evangelische Sonntags-Zeitung vom 18.09.05

M6 Wie im Gefängnis

Schätzungsweise eine Million Menschen leben ohne Papiere in Deutschland, ohne Rechte und in ständiger Angst. Einer von ihnen erzählt. Er ist 33 Jahre alt, Kurde aus der Türkei. Seit zehn Jahren lebt er in Deutschland, vor sechs Jahren wurde sein Asylantrag abgelehnt, seitdem ist er untergetaucht, lebt bei Freunden mal hier, mal dort. Ein „Illegaler". Zweimal wurde er bereits verhaftet, er lebt mit der Angst vor dem nächsten Mal. Eine Perspektive sieht er nicht. Obwohl er Deutsch spricht, erzählt er seine Geschichte auf Türkisch mit Hilfe einer Dolmetscherin. „Da kann ich mich besser ausdrücken", sagt er. Wenn er seine Situation beschreibt, spricht er in der zweiten Person. Als wollte er sagen: Stell du dir mal vor, wie es ist, so zu leben:

Ich bin 1996 aus der Türkei geflohen wegen meiner politischen Aktivitäten. Mehr möchte ich dazu nicht sagen. Nur, dass ich nicht gekommen bin, um in Deutschland ein schönes Leben zu haben. Mein Asylantrag wurde im Jahr 2000 abgelehnt. Das war eine komische Entscheidung der deutschen Behörden: Gleichzeitig wurde der Antrag eines Kumpels angenommen. Der hatte fast dieselbe Geschichte wie ich. Auch mein Bruder erhielt Asyl, auch er hat eine ähnliche Geschichte. Bei meinem Asylverfahren hatte ich das Gefühl, verurteilt zu werden.

Ich weiß nicht, was passieren würde, wenn ich in die Türkei zurückginge. Wahrscheinlich würde ich verhaftet werden wegen Mitgliedschaft in einer kurdischen Organisation. Natürlich möchte ich meine Kinder wiedersehen. Sie sind jetzt 11 und 13 Jahre alt und leben mit meiner Frau in der Türkei. Ich rufe jede Woche an. Und natürlich hoffen auch sie, dass es eine Lösung gibt. Aber unter den momentanen Bedingungen können sie nicht herkommen und ich kann nicht zurück. Ich habe Freunde hier, Deutsche, Kurden, Türken, die versuchen, mich zu trösten und mir zu helfen, soweit es in ihrer Macht steht. Aber wie lange soll das so weitergehen?

Man kann sich das nicht vorstellen, wie es ist, illegal zu leben Deshalb bin ich ja aus der Türkei weggegangen: Illegal hätte ich auch dort leben können. Aber ich wollte ein normales Leben. Ich dachte, in Deutschland gibt es mehr Menschenrechte.

Die letzten sechs Jahre zählen nicht zum Leben, das kann ich sagen: Du lebst nicht frei. Du kannst keine Zukunftspläne machen. Wenn du auf die Straße gehst, fühlst du dich schuldig. Wenn du uniformierte Polizisten siehst, hast du Angst. Und irgendwann siehst du alle Menschen als Zivilpolizisten. Du bleibst nie lange an einem Ort. Denn du verdächtigst die Nachbarn, dass sie dich anzeigen. Du verdächtigst alle. Du hockst zu Hause. Manchmal gehst du ins Kino, aber mit ständiger Angst in dir.

Dein soziales Leben ist tot. Letztlich denkst du, dass du keine Zukunft hast. Deine psychische Situation verschlechtert sich. Du hast Angst vor allem, du willst auch nicht zum Arzt gehen. Einmal ging ich zum Arzt, aber ich bin wieder weggegangen, weil ich Angst hatte, die Arzthelferin könnte mich verraten. In der letzten Zeit war ich ein paar Mal beim Arzt, nur um mit ihm zu sprechen wegen meiner psychischen Probleme. Der Arzt macht das umsonst, und wenn ich ein Rezept brauche, stellt er es auf einen anderen Namen aus.

Ich hatte ab und zu Arbeit, die mir von Bekannten vermittelt wurde, auf dem Bau oder als Reinigungskraft. Dann ist es zwar besser, weil du ein bisschen Geld hast. Aber du gehst mit ängstlichen Gefühlen zur Arbeit, weil es eine Kontrolle geben könnte. Ohne Arbeit ist es aber noch schlimmer, dann hast du gar kein Geld und musst von den Freunden leben. Du bist immer auf der Suche, aber du findest keine Lösung. Ich wünsche mir, dass die Gesetze geändert werden.

Publik-Forum 23/2006, S. 27, © Publik-Forum, Zeitung kritischer Christen, Oberursel

Die Kinder haben den Lebensmut verloren

M7

Das Mietshaus in der Nürnberger Südstadt macht einen gepflegten Endruck: Im Hausflur sind die Wände ordentlich gestrichen, die Treppenstufen sind weder durchgetreten noch abgewetzt, vor den Fenstern gedeihen Grünpflanzen. Und dann das: In einer der Wohnungen bröckelt der Putz von allen Wänden, die Scheiben in den Zimmertüren sind zersplittert, die Böden verschlissen, in den Lampen leuchtet nur jede zweite Glühbirne.

Es gibt weder ein Sofa oder einen Couchtisch noch Kommoden oder Betten. Zum Sitzen und Schlafen dienen notdürftig bezogene Matratzen. Und mit ihren vier kleinen Kindern stehen den Eltern gerade mal ein „Schlafzimmer" und ein „Wohnzimmer" zur Verfügung. Wie kann es sein, dass eine Familie in Nürnberg in so erbärmlichen Verhältnissen hausen muss?

Auf einen kurzen Nenner lässt sich die Antwort nicht bringen. Es kam einiges zusammen, das Turan K. und seine Frau Alpay (Namen geändert) ins Elend stürzte.

Da ist, wie so oft, Arbeitslosigkeit: Der 40-jährige Familienvater, der einst aus der Maxhütte in Sulzbach-Rosenberg ein Einkommen nach Hause brachte, war nach deren Schließung auf dem Bau und für Montagefirmen unterwegs. Als es in der Branche immer enger wurde, ließ er sich als Subunternehmer anheuern – und wurde 2002 in eine Insolvenz hineingezogen. Um seine Arbeiter auszuzahlen, verkaufe er den größten Teil seiner Habe. Die Chance, dass er als Gläubiger wenigstens einen Teil seiner Außenstände erhält, ist gleich Null.

Doch das alles nimmt sich harmlos aus gegenüber den Daumenschrauben der rigiden Vorschriften für Ausländer. Während Turan K., der schon 17 Jahre in Deutschland lebt, über einen gesicherten Status verfügt, gilt seine Partnerin als Asylbewerberin. Nur weil ihr jüngstes Kind die deutsche Staatsangehörigkeit hat, ist die Mutter, eine Kurdin, nicht abgeschoben worden. Was ohnehin kaum zu verantworten wäre: In ihrer Heimat war die Frau Misshandlungen und Folterungen ausgesetzt gewesen. Eltern und Geschwister mussten Schein-Erschießungen erdulden, das Haus der Familie war in Brand gesteckt worden.

Selbst in Deutschland war sie nicht mehr in Sicherheit: In der Sammelunterkunft traten Betrunkene die Tür zu ihrem Zimmer ein und fielen über sie her. Die Traumatisierungen wirken noch nach: Immer wieder wacht sie nachts schreiend auf. Nur anklingen lassen beide die Belastungen durch permanenten „Papierkrieg" mit Behörden und Sozialkassen, vom Pass-Antrag bis zu den Klinikkosten für die Geburt des Jüngsten. Zuletzt drohte ein Umzug zu scheitern. Zudem erhält die Mutter mit dreien ihrer Kinder nicht einmal Hartz IV, sondern um fast die Hälfte gekürzte Sätze.

Nürnberger Nachrichten vom 20.11.06,

M8 „Es kann heute jeden treffen" (Heiner Geißler)

SZ: Sie haben in den 70er Jahren die „neue soziale Frage" thematisiert. Jetzt entdeckt die Politik plötzlich das Problem einer neuen Armut. Was ist daran anders als früher?

Geißler: Die neue Armut ist ein Produkt der Politik. Es ist das Ergebnis eines System- und Denkfehlers. Bisher war die Armut klar an bestimmten Bevölkerungsgruppen festzumachen: Sozialhilfeempfänger, alleinerziehende Mütter, ein Teil der älteren Leute. Armut betraf Menschen, die keine Lobby hatten. Heute ist die Armut wieder bei den Arbeitnehmern angekommen. Und zwar wegen Hartz IV.

SZ: Welche Auswirkungen hat Hartz IV bei der Ausbreitung der Armut?

Geißler: Ganz entscheidende, vor allem auch psychologisch. Es sind zwar die Sozialhilfeempfänger etwas besser gestellt worden, aber der kardinale Fehler war die Zusammenlegung von Arbeitslosen- und Sozialhilfe, auch wenn das aus fiskalischen Gründen sinnvoll war. Früher errechnete sich die Arbeitslosenhilfe nach einem bestimmten Prozentsatz vom letzten Nettolohn. Das ist beseitigt worden. Nach einem Jahr Arbeitslosengeld landen heute auch Leute, die 20, 30 Jahre gearbeitet haben, bei Hartz IV und werden damit behandelt wie 30-jährige Alkoholiker. Vor diesem Schicksal ist keiner mehr gefeit. Es kann heute jeden treffen, den Opel-Ingenieur genauso wie den BenQ-Spezialisten.

SZ: Ein Jahr Arbeitslosigkeit kann heute also ausreichen, um arm zu werden?

Geißler: Ja. richtig. Diese Verarmung wird auch dadurch herbeigeführt, weil die Leute, die vorher 30 Jahre gearbeitet haben, vorher fast alles versilbern müssen, was sie für sich und ihre Familien erspart haben. Arbeitsplätze bekommen sie wegen der falschen Konjunkturpolitik dann trotzdem nicht.

SZ: Hartz IV, das war die Regierung Schröder. Die Union hätte es doch gerne noch viel neoliberaler gehabt.

Geißler: Ja, weil sich die Union damals in einem marktradikalen Sinnesrausch befand und blind geworden war für die eigentliche Aufgabe einer Volkspartei: nämlich für Gerechtigkeit auch für die kleinen Leute zu sorgen.

SZ: Was müsste die Politik denn anders machen?

Geißler: Wir brauchen für eine Humanisierung des Globalisierungsprozesses ein Konzept für eine internationale, sozial-ökologische Marktwirtschaft, für einen geordneten Wettbewerb. Das Chaos auf den Weltmärkten schlägt zurück auf die Lage in Deutschland. Statt ein solches Konzept zu erarbeiten, wird auf den Leuten herumgehackt, denen es ohnehin schon schlecht geht. Wer in der CDU in der jetzigen Situation auch noch die Kürzung von Hartz IV vorschlägt, wird es schaffen, die CDU noch unter 30 Prozent zu bringen.

SZ: Wie groß ist der politische Sprengstoff der Armutsfrage?

Geißler: Die schlimmste Folge ist, dass sich die Armut von selbst ständig vermehrt. Es werden immer mehr Leute in die Armut hineingeboren und befinden sich damit von Anfang an in einer Diskriminierungssituation. Sie erleben die Ausgrenzung schon in der Schule. Das Analphabetentum wird zunehmen, die Kriminalität steigen. Es droht ein schleichender Verfall unserer Gesellschaft. Eine Entwicklung, wie wir sie aus Amerika kennen.

Interview: P. Fahrenholz. In: Süddeutsche Zeitung vom 17.10.06

Abhängiges Prekariat

M9

Da haben sie sich wieder was ganz Feines einfallen lassen, die Wortverdreher und Sprachzerstückler, in Thinktanks erarbeitet und der blöden Masse zum Fraß vorgeworfen: „abgehängtes Prekariat". Toll, das hat ja dann nichts mit uns zu tun, das betrifft irgendwelche Wesen vom anderen Stern, das ist die Sprache, die keinen interessiert, weil sie keiner versteht. Das soll so sein, natürlich, denn wenn wir mitbekommen würden, dass es sich bei diesem Wortungetüm um fast 10 Prozent der Bundesbürger handelt, die Harz IV-Gebeutelten (Empfänger klingt geradezu euphemistisch), die Arbeitslosen, die Armen, die im neoliberalen Wahn kaputt Gewirtschafteten, die auch und gerade von der SPD Verlassenen, ja, wenn wir das mitkriegen würden, würden wir uns vielleicht sogar mal Gedanken machen über all die Ungerechtigkeiten, die uns eine von Wirtschaftssinteressen in Geiselhaft genommene Regierung angedeihen lässt.

Prekariat ist schlicht und einfach zunehmende Arbeitslosigkeit mit ökonomischen, sozialen und psychischen Folgen, sowie einer steigenden sozialen Angst, die (noch) Arbeitende ergreift. Natürlich ist nichts anderes gemeint als eine zunehmend verarmende Unterschicht, abgehängt von den wenigen, die sich zunehmend an denen bereichern, denen sie Angst einjagen. Es war wohlweislich die Friedrich-Ebert-Stiftung, die das Wort Unterschicht in ihrer Studie vermied. Und Prekariat klingt nun mal, vor allem weil es keiner versteht, viel versöhnlicher, so wie man statt von Krieg von „Interventionen" spricht, so wie Schlachten zu „Krisen-Reaktionseinsätzen" mutieren, Armeen zu „Einheiten" werden, mörderische Angriffe zu „notwendigen Operationen" und zivile Kriegstote zu „Kollateralschäden". (…)

Man beraubt uns unserer eigenen Sprache und dadurch der Wahrheit. Abgehängtes Prekariat? Das sind wir alle, wir, die wir nicht mitmachen mit dem hemmungslosen Mammonismus, dieser eigentlichen Weltreligion, die sich mit Hilfe eines neoliberalen Netzwerkes von Stiftungen, Instituten, Forschungszentren und Public-Relations-Lohnschreibern auf dem ganzen Globus wie ein lebensbedrohender Virus verbreitet und schon längst die eigentlichen Weltreligionen ins Abseits gedrängt hat. Abgehängt, längst abgehängt sind wir alle, von den unermesslich Reichen. Ihre Gier und ihren Reichtum könnten sie gerne für sich behalten, aber die obszöne Macht, die sich daraus ergibt, gefährdet unser aller Dasein und Überleben. Denn diese Macht ist fast ausschließlich in den Händen grandioser Dummköpfe, die Leben mit Besitz verwechseln und alles in der Hand haben außer sich selbst. Wir abgehängtes Prekariat sollten sie so schnell wie möglich abhängen.

K. Wecker, Ökumenisches Netz Bayern (Hrsg.): NETZ-Info 2006/3, S. 13f.

M10 Prato – die Chinatown der Toskana

Neonlichter erleuchten die Via Pistoiese. Sie werben für Coiffeursalons, Goldschmiede, Supermärkte, Bars, Videoverleihe, Restaurants, Buchläden, Kleiderboutiquen, Spielhöllen, Diskotheken, Handyläden. Das passt gut hierher. Die Via Pistoiese ist eine Ausfallstrasse, gesäumt von schmucklosen Häusern. Nur etwas passt nicht: Die Neonlichter sind in chinesischer Sprache gehalten, zuweilen mit italienischer Übersetzung, klein drunter. Willkommen in der Chinatown von Prato, Vorstadt von Florenz, 160 000 Seelen, Provinz. An der Via Pistoiese gehen die Menschen mit gesenktem Haupt. Meist lugt eine Zigarette chinesischer Provenienz unter den tief ins Gesicht gezogenen Hüten hervor. 20 000 Chinesen leben in Prato. Manche Bewohner von Prato sagen, es seien 40 000, illegale mit eingerechnet. Fast alle stammen sie aus derselben Ecke Chinas: Wenzhou, Südosten, bei Shanghai, am Meer. Sie sind nicht zufällig hier, sie kennen das Geschäft.

Prato ist die Stoffhauptstadt Italiens, das Wenzhou Europas. 48 000 Menschen arbeiten in den rund 7850 Textilfirmen des Stoffbezirks. Dazu kommen 1900 chinesische Unternehmen. Vom wichtigsten Wirtschaftssektor zu reden, wäre ein Euphemismus. Das hier ist Monokultur. Und hat eine lange Geschichte. In Prato woben sie schon im Mittelalter Stoffe, färbten, bedienten Königshäuser, machten später den Holländern, den Briten und den Franzosen Konkurrenz. Damals waren sie, die Leute aus Prato, die Chinesen. Die Lohnkosten waren tief, in den Fabriken wurde rund um die Uhr gearbeitet, der Markt wurde mit unschlagbar billigen Produkten geflutet.

Bis in die Neunzigerjahre lief das so. Der Bezirk wuchs, belieferte die italienischen Modehäuser, machte auf Qualität, hob die Preise an. Prada, Armani, Gucci: Sie kaufen hier Wolle und Stoffe ein. Die meisten Betriebe, typisch für Italien, sind stolze Familienunternehmen mit wenigen Angestellten. Genau wie in Wenzhou.

Die ersten Chinesen kamen 1990. Sie kauften alte, leer stehende Fabrikhallen. Immer bar und schwarz, wie man sich erzählt. Die Versuchung war groß, einige in Prato verdienten sich eine goldene Nase. Und diskret waren sie ja auch, die Chinesen. Dann setzte die Invasion ein, wie sie hier sagen. Die diskreten Einwanderer kauften rund um die Via Pistoiese ganze Straßenzüge zusammen. Sie bauten ein Unterhaltungs- und Wohngetto für die Chinesen, die in den Industriehallen arbeiteten. Rund um die Uhr, wie früher die Italiener: ohne Gewerkschaften, ohne Rechte, ohne Sicherheitsstandards, viele unregistriert. Die Zahl jener, die bei der Gemeinde eingeschrieben sind, blieb immer dieselbe. Todesfälle gab es in der chinesischen Gemeinde offenbar keine. Zumindest wurden sie nicht gemeldet. Die Papiere der Toten, heißt es, dienten den Lebenden, den illegalen Neuankömmlingen aus Wenzhou.

Neu war das Phänomen der Immigration nicht für Prato. Während des Booms nach dem Krieg siedelten ganze Dörfer aus Süditalien um in den Norden, auch in die Toscana. In wenigen Jahrzehnten verdreifachte sich die Einwohnerzahl. „Schmerzlos", wie versichert wird. Prato ist ein tolerantes Pflaster. Hier regierte stets die Linke, früher Kommunisten, heute Sozialdemokraten. Mit den Chinesen aber tat man sich bald schwer. „Die grüßen dich nicht einmal", sagt die Frau am Zeitungsstand an der zentralen Piazza del Comune, „die leben in ihrer eigenen, geschlossenen Welt."

Die Gemeinde schuf ein Amt, um der multikulturellen Herausforderung zu begegnen. Andrea Frattani leitet es: „Wir reden gar nicht mehr von Integration, nur noch von Interaktion. Wir sind noch ganz am Anfang." Der Stadtrat finanziert kulturelle Anlässe, organisiert Italienischkurse, vermittelt Übersetzer für die Krankenhäuser, die Gemeinde, den Industriellenverband, die Schulen. Der Erfolg ist bescheiden. Prato gab gar einigen Straßen chinesische Namen: Viale Nam Dinh, Viale Chang Zhou. Doch zu Hause fühlen sich die Chinesen nur an der Via Pistoiese, an ihrer Strasse. Da sind sie unter sich.

„Wir sind nun einmal so“, sagt Weixin, die sich der Einfachheit halber Alessia nennt, „wir sind verschlossene Leute.“ Weixin ist 23 Jahre alt, Studentin, seit neun Jahren lebt sie in Italien. Und weil sie eine der wenigen ist, die Italienisch spricht, arbeitet sie zuweilen als Vermittlerin für die Gemeinde. „Siebzig Prozent meiner Landsleute hier sprechen kein einziges Wort Italienisch“, sagt Weixin, „und der Rest nur ein paar Brocken.“ Diskriminiert fühlt sie sich nicht. „Uns plagt hier alle dasselbe Problem, auch wenn wir uns nicht verstehen“, sagt sie, „wir sind zum Wachstum verdammt.“ Um mithalten zu können mit Weixins Heimat, dem China des Lohndumpings, der Tiefstpreise, der Massenproduktion, der gefälschten Imitate großer Modenamen aus Italien. In der Chinatown von Prato holt sich die Globalisierung gewissermaßen selbst ein.

Erstmals seit 1992 ist die Zahl der chinesischen Textilbetriebe 2004 nicht mehr gewachsen. Nur der Import und Vertrieb ganzer Kleidungsstücke aus China läuft noch. Die Eigenproduktion aber, mit der sie den einheimischen Betrieben zusetzen, leidet nun ihrerseits unter der chinesischen Konkurrenz. Laut einer Umfrage planen etliche chinesische Unternehmer, nach China zurückzuwandern, um von der Dynamik dort zu profitieren.

O. Meiler, in: Tagesanzeiger vom 20.03.2005

M11

Britische „Neets“

Das Thema Unterschicht hat in Großbritannien Tradition - es reicht zurück bis in die Frühzeit der Industrialisierung. Mit Blick auf die britischen Verhältnisse prägte Karl Marx – damals im Londoner Exil – Mitte des 19. Jahrhunderts den Begriff Lumpenproletariat. Heute gibt es für die Menschen am unteren Rand eine Abkürzung. Man nennt sie die Neets: no employment, no education, no training (keine Arbeit, keine Schulbildung, keine Ausbildung).

Trotz des Booms der vergangenen Jahre leben in Großbritannien derzeit rund elf Millionen Menschen unterhalb der Armutsgrenze – haben also weniger als 60 Prozent des Durchschnittseinkommens zur Verfügung. Davon sind 3,4 Millionen Kinder. Auch wenn sich unter der Labour-Regierung von Premier Tony Blair einiges getan hat, trägt Großbritannien immer noch die Züge einer Klassengesellschaft: Soziale Unterschiede spielen eine größere Rolle als in anderen Ländern. Auch der Wohlstand ist extrem ungleich verteilt. Ein Prozent der Bevölkerung besitzt 23 Prozent des Vermögens. Bei anderen Sozialindikatoren liegt Großbritannien im internationalen Vergleich ebenfalls zurück. Der Anteil der Analphabeten ist höher als in den meisten anderen Industrienationen: Nach einer UN-Statistik können sieben Millionen Briten nicht richtig lesen.

Traditionell können sich sozial schwache Briten weniger auf den Staat verlassen als anderswo. Eigenverantwortung wird größer geschrieben als auf dem europäischen Festland – den Begriff „Vater Staat“ gibt es in der englischen Sprache nicht. Stattdessen ist abwertend vom „Nanny State“ die Rede - einem Staat, der seine Bürger wie ein Kindermädchen behandelt. Daran hat sich auch in den nun fast schon zehn Jahren unter Blair nichts geändert.

Ch. Sator, dpa

Kleinverdiener, die in Autos oder unter Brücken wohnen, sowie brennende Autos und randalierende Jugendliche – Zeichen von sozialer Ungerechtigkeit, Perspektivlosigkeit, Rassismus und Massenarbeitslosigkeit, die in Frankreich eine neue Debatte über Armut und Ausgrenzung auslösen. Die Kluft zwischen Arm und Reich wächst. Rund fünf Prozent der 60 Millionen Einwohner leben am Existenzminimum. Vor allem in den Großstädten ist die Armut sichtbar, wo Obdachlose unter Brücken und in U-Bahn-Schächten hausen oder Kleinverdiener in Autos oder Zelten leben, weil die Mieten unerschwinglich sind.

Die Vereinigung ADT-Vierte Welt schätzt die Zahl der Personen, die in Frankreich kein festes Dach über dem Kopf haben oder in unzumutbaren Unterkünften leben, auf rund drei Millionen, davon sollen 100 000 auf der Straße leben. Nicht alle sind zwangsläufig auch arbeitslos. Viele von ihnen halten sich mit Gelegenheitsjobs über Wasser. Für eine Mietwohnung reicht das Geld oft trotzdem nicht. Selbst der gesetzliche Mindestlohn (SMIC) in Höhe von rund 1200 Euro monatlich für eine geregelte Arbeit garantiert kein festes Dach über dem Kopf. Immer mehr Menschen quartieren sich wechselnd bei Verwandten und Freunden ein.

Auch die Zahl der Empfänger von Sozialhilfe nimmt explosionsartig zu. So zählte man in Frankreich Ende 2005 rund 3,5 Millionen Sozialhilfeempfänger - 100 000 mehr als im Jahr zuvor. Am stärksten betroffen sind Alleinerziehende sowie Menschen unter 30 Jahren und Rentner. Rund eine Million Kinder leben in Armut. In Frankreich gibt es 2,16 Millionen Arbeitslose. Vor allem Jugendliche aus Einwandererfamilien aus dem Maghreb und Westafrika sind betroffen - eine Ursache der heftigen Gewaltausbrüche im Herbst 2005.

U.Wessels, dpa

Aus Bukarest, Keno Verseck: Ganz, ganz unten

Eine Ratte kriecht durch den Müll, ihr Scharren weckt Adita. Er kann sie nicht sehen, es ist spät am Nachmittag, es ist schon dunkel. Er zischelt müde, um sie zu verscheuchen, aber sie stöbert weiter zwischen Plasteflaschen, Lackdosen, Zigarettenkippen, Brotrinden und Schutt. Adita erhebt sich langsam aus der dicken Müllschicht. Er greift sich stöhnend an seinen schmerzenden Kopf, zieht die Tüte aus der Hosentasche hervor, hält sie an den Mund und atmet ein paar Mal kräftig ein. Dann zündet er sich eine Zigarette an und klettert von seinem Schlafplatz, dem Betonvorsprung, herab.

Adrian Cugereanu, genannt Adita, ist 21 und viel zu klein für sein Alter. Er hat hellbraune Augen, blondes, struppiges Haar und ein Kindergesicht. Er kommt aus dem Städtchen Hateg in der Nähe des westrumänischen Schiltals, einer seit langem verarmten Bergbauregion. Seine Mutter brachte ihn in ein Kinderheim, als er anderthalb Jahre alt war und sie sich von seinem Vater getrennt hatte. Zwei Jahre später heiratete sie wieder und holte ihren Sohn zurück nach Hause. Der Stiefvater schickte ihn zum Betteln auf die Straße, die Mutter brachte noch vier Kinder zur Welt, von weiteren zwei Männern. Adita lief von zu Hause weg, als er acht war. Er setzte sich in einen Zug und fuhr zum Bukarester Nordbahnhof. Hier, in der ehemaligen Kantine der Eisenbahner, nun eine Ruine, ist seitdem sein Zuhause.

Er wankt durch einen Saal mit eingestürzter Decke und öffnet die Tür zu einem kleinen Zimmer. Früher war das die Toilette, ein Ablageregal und Kacheln an der Wand sind davon übrig geblieben. Jetzt wohnen hier die Mädchen.

Roxana und Melinda ziehen ihre Lacktüten aus den Hosentaschen. Roxana ist siebzehn, sie hat vor ein paar Monaten ein Kind geboren. Es wäre fast gestorben, jetzt ist es irgendwo in einem Heim. Melinda hat sich in der Nacht mit Glasscherben den ganzen linken Unterarm aufgeritzt, vom Ellenbogen bis fast zum Handgelenk, Schnitt neben Schnitt. Sie war wütend, sie hat verschiedene Scherben ausprobiert, sie wollte sehen, welche besser schneidet, sagt sie. Sie ist 27 und sehr dünn, sie sieht aus wie eine alte Frau, sie hustet wie eine Tuberkulosekranke. Ionela, die Vierzehnjährige, wacht auf, sie lallt unverständlich. Ihre dunkelbraunen Haare sind frisch gewaschen, ihre Kleider sauber. Nachts war sie wieder bei dem Alten in der Wohnung, sagen die anderen, hinterher hat sie Lack genommen bis zum Umfallen. Ionela weiß nicht mehr, wie viele Freier es waren. Sie beginnt auf ihrem kleinen Gameboy ein Schießspiel zu spielen. Nach einer bestimmten Anzahl von Treffern ertönt in schrillem, synthetischem Sound Beethovens „Freude, schöner Götterfunken“.

TAZ vom 6./7. Januar 2007

M13 San Precario goes shopping

Was ist da los? An einem ruhigen Sonntagnachmittag wird eine Heiligen-Statue durch die Innenstadt von Mailand getragen. Doch handelt es sich nicht etwa um eine katholische Prozession, denn diese Statue ist San Precario, der Schutzheilige aller prekär Beschäftigten. Der kleine Umzug hat eine Einkaufsstraße zum Ziel, in der viele Geschäfte auch am Sonntag geöffnet haben. Mit der Aktion möchten die InitiatorInnen der Aktion auf die prekären Arbeitsverhältnisse derer hinweisen, die in Call-Centern, Lebensmittel- oder Fast-Food-Ketten beschäftigt sind. Sie werden schlecht bezahlt, haben keinen bezahlten Urlaub, verdienen im Krankheitsfall gar nichts, und wenn sie sich im Betrieb gewerkschaftlich organisieren wollen, dann wird die gesamte Belegschaft durch eine ersetzt, die ohne aufzumucken unter diesen Bedingungen arbeitet.

Die ErfinderInnen von San Precario haben schon 2001 in Mailand und Barcelona angefangen, am 1. Mai, dem Tag der Arbeit, sogenannte EuroMayDay-Paraden zu feiern. Zu diesen Demonstrationen gegen Prekarisierung und für das Recht auf ein besseres und selbst bestimmtes Leben kamen in Italien und Spanien in den vergangenen Jahren Zehntausende Menschen, die sich in prekären Lebens- und Erwerbsverhältnissen befinden. Erstaunlich ist dabei, welch unterschiedliche Gruppen auf so einer Parade zusammentreffen. Diese Versammlungen haben nichts mit dem oft behäbigen Volksfest-Charakter gewerkschaftlicher Großveranstaltungen gemein. Hier protestieren Erwerbslose zusammen mit illegalisierten MigrantInnen, GewerkschafterInnen mit KassiererInnen, Reinigungspersonal mit Punks. Doch was ist mit Prekarisierung eigentlich gemeint?

Zwei Dimensionen der Prekarisierung

Zunächst ist es wichtig, dass der Begriff der Prekarisierung zwei Dimensionen hat: Sie ist zum einen ein Prozess, der in kleinen Schritten voranschreitet, also nichts, was die Welt von einem Tag auf den anderen verändert. Indizien dafür sind die hohe Anzahl von befristeten Arbeitsverträgen, die selbstverständliche Ausbeutung von PraktikantInnen, die Tatsache, dass Erwerbsbiographien immer brüchiger werden, und dass viele Menschen mehr als einen Job machen müssen, um sich über Wasser halten zu können.

Die zweite Dimension von Prekarisierung ist der Aspekt der Verunsicherung. Menschen in prekären Verhältnissen führen oft ein Leben, das von den unmittelbaren Zwängen der materiellen Reproduktion bestimmt ist. Menschen, die sich nicht sicher sind, ob ihre Nase noch dem Chef passt, ob nach dem Auslaufen eines Arbeitsvertrages überhaupt noch Geld herein kommt, für die eine Grippe oder Zahnschmerzen kein Grund sein dürfen, im Bett zu bleiben, um sich zu kurieren - für diese Menschen ist ein Leben in Würde und Selbstbestimmung nicht möglich.

Die internationalistische Perspektive von Attac zeigt, dass Prekarisierung nichts ist, was sich auf die Länder des Nordens beschränkt. Die von WTO, IWF und Weltbank diktierten Regeln für die Unterwerfung aller nationalstaatlichen Selbstbestimmung unter das Dogma des freien Marktes führte in den Ländern des Südens wesentlich früher zu unerträglichen Arbeitsbedingungen. Beispiele sind Sweat-Shop-ArbeiterInnen, Pestizid-Sprüher oder so genannte Hausmädchen, die zu einer modernen Form der Sklavenarbeit gezwungen werden. Prekarisierung ist kein Zufall, auch kein Randphänomen der Globalisierung. Sie verstärkt über den Hebel der Verunsicherung die Vereinzelung all jener, die vom Gleichen betroffen sind und ist direkte Konsequenz aus den neoliberalen Forderungen nach Eigenverantwortung und Abbau so genannter „sozialer Hängematten".

L. Fricke, Attac Berlin, attac-Rundbrief 03/05, S. 2

Wahrheit

Schmerz pocht und stöhnt und schreit allein in dir selber.
Keimfrei ist er, steckt niemanden an.
Du ganz allein musst dich ihm stellen
und seiner Botschaft, die keiner sich wünscht,
obwohl sie dich hinein in die Schöpfung entwickelt.
Irrtum und Sünde fordern,
rückgängig gemacht zu werden,
sonst werden sie Quelle von neuem Irren und Fehlen.
Schmerz aber hat nicht Fortpflanzungsgene
und fordert nie Annulieren.
Er zeugt vielmehr Klarheit, Entwicklung und Fortschritt.
Er bewirkt als Gewinn dir die Macht,
mitfühlen und -leiden zu können:
Element deiner Menschwerdung, Segen für alle.

Der Schmerz im Hafen von Ponta do Sol,
nach der Wonne des Schwimmens in kapverdischer See,
durchgesetzt gegen mich von schroffen Felsen am Ufer,
gestoßen, angeeckt, ins Fleisch geschnitten,
bitter, widrig, stechend, bohrend und beißend:
Biss des Schöpfers in meine rebellische Festung herein.
Er schrammt mir schöpferischen Text in die Haut.
Er kratzt in jugendliche Schale die Wahrheit:
Mensch werden ist stets auch Vollziehen des Todes!
Widerfahrnis, das bloßstellt.
Einspruch, der schmerzt und auszieht und nackt stellt:
mich, den José – freilich auch dich.

Spiel

Sechzehn Jahre alt, und nichts zu tun.
Kein Job, keine Touristen, nichts.
Die Tage kriechen.
Sie ziehen sich.
Sie dehnen die Weile lang, allzu lang.
Sie walzen sie aus zu Entspannung, in jeder Beziehung.
Da ist gar nichts mehr spannend.
Nichts wirkt reizvoll, fesselnd, lohnend.
Leben: witzlos, fade und lähmend.
Neugier entleert und Drama verdorben.
Sechzehn Jahre sind wir.
Blutjung und blutvoll spielen wir Zukunft im Sand.

M14

Spielen

Außer Kraft gesetzt der Krach zu Hause,
der Stress mit den Großen,
das tägliche Armsein, der Dreck, der Lärm,
der ätzende Gestank überall.
SPIELEN
Vorweg nehmen, was werden mag.
Sehnsucht leben, Paradies spüren.
SPIELEN
Es öffnet Räume, die keiner einem abschließen kann.
Es führt weiter dort, wo das Denken Grenze hat.
Es übt ein, sich hineinzuwagen in Künftiges.
Es ermöglicht, Transzendenz zu empfinden.
SPIELEN
Glanz aus jener Welt reicht sich herein in diese Welt.
Er besetzt den Horizont mit Aussicht und Sinn.
Er hilft, Leben zu üben.
Uns: sechzehn sind wir und blutvoll und fit,
aber wir sind für euch – Dritte Welt.

Amuna

Wir haben gegen alles Misstrauen in uns
Vertrauen gewonnen und sind zu hoffen imstande.
Wir haben gegen die Herrschaft von Zweifel und Scham in uns
Freimut entwickelt und sind mit eigenem Willen begabt.
Wir haben gegen die Diktatur unseres Schuldgefühls
die Initiative gesetzt
und vermögen nun Zwecke und Ziele zu jagen.
Wir haben gegen das Gefühl unserer Minderwertigkeit
die Leistung gebildet und sind jetzt fähig,
etwas zu können.
Wir haben gegen die dramatische Konfusion
all unserer Rollen
Identität zusammengebracht und verstehen uns jetzt
auch auf Treusein.
Gaben, mit denen wir bald in künftige Krisen uns wagen.
Was wird mit uns werden,
ausgespannt zwischen Isolierung und Intimität,
unsicher zwischen Zeugen und Fruchtlos,
verstört zwischen Verzweiflung und innerem Frieden?
Was wird mit uns werden
unterwegs zu Liebe, Fürsorge, Weisheit?
Mit Cheikh, mit Amadou, mit Youssou und Jean-Noel?

Mit uns

Umstellt von den strengen Traditionen unseres Stammes,
verpflichtet auf Koran oder Bibel,
aufgeklärt durch televisionäre Blicke hin nach Europa,
gelockt von faszinierenden Moden amerikanischer Märkte?
Mit uns: Cheikh, Amadou, Youssou und Jean-Noel?
AMUNA

E. Groß: Sonne über Menschwerdung. Münster 2005. S. 21, 32, 15

M15

Gesichter des Hungers

Jaleni Gudissa ist Witwe. Ihr Mann starb letztes Jahr, besser gesagt, er verhungerte. Die 42-Jährige lebt in dem kleinen Dorf Leku, das immer wieder von Dürren heimgesucht wird, rund 30 Kilometer südlich von Awassa, der Hauptstadt des südlichen Regionalstaates Southern Nations, Nationalities and People's Regional State. Sie ist verbittert über das, was die letzte Hungersnot ihr und ihren drei Kindern angetan hat. Jaleni wohnt in einer strohgedeckten Hütte aus Holz und Lehm, so wie viele andere im Dorf. Es ist eine Ansammlung behelfsmäßiger Unterkünfte, in dem überwiegend Angehörige aus dem Stamm der Gugi leben. Dieser wiederum gehört zur Volksgruppe der Oromo, mit rund 30 Millionen Menschen die größte Volksgruppe in Äthiopien.

„Eigentlich wollen wir das Land bebauen", erzählt sie, „aber die ständig wiederkehrenden Hungersnöte machen das unmöglich. Wir leben von Lebensmittelspenden verschiedener Organisationen, aber das reicht nicht. Meine drei Kinder sind nach Awassa gegangen. Nur ein paar von uns sind hier im Dorf geblieben, weil wir aufgrund der Mangelernährung bei schlechter Gesundheit sind; wir schaffen das nicht, in die Stadt zu gehen." Und fügt hinzu: „Während der Hungersnot letztes Jahr sind viele Kinder hier im Dorf und in der Umgebung gestorben. Das war ein langer und qualvoller Prozess, der im Koma und schließlich im Tod endete. Es ist wie ein Wunder, dass meine Kinder überlebt haben. Sie haben alles gegessen, was sie auf dem Boden gefunden haben, egal ob es wilde Beeren waren oder Wurzeln."

Als ich die Hütte verließ, bat mich Jaleni, in Awassa nach ihrem Sohn Gudissa Beri zu schauen. Er arbeite in der Nähe der Universität als Schuhputzer. „Frag ihn, warum er mir kein Geld mehr schickt", trug sie mir noch auf.

Gudissa ist 14. Jeden Morgen steht er ganz früh auf und macht sich auf den Weg Richtung Universität, in der einen Hand eine kleine Schachtel mit seinem Handwerkszeug – eine Bürste, Schuhcreme und Lappen aus alten Kleidungsstücken –, in der anderen einen halbvollen Wasserkanister. Die Kunden des Jungen aus Leku sind Studenten, Beamte und Soldaten. „Morgens putze ich Schuhe und nachmittags jobbe ich auf Baustellen. Damit verdiene ich im Monat rund 200 Birr, das sind etwa 20 Euro. Eine echte Knochenarbeit. Ich mache da Gelegenheitsarbeiten wie Steine karren oder elektrische Leitungen verlegen helfen, und abends gehe ich noch zur Schule", schildert mir Gudissa seinen Alltag. Der 14jährige besucht die zweite Klasse der Grundschule, die einen Steinwurf vom Haus seines ledigen Onkels Gerbaba Beri entfernt ist. Er ist 27 Jahre alt und arbeitet als Lkw-Fahrer bei einer Kaffeebauern-Genossenschaft. Gudissa wohnt zusammen mit seinen beiden Schwestern bei dem Onkel.

„Während der Hungersnot letztes Jahr, die bislang noch nie gesehenes Elend über das Dorf gebracht hat, habe ich die Kinder zu mir in die Stadt geholt", berichtet Gerbaba. Gudissas Schwestern arbeiten als Dienstmädchen und gehen, ebenso wie ihr Bruder, abends noch zur Schule. Ma'za, die ältere, ist 16 Jahre alt, Kibret 15. Der monatliche Verdienst der beiden beträgt rund 150 Birr, das sind umgerechnet etwa 11 Euro. Früher haben die drei ihr gesamtes Geld ihrer Mutter in Leku geschickt, aber nun sparen sie auf Anraten ihres Onkels auf einer Bank. „Wir arbeiten jeden Tag von morgens bis nachts, die ganze Woche und verdienen fast nichts." Ma'za ist frustriert. Sie fügt hinzu: „Wir haben uns dazu entschlossen, das Wenige, was wir verdienen, am Monatsende zur Bank zu bringen, denn unsere Mutter in Leku wird von einer Hilfsorganisation versorgt. Sie braucht unsere Unterstützung nicht mehr."

„Brot für die Welt" - Global Lernen, 2005-1. S. 8–9

Oben ist der Himmel, unten die Hölle: Leben im Müll

Samaan Qaisr hetzt seinen klapprigen Transporter durch die Gassen, der meterhoch gestapelte Müll schwankt auf der Ladefläche. Qaisr steuert den Wagen hart nach links über die steil nach oben führende Straße, ungeteert, voller Schlaglöcher. Haarscharf vorbei an zahllosen Männern, Frauen und Kindern, die auf der Höhe von Qaisrs Felgen in den Hauseingängen sitzen und den Müll sortieren, mit den nackten Händen. Das Blech nach links, das Glas nach rechts. Plastik hier, Essensreste dort. Auf der Straße wühlen Hunde und Ziegen im Dreck, hinter den Häusern grunzen Schweine.

Fäulnisgeruch hängt über der Müllstadt am Muqattam-Berg. Die 50 000 Menschen, die hier leben, leben vom, leben mit und im Müll. Die meisten von ihnen sind Christen: Kairos Müllsammler sind traditionell koptisch-orthodoxe Christen. Die Sabbalin, die Müllmenschen, ziehen frühmorgens durch Kairo, leeren Tonnen, Container und Eimer. Mit Kleintransportern wie Qaisr oder mit Eselskarren, mit Kiepen auf dem Rücken. Den gesammelten Abfall sortieren sie tagsüber am Muqattam-Berg, vor und in ihren Häusern, manchmal auf mehreren Stockwerken. Während Plastik in Fabriken zu neuem Kunststoff und Papier zu neuem Papier wird, recyclen die Schweine die Reste von den Tellern und Tassen der Stadt an Ort und Stelle: Sobald sie prall und fett sind, enden die Tiere beim Metzger.

Die Müllstadt am Muqattam ist nicht nur Arbeitsplatz, sie ist Lebensraum. Hier wird gewohnt, gearbeitet, zur Schule und zur Kirche gegangen, geheiratet und gestorben. Dass man hier leben kann, ist ein Wunder. Wenn auch ein sehr weltliches. Kairo hat mehrere Müllsammlerstädte, die am Muqattam ist nicht einmal die größte. Das Leben der Sabbalin, das ist Kinderarbeit, kein wirksames Arbeitsrecht, keine Tarifverträge, keine Sicherheitsvorkehrungen. Nicht alle sind arm, viele leben sogar ganz gut im Vergleich zu anderen Armen in Kairo, manche werden auch reich.

Fatih Mutawali ist Teilhaber einer Müll- und Recyclingfirma. „Was ist hier denn so schlimm? Wir stehen für Fortschritt, Recycling, Umweltschutz. Und wir sind das beste Beispiel für Globalisierung." Er zeigt auf den mannshohen Kessel, in dem die geschredderten Plastikflaschen ausgekocht werden, und deutet auf die abgepackten Säcke in der Ecke: „Das Zeug geht nach China oder Vietnam. Die machen aus unserem Plastikabfall wieder Kleider, Teppiche und Lappen. Das hilft der Umwelt." Der Mann spricht von Globalisierung und Umweltschutz, und die Menschen neben ihm leben mit den Schweinen und dem Müll unter einem Dach. Offenbar geht das für ihn zusammen.

Süddeutsche Zeitung vom 7./8./9.04.2007

M17 Sie müssen für ihre Bande sterben

Das Aufnahmeritual ist brutal. „Alles beginnt damit, dass du erst mal von den anderen richtig verdroschen wirst", erzählt der 14-jährige Juan. Wer zur Jugendbande *Mara Salvatrucha* (MS) gehören will, wird 13 Sekunden lang von den anderen Bandenmitgliedern getreten und geschlagen. Danach werden dem Neuankömmling die Initialen „MS13" in die Haut geritzt. Diesem Tattoo folgen weitere, bis der ganze Körper voll davon ist. Tätowierungen stellen eine der wichtigsten Ausdrucksformen der Maras dar.

Schätzungen zufolge tragen bis zu einer halben Million Jugendlicher in Mittelamerika die Initialen ihrer Clique auf dem eigenen Körper. Zwei Drittel von ihnen sind zwischen 16 und 21 Jahre alt. Manche haben jedoch noch nicht einmal das 10. Lebensjahr erreicht und handeln schon mit Drogen, führen bewaffnete Raubüberfälle bis hin zu Auftragsmorden aus. Ist man erst einmal Mitglied, beginnt sich die Spirale der Gewalt ohne Unterlass zu drehen. „In einer Bande siehst du viel. Wie junge Kerle Menschen töten und dafür Ruhm ernten. Du beginnst ganz jung auch zu töten. Als ich das erste Mal jemanden umbrachte, hatte ich noch Angst. Danach mordete ich immer mehr, wie besessen und in blinder Wut", bekennt der 18-jährige José Ezequiel aus Honduras. In dem mörderischen Kampf gegen rivalisierende Gangs löschen sich die Bandenmitglieder gegenseitig ihre noch jungen Leben aus. „Ich habe in letzter Zeit 24 meiner besten Freunde in der Clique verloren. Ursprünglich waren wir 250 Mann stark. Jetzt gibt es nur noch 30, die draußen und in der Bande sind. Der Rest ist tot oder im Gefängnis", berichtet Melvin.

Die größten und gefährlichsten Straßengangs sind die *Mara Salvatrucha* (MS) und *die Mara Dieciocho* (M18). Sie treiben vor allem in El Salvador, Guatemala und Honduras ihr Unwesen, terrorisieren die Bevölkerung und haben ganze Stadtviertel unter ihre Kontrolle gebracht.

Pater Greg Boyle betrachtet die Maras als Gruppen „trostloser Jungs, die nichts als ihr Elend teilen. Die meisten würden ihre Waffen liebend gern gegen einen sicheren Job eintauschen." Es ist kein Spaß, Marero zu sein. „Man wird eine völlig kalte Person, man fühlt sich leer und willenlos. Die ständigen Drogen machen dich völlig gefühlskalt. Am Anfang macht das alles noch Spaß, man ist dabei, hat Freunde und spürt die Zusammengehörigkeit. Da macht man alles, was verlangt wird. Aber wenn du später einmal nicht mehr alles mitmachen willst, dann töten dich deine eigenen Leute", beschreibt Isaac die dunklen Seiten der Straßenbanden. Die Gang erlaubt den Ausstieg nur bei der Hinwendung zu einer Kirche oder bei der Familiengründung.

Thomas Zeller, in: PROVO 2/2006, S. 8

Als Dalit zur Welt gekommen

M18

Philip Prasad lernte als Kind rasch, was es bedeutet, zu den Bhangis zu gehören. Es bedeutete in seinem Dorf selbst unter den Dalits, den „Unberührbaren", noch ganz unten in der sozialen und religiösen Hierarchie zu stehen. Denn die Bhangi-Frauen sind dazu verurteilt, die Fäkalien der übrigen Dorfbewohner einzusammeln und abzutransportieren. Um den Lohn dafür zu erhalten, musste Philip Prasad abends zusammen mit seiner Großmutter von Haus zu Haus gehen und um Essensreste betteln. Sein Vater war Pfarrer der Presbyterianischen Kirche, aber auch die Zugehörigkeit zu einer Kirche brachte kein Ende der Diskriminierung, nicht in der Gesellschaft und nicht einmal in der Kirche.

So war es schon fast eine Revolution, dass Philip als einziges Bhangi-Kind seines Dorfes die Grundschule besuchen durfte. Es wurde ihm aber nicht erlaubt, neben den anderen Kindern zu sitzen, sondern er wurde auf einen Haufen Kuhdung in eine Ecke des Klassenraums platziert. Nur Intelligenz und Fleiß und die Hilfe von Missionaren ermöglichten es Prasad, von der Ecke im Klassenraum zur Oberschule und dann sogar zum Studium in den USA zu gelangen, wo er 1962 zum Pastor ordiniert wurde. Gemeinsam mit seiner amerikanischen Frau legte er Geld zurück, um es für die Evangelisationsarbeit in seiner Heimatregion einzusetzen.

Als sie mit dem Bischof der protestantischen Kirche in Agra über ihre Missionspläne unter den Dalits sprachen, schlug dieser vor, sie möchten ihr gespartes Geld der Diözese übergeben, die werde sich dann schon um die Evangelisationsarbeit kümmern. Die beiden hatten sich ihr Missionsengagement für die unterdrückten Dalits so nicht vorgestellt und entschlossen sich, selbst die Dorfbewohner zu sammeln, die zu den aufgelösten Kirchengemeinden gehört hatten. Und tatsächlich fanden sich im Heimatdorf von Philip Prasad und den Nachbardörfern viele, die sich noch an einige Lieder und Gebete erinnerten.

Es bildeten sich von Mitte der Achtzigerjahre an rasch neue Gemeinden, denen sich viele Dalits anschlossen. Es entstand die „Ländliche Presbyterianische Kirche", die mittlerweile etwa 570 000 Mitglieder hat, und jedes Jahr werden es bis zu 100 000 mehr. Andere indische Kirchen reagieren auf die neu entstandene Dalit-Kirche mit Nichtbeachtung.

In diesen Kirchen selbst gibt es große Spannungen zwischen den Christen, die aus höheren Kasten stammen, und den Dalits, die nicht länger hinnehmen wollen, dass sie auch in den christlichen Gemeinden diskriminiert werden, obwohl die Vorstellung von Kasten der christlichen Botschaft völlig zuwiderläuft. Dass die großen Kirchen Indiens diese Kirche ignorieren, ist ein Zeichen dafür, welche Brisanz es hat, wenn Dalits ihren Gott als einen befreienden Gott erkennen, einen Gott, der als Dalit auf die Welt gekommen ist und sich auf die Seite der Dalits in aller Welt gestellt hat.

Die Erfahrungen der Sklaverei und Unterdrückung, des Ausschlusses und der Ausbeutung von Dalits haben eine sehr lange Geschichte und erstrecken sich beinahe über drei Jahrtausende. Ihr Körper und ihr Geist weisen immer noch schwärende Wunden auf, die nicht geheilt sind. Physisch und psychisch mit Narben vom Leid von Jahrhunderten übersät, kämpfen sie immer noch um die Selbstbehauptung, während sie nach umfassenderer Menschlichkeit hungern und dürsten. Die Entmenschlichung von Dalits ist für Menschen guten Willens erkennbar. Man darf ihrer Qual und ihren Schmerzensschreien gegenüber nicht taub sein. Wir sind davon überzeugt, dass der Gott der Geschichte ihr Leid sieht und ihre Stimme hört und zum Handeln bewegt wird.

F. Kürschner-Pelkmann, in: Zeitzeichen 11/2005. S. 20–23 i.A.

M19

Von der Magd zur Herrin

Schätzungsweise 80 000 bis 90 000 philippinische Frauen arbeiten in Hongkong. Sie haben wenig Freizeit, keine Privatsphäre, wohnen in winzigen Zimmerchen. Sie kümmern sich um die Kinder reicher chinesischer, britischer, taiwanesischer oder amerikanischer Geschäftsleute, kochen ihnen Essen, waschen deren Kleider, schrubben die Kloschüsseln, sie ersetzen die arbeitenden Karriere-Frauen dieser boomenden Stadt, die nur wenig Zeit haben für Familie. Die *filipinas* sind billig und weit weg von ihrem eigenen Zuhause, weit weg von den eigenen Kindern. Sie arbeiten im reichen Hongkong für einen Lohn, der auf den Philippinen die ganze Familie ernährt – und der auch noch reicht für die andere Frau, die sich währenddessen zu Hause um die eigenen Kinder kümmert.

Frauen ersetzen Frauen. Weltweit und dem Sog des Geldes folgend. Philippinerinnen wechseln in Israel die Windeln fremder Kinder, Mexikanerinnen putzen die Häuser des kalifornischen Mittelstands, Polinnen füttern die Alten in Deutschland, Peruanerinnen kümmern sich um Haushalte in Spanien, Chinesinnen sprechen Han-Chinesisch mit den Kindern reicher New Yorker Geschäftsleute. Frauen sind zunehmend gefragt auf dem globalen Arbeitsmarkt. 30 Prozent der philippinischen Kinder sollen mittlerweile schon Eltern haben, die im Ausland arbeiten. Das sind allein hier acht Millionen Kinder. Meist gehen die Mütter. Sie lassen Kinder zurück, die sie nur alle paar Jahre sehen, weil sie sich einen Flug nach Hause nicht öfter leisten können. Was bleibt, ist eine Fernerziehung, ein paar Ermahnungen und Ratschläge per Fax, Telefon oder Brief, während sie sich um fremde Babys kümmern.

So funktioniert das, was die Soziologin Arlie Hochschild die globale Fürsorgekette nennt. Eine Mutter in Hongkong hat einen Job und stellt eine Frau von den Philippinen ein. Diese wiederum stellt während ihrer Abwesenheit eine ärmere Frau aus Manila ein, die auf ihre Kinder aufpasst. Die Kinder dieser Frau wiederum werden dann versorgt von der ältesten Tochter der Familie, die so nie eine Chance auf Ausbildung bekommen wird. Es ist eine gigantische Verschiebung von Frauen, ein globales Geschacher mit Ersatzmüttern, Dienstmädchen und Altenpflegerinnen von Süd nach Nord und von Ost nach West. Immer Richtung Reichtum.

Süddeutsche Zeitung vom 8.3.2007, S. 2

Brasilien – Wasser für die arme Landbevölkerung

M20

Der Sertão ist ein mehrere hundert Kilometer breiter Trockengürtel im Nordosten Brasiliens. Eine kleine Oberschicht missbraucht das knappe und wertvolle Wasser als Machtinstrument, indem sie die Verteilung der Wasserressourcen kontrolliert. Großgrundbesitzer eignen sich die Gebiete mit Wasservorkommen an und lassen dort mit öffentlichen Mitteln Sammelbecken bauen, zu denen die Bevölkerung kaum Zutritt erhält. Vor allem die große Masse der armen Landbevölkerung leidet unter diesen Verhältnissen, die mit einer skandalös schlechten Wasserqualität einhergehen.

Um diese Abhängigkeit der Bevölkerung zu verringern, beteiligt sich die Bewegung zur gemeinschaftlichen Organisation MOC am „Eine Million Zisternen-Programm", das von einem breiten Netzwerk regionaler Organisationen getragen wird. Innerhalb von fünf Jahren sollen für eine Million Haushalte Regenwassertanks gebaut werden, die die Familien mit ausreichend Wasser zum Trinken und Kochen versorgen können.

Das gesammelte Wasser stammt vom eigenen Hausdach und wird über Regenrinnen in die Zisterne geleitet. Material und Know-how für den Bau des Tanks wird den Familien zur Verfügung gestellt. Ein Prozent der Kosten müssen sie im Laufe von 50 Monaten zurückzahlen. Auch bei der Errichtung der Zisterne ist Eigeninitiative gefragt. Der Bauer Nelson Gonçalves Nunes ist mit Begeisterung bei der Arbeit, weiß er doch, dass sein Einsatz ihm selbst zugute kommt: „Die Zisterne wird unser Leben verändern." 30 Stunden im Monat verwendete seine Familie bisher darauf, von weither Wasser zu holen, die in Zukunft für den Lebensunterhalt eingesetzt werden können.

Innerhalb von zwei Jahren wurden einige Tausend Wassertanks installiert und der Gesundheitszustand der Bevölkerung hat sich erheblich verbessert. Der Anteil der Menschen mit Durchfall- und Wurmkrankheiten ist inzwischen verschwindend gering. Die Kinder können regelmäßiger die Schule besuchen, da sie nicht mehr so häufig erkranken. Parallel zu den Baumaßnahmen führt MOC Fortbildungen durch, damit die Zisternenbesitzer lernen, die Tanks sauber und instand zu halten. Aber auch Formen der Wasserbehandlung, Gesundheit, Ökologie und Bürgerrechte sind Inhalt der Schulungen. Die Gemeindemitglieder sollen darin gestärkt werden, sich selbst zu organisieren, ihre Rechte wahrzunehmen und gegenüber den Gemeindeverwaltungen einzufordern …

Brot für die Welt (Hrsg.): Wasser für alle – eine globale Herausforderung. Stuttgart 2003. S. 69

M21 „Ein Kind, das heute verhungert, wird ermordet."

Herr Professor Ziegler, in Ihrem neuen Buch „Das Imperium der Schande" sprechen Sie von einer Refeudalisierung der Welt. Was meinen Sie damit?

In den letzten Jahrzehnten sind auf der Erde unglaubliche Reichtümer entstanden, der Welthandel hat sich in den letzten 12 Jahren mehr als verdreifacht, das Welt-Bruttosozialprodukt fast verdoppelt. Zum ersten Mal in der Geschichte der Menschheit ist der objektive Mangel besiegt und die Utopie des gemeinsamen Glückes wäre materiell möglich. Und gerade jetzt findet eine brutale, massive Refeudalisierung statt. Die neuen Kolonialherren, die multinationalen Konzerne – ich nenne sie Kosmokraten – eignen sich die Reichtümer der Welt an. Diese neue Feudalherrschaft ist 1000 Mal brutaler als die aristokratische zu Zeiten der Französischen Revolution.

Wie funktioniert diese Feudalherrschaft im 21. Jahrhundert?

Die Legitimationstheorie der Konzerne ist der Konsensus von Washington. Danach muss weltweit eine vollständige Liberalisierung stattfinden: Alle Güter, alles Kapital und die Dienstleistungsströme in jedem Lebensbereich müssen vollständig privatisiert werden. Nach diesem Konsensus gibt es keine öffentlichen Güter wie Wasser. Auch die Gene der Menschen, der Tiere und Pflanzen werden in Besitz genommen und patentiert. Alles wird dem Prinzip der Profitmaximierung unterworfen. Dabei setzen die Konzerne zwei Massenvernichtungswaffen ein, den Hunger und die Verschuldung. Das Resultat ist absolut fürchterlich. Die Hungerzahlen steigen in absoluten Zahlen immer weiter an. Letztes Jahr sind nach dem Welternährungsbericht jeden Tag 100.000 Menschen an Hunger oder seinen unmittelbaren Folgen gestorben, alle 5 Sekunden ist ein Kind unter 10 Jahren verhungert. Und dies, obwohl die Weltlandwirtschaft schon heute – ohne Gentechnik, etc. – problemlos 12 Milliarden Menschen ernähren könnte, wie derselbe Bericht feststellt. D.h., es gibt keinerlei Fatalität für die Massenzerstörung der Welt. Ein Kind, das heute an Hunger stirbt, wird ermordet.

Was muss passieren, um diese mörderische Entwicklung zu stoppen?

Zuerst muss die theoretische Legitimation dieses Systems, der Konsensus von Washington, die Ökonomisierung der Natur, diese Wahnidee muss zerstört werden. Dann muss der Aufstand des Gewissens, ein Sozialaufstand, gegen die kosmokratische Minderheit, die die Welt beherrscht, organisiert und durchgesetzt werden. Denn diese kannibalische Weltordnung von heute ist das Ende sämtlicher Werte und Institutionen der Aufklärung, unter denen wir bisher gelebt haben, das Ende der Grundwerte, der Menschenrechte. Entweder wird die strukturelle Gewalt der Konzerne gebrochen. Oder die Demokratie, diese Zivilisation, wie sie heute in den 111 Artikeln der UNO-Charta oder im Deutschen Grundgesetz fixiert ist, ist vorbei und der Dschungel kommt. Es ist eine Existenzfrage.

Sie plädieren also für einen weltweiten Aufstand gegen die Macht der Konzerne. Sehen Sie dafür Ansätze?

Es gibt heute drei historische Kräfte, die zu mobilisieren sind: Die Utopie, die Scham und die Schande. Die Utopie, dass die Schaffung des gemeinsamen Glücks heute möglich ist. Die Scham, die eine Mutter in Nordostbrasilien empfindet, wenn sie Steine kocht, damit ihre Kinder beim Kochgeräusch einschlafen können, obwohl es wieder nichts zu essen gibt. Und die Schande, die wir empfinden, wenn wir mit ansehen müssen, wie Menschen gefoltert werden oder verhungern. Diese Macht der Schande muss mobilisiert werden bei uns, die wir die stillen Komplizen dieser mörderischen Weltordnung sind.

M21

Was kann der Einzelne tun? Kann er dazu beitragen, die strukturelle Gewalt der Konzerne zu brechen?

Wer in einer Demokratie lebt, insbesondere einer westlichen, kann alles tun, um diese mörderische Weltordnung zu brechen. Ein Beispiel: Die Schuldknechtschaft der Dritten Welt, d.h. die Strukturanpassungsprogramme, etc., wird verwaltet vom IWF, dem Internationalen Währungsfonds. Bei den halbjährlichen Generalversammlungen des IWF in Washington ist auch der deutsche Finanzminister dabei. Er hat großen Einfluss, denn Deutschland ist die drittgrößte Wirtschaftsmacht des Planeten. Brasilien hat nach der Statistik der Regierung 44 Millionen schwerst permanent unterernährte Menschen, knapp ein Viertel der Einwohner, obwohl es ein reiches Land ist. Aber aus 18 Jahren Militärdiktatur und von fünf neoliberalen Präsidenten hat der jetzige Präsident Lula, von dem ich sehr viel halte, einen Berg von Auslandsschulden von 242 Milliarden Dollar geerbt. Diese Auslandsschulden verschlingen einen großen Teil der mit Exporten gewonnenen Devisen. Damit hat er objektiv keine Möglichkeit, sein Programm „Fame Zero" gegen den Hunger im Land zu finanzieren. Seit zwei Jahren versucht er deswegen mit dem IWF über ein Moratorium der Schulden zu verhandeln und stößt dabei auf eine Betonwand. Die deutsche Öffentlichkeit, die Presse, die Parlamentarischen Institutionen, jeder Bürger mit seinem Wahlzettel könnte dem deutschen Finanzminister sagen: Wir wollen, dass du beim IWF für das Schuldenmoratorium Brasiliens stimmst, weil wir nicht wollen, dass brasilianische Kinder weiter an schwerster Unterernährung leiden. Das geht! In der Demokratie sind die Mittel vorhanden, um diese Weltordnung umzustoßen und die Menschenrechte durchzusetzen.

Das Gespräch führte R. Willinger. Erweiterte Version des Interviews aus der Germanwatch-Zeitung 4/2005. Aus: Ökumenisches Netz Bayern (Hrsg.): NETZ-Info 2006/2. S. 17-19 i.A.

VI. Gerechtigkeit: „Eine Welt ohne Armut ist möglich“ – Die Frage nach Gerechtigkeit als sozialethisches Thema

Theologische und didaktische Aspekte

Die Texte dieses Bausteins sind Teil der sozialethischen Debatte um soziale Gerechtigkeit in den deutschen Kirchen und Theologien. Sachgerecht beginnen deshalb der erste, kirchlichen Dokumenten gewidmete Teil mit einer ökumenischen Herausforderung und der zweite, theologisch-wissenschaftliche Teil mit einem kurzen textlichen Überblick über die Geschichte der ökumenischen Diskussion zum Thema. Die deutsche Christenheit und mit ihr deren Theologien sind eine Provinz der ökumenischen, auf den Erdkreis bezogenen Gemeinschaft christlicher Kirchen. Ohne diesen Bezug bleiben christliche Theologien in Deutschland perspektivlos. Soziale Gerechtigkeit in welchem Kontext auch immer zu lernen, ist zugleich ökumenisches Lernen, und die Frage nach sozialer Gerechtigkeit beinhaltet immer schon eine grundsätzliche Zustimmung zur ökumenischen Bewegung in ihren unterschiedlichen Gestalten: Die in unterschiedlichen sozialen und politischen Kontexten wie in verschiedenen Konfessionen lebende weltweite Christenheit ist einander verpflichtet. Neutestamentliche Bilder, die dies anschaulich machen, sind beispielsweise das Bild des „Leibes“ (1 Kor 12) oder des „Hauses der lebendigen Steine“ (1 Petr 2) für die christliche Gemeinde.

Die Auswahl der Positionen von Kirchen und christlichen Gruppen und der Positionen aus evangelischen Theologien, die ich in den Materialien getroffen habe, ist subjektiv und parteilich: Sie ist orientiert an dem Ziel sozialer Gerechtigkeit, die – biblisch unterrichtet – sich an „denen unten“ zu orientieren hat, an ihrer Würde und ihrem Glück. So finden sich zunächst Texte aus der kirchlichen Diskussion und anschließend fast ausschließlich solche aus der evangelischen Theologie. Eine an Texten orientierte Wissenschaftsgeschichte der Sozialethik strebe ich weder an noch scheint sie mir didaktisch sinnvoll. Es geht um eine – meine – Auswahl von Texten, die zudem konfessionell eingeschränkt ist, da sie angesichts der Fülle von Publikationen zum Thema im Wesentlichen evangelisch-theologische Texte dokumentiert – nur hin und wieder kommen auch katholische Stimmen zu Wort. Insgesamt soll deutlich werden, was christliche Ethik auszeichnet und in besonderer Weise für die Frage nach sozialer Gerechtigkeit entscheidend ist: der Zusammenhang von Gerechtigkeit und Barmherzigkeit, der bereits die biblischen Traditionen bestimmt. Es kommt darauf an, „love in structures“ zu üben, d.h. ungerechte Strukturen zu verändern. Und zugleich müssen „die Opfer des Systems verbunden werden“, auch wenn diese diakonische Praxis die Strukturen nicht verändert. Beide Perspektiven sind nicht gegeneinander auszuspielen. Es ist dies die doppelte Aufgabe, die Bonhoeffer zu seiner Zeit als Basis politischer Ethik gegenüber dem nationalsozialistischen Staat einforderte, wenn er metaphorisch formulierte, es reiche nicht, die Wunden derer zu verbinden, die unter die Räder kommen, sondern es komme darauf an, dem Rad in die Speichen zu greifen.

Schließlich folgen einige wenige Hinweise auf Alternativen zum herrschenden System, die soziale Gerechtigkeit zu realisieren suchen.

Intentionen

- Die Sch. sollen die Entwicklung der ökumenischen Diskussion zum Thema soziale Gerechtigkeit kennenlernen und wahrnehmen, dass die deutsche Christenheit Teil der Ökumene, die deutschen Theologien Teil der ökumenischen Debatte und dieser gemeinschaftlich verpflichtet sind.
- Die Sch. sollen den ökumenischen Kontext der deutschen Diskurse als Herausforderung erkennen können.
- Die Sch. sollen Positionen zur sozialen Gerechtigkeit aus dem Raum der Kirchen wie der (insbesondere evangelischen) Theologien kennen und verstehen, wiedergeben und sich damit auseinandersetzen können.

- Die Sch. sollen den Zusammenhang von Gerechtigkeit und Barmherzigkeit kennen lernen und kritisch diskutieren können.
- Die Sch. sollen sich an Hand der Texte eine eigene sozialethische Position erarbeiten können.
- Die Sch. sollen Alternativen zur Erfahrung von und zum Leiden unter sozialer Ungerechtigkeit kennen und diskutieren sowie sie auf andere Situationen übertragen lernen.

Unterrichtsideen/Verlaufsplanung/Projektideen

1. Die ökumenische Herausforderung der Kirchen

Literatur zur Vorbereitung

K. Wilkens, In deiner Gnade, Gott, verwandle die Welt. Porto Alegre 2006. Frankfurt 2007. Insbes. S. 288-293.

Unterrichtsideen

Die Sch. lesen in der Gesamtgruppe die Texte in **M1**, fassen wesentliche Herausforderungen der deutschen Kirchen durch die ökumenischen Stimmen zusammen und diskutieren diese.

L.-Impulse

- Welche Anfragen und Herausforderungen enthalten die zusammengestellten Stimmen aus der Ökumene?
- Sind solche kritischen Anfragen und Herausforderungen anderer Kirchen und Christen an die Kirchen in Deutschland legitim?

2. Stimmen und Projekte aus den Kirchen in Deutschland

Literatur zur Vorbereitung

Gerechte Teilhabe – Befähigung zu Eigenverantwortung und Solidarität. Eine Denkschrift des Rates der EKD zur Armut in Deutschland. Gütersloh 2006.

Zur kontroversen Diskussion der Denkschrift vgl. z. B.: W. Lieb, Diakonie statt Politik. In: zeitzeichen 10/2006. S. 14-16; H. Bedford-Strohm, Quer zu den Dogmen. In: ebd. S. 16-18.

Unterrichtsideen

In arbeitsteiligen Kleingruppen lesen und diskutieren die Sch. **M2–M7** und präsentieren ihre Gruppenergebnisse auf Folien der Gesamtgruppe. Dabei kann die Arbeit an allen Materialien durch Internetrecherchen ergänzt werden (**M2**: www.ekd.de, **M3**: Stichwort: „Franz Kamphaus" in einer Suchmaschine, **M4**: www.basisgemeinde.de, **M5**: www.kda-bay.de, **M6**: www.oikokredit.de, **M7**: Stichwort „Taizé, Kontemplation und Kampf" in einer Suchmaschine). Die Gruppenergebnisse sollen so präsentiert werden, dass in der gemeinsamen Schlussdiskussion die Frage beantwortet werden kann, ob und wie die jeweiligen Texte und Projekte bzw. das persönliche Zeugnis die ökumenischen Anfragen und Herausforderungen wahrnehmen.

L.-Impulse

- **M2**: Skizzieren Sie die Positionen der unterschiedlichen Texte und diskutieren Sie den Begriff der „Gerechtigkeit" in der Denkschrift der EKD. Nehmen Sie Stellung zu dem kritischen Votum von U. Duchrow.
- **M3**: Was fasziniert Sie an diesem Bischof und den Bildern seines Amtes und seiner Kirche? Wogegen beziehen Sie kritisch Stellung?
- **M4**: Können/wollen Sie sich ein solches Leben vorstellen? Was zieht Sie an, was stößt Sie ab? Ist dieses Leben in Ihren Augen evangeliumsgemäß? Vergleichen Sie diesen Text insbesondere mit dem Text aus Südafrika in **M1**.
- **M5**: Informieren Sie sich über diese Initiative im Internet. Halten Sie diese Initiative für sinnvoll: was spricht dafür, was möglicherweise dagegen?
- **M6**: Informieren Sie sich zusätzlich über Mohammed Yunus, den Friedensnobelpreisträger 2006. Was unterscheidet die Mikrokreditbanken von „normalen" Banken? Wie bewerten Sie diese Differenzen? Würden Sie Geld in eine Mikrokreditbank investieren? Begründen Sie Ihre Antwort.
- **M7**: Diskutieren Sie, wie in diesem persönlichen Zeugnis Kampf und Gottesdienst in Beziehung gesetzt wird. Welche Beziehungen sehen Sie zwischen gesellschaftlichem und politischem Engagement und Ihrer persönlichen Frömmigkeit?
- Nehmen die unterschiedlichen Texte und Projekte die ökumenischen Anfragen und Herausforderungen wahr und wenn ja, wie?

3. Akzente zur Geschichte der ökumenischen Debatte zur sozialen Gerechtigkeit

Literatur zur Vorbereitung

M. Robra, Ökumenische Sozialethik. Gütersloh 1994.
M. Robra, Überwindung struktureller Gewalt durch mehr Gerechtigkeit. In: Kirchlicher Herausgeberkreis Jahrbuch Gerechtigkeit, Reichtum – Macht – Gewalt. Jahrbuch Gerechtigkeit II. Frankfurt/Oberursel 2006. S. 66-71.
W. Stierle, D. Werner, M. Heider (Hrsg.), Ethik für das Leben. 100 Jahre ökumenische Wirtschafts- und Sozialethik. Rothenburg 1996.

Unterrichtsideen

Die sechs Texte **M8** bis **M13** aus den Jahren 1948 bis 2006, die Vollversammlungs-, Weltmissions- und anderen Konferenzdokumenten des Ökumenischen Rates der Kirchen entstammen und ein Stück ökumenischer Geschichte von Amsterdam bis Porto Alegre dokumentieren, können in Gruppen arbeitsteilig erarbeitet werden. Zum Verständnis hilfreich ist es sicher, wenn die Sch. sich historische Kenntnisse zu den jeweiligen Daten der Konferenzdokumente vergegenwärtigen. In chronologischer Reihenfolge werden sie sodann in der Gesamtgruppe präsentiert und anschließend unter der unten genannten Leitfrage diskutiert.

L.-Impulse

- **M8**: Was meint der Begriff der verantwortlichen Gesellschaft in der Nachkriegssituation 1948? Ist er heute noch ein tauglicher Ansatz?
- **M 9**: Wie wird christliches Urteilen vollzogen? Wie wird das Verhältnis von Kirche und Welt bestimmt?
- **M10**: Diskutieren Sie die im Text deutlich werdende klare Option für die Armen.
- **M11**: Was meint Heil und wie wird eine „heilbringende Kirche" bestimmt?
- **M12**: Diskutieren Sie die These, dass die Option für die Armen Buße und Gericht für die Reichen bedeutet, und fragen Sie nach möglichen Konsequenzen.
- **M13**: Der Text folgt der Struktur „sehen – urteilen – handeln". Welches sind die einzelnen Teile und was wird jeweils ausgesagt? In welcher Weise ist die Form für diesen Text bedeutsam?
- Welche Entwicklung lässt sich aus den sechs Dokumenten der ökumenischen Bewegung erkennen?

4. „Es wird keine Armen unter euch geben."

Literatur zur Vorbereitung

M. Robra, Ökumenische Sozialethik. Gütersloh 1994.
M. Robra, Überwindung struktureller Gewalt durch mehr Gerechtigkeit. In: Kirchlicher Herausgeberkreis Jahrbuch Gerechtigkeit, Reichtum – Macht – Gewalt. Jahrbuch Gerechtigkeit II. Frankfurt/Oberursel 2006. S. 66-71.
W. Stierle, D. Werner, M. Heider (Hrsg.), Ethik für das Leben. 100 Jahre ökumenische Wirtschafts- und Sozialethik. Rothenburg 1996.

Unterrichtsideen

Der Text in **M14** wird zunächst in der Gesamtgruppe erarbeitet: Die religions- bzw. ideologiekritische Perspektive dieses theologischen Textes auf das kapitalistische System wirkt möglicherweise befremdlich auf die Sch.; ebenso die Radikalität der Alternative. Beides bedarf sorgfältiger Diskussion, bildet dieser Text doch gleichsam den für alle Sch. gemeinsamen Ausgangspunkt dieses Abschnittes. Sodann werden die Texte **M15** bis **M19** in Gruppenarbeit zunächst arbeitsteilig, Text **M20** in der Gesamtgruppe, diesen Abschnitt abschließend, gelesen, erarbeitet und diskutiert. Bevor **M20** gelesen und erarbeitet wird, werden die Sch. gebeten, einen fiktiven Brief zu schreiben an einen armen und an einen reichen Zeitgenossen. In diesem Brief sollen sie ihre theologischen Erkenntnisse zusammenfassen und beziehen auf Handlungsoptionen an einen armen und einen reichen Bürger Deutschlands. Anschließend wird der Brief von Bischof Justus Zumkehr an Herrn Scherhalder gelesen und diskutiert; dabei gehen die Sch. von ihren Briefen aus und diskutieren insbesondere Parallelen und Differenzen. Eine Ausstellung aller Briefe kann die Arbeit an **M20** abschließen.

L.-Impulse

- **M14**: Wie verstehen Sie diese quasi religions- bzw. ideologiekritische Analyse des herrschenden Systems? Welchen Gesichtspunkten können Sie zustimmen, welchen nicht? Begründen Sie Ihre Position gegenüber dieser theologischen Stimme. Woher kennen Sie die Alternative: Gott oder Mammon?
- **M15**: Erläutern Sie Raisers Sicht des Zusammenhanges von politischen und sozialen Menschenrechten und biblischem Rechtsdenken und nehmen Sie dazu kritisch Stellung.

- **M16**: Worin liegt die Bedeutung des Sabbat? Erscheint Ihnen der Zusammenhang von Erinnerung und gegenwärtiger Feier bedeutsam? Was bedeutet für Sie „Unterbrechung" oder auch der Slogan der Evangelischen Kirche in Deutschland „Ohne Sonntag gibt's nur noch Werktage"?
- **M17**: Beschreiben Sie den Zusammenhang von Vergewaltigung als politischer Waffe und Frauenunterdrückung als struktureller Sünde, wie sie Gnanadason beschreibt, und nehmen Sie dazu kritisch Stellung. Kennen Sie ähnliche Erfahrungen bei sich oder in Ihrem Umfeld? Ist der Umgang Jesu mit den Frauen ein Modell, das Sie für möglich und wünschenswert halten? Begründen Sie Ihre Position.
- **M18**: Ist „Leidempfindlichkeit", wie sie der katholische Theologe Metz beschreibt, für Sie eine bedeutsame ethische Kategorie? Begründen Sie Ihre Ansicht. Was bedeutet „compassion"? Wie würden Sie diese Lebenspraxis beschreiben? Suchen Sie im Internet nach Schulprojekten unter dem Stichwort „compassion". Nehmen Sie kritisch dazu Stellung.
- **M19**: Teilen Sie die Einschätzung von Teofilo Lucano, dass die europäischen Kirchen vor bestimmten Schlagwörtern Angst haben? Begründen Sie bitte Ihre Einschätzung. Was bedeutet die biblische Einschätzung der Reichen für die Kirchenpolitik, den Dialog mit den Mächtigen und Reichen zu suchen? Begründen Sie bitte ihre Antwort.
- **M20**: Wo liegen die Differenzen zwischen Ihrem/Ihren Brief(en) an die Reichen und denen von Bischof Zumkehr? Diskutieren Sie bitte mögliche Gründe der Differenzen kritisch.

5. Alternativen zum herrschenden Unrecht

Literatur zur Vorbereitung

W. Esterley, Wir retten die Welt zu Tode. Frankfurt 2006.

FIAN (Hrsg.), Wirtschaft global – Hunger egal? Für das Menschenrecht auf Nahrung. AttacBasisTexte 16. Hamburg 2005.

F. Hütz-Adams (Red.), Wachstum zu Lasten der Armen? Armutsbekämpfung und soziale Gerechtigkeit im Zeitalter der Globalisierung. SÜDWIND-Edition Bd. 7. Siegburg 2005.

Th. Löding u.a., Konzern, Kritik, Kampagne! Ideen und Praxis für soziale Bewegungen. AttacBasisText 23. Hamburg 2006.

M. Mies, Globalisierung von unten. Der Kampf gegen die Herrschaft der Konzerne. Hamburg 2002.

Weitere Literatur, Materialien und Ideen: www.attac.de, www.brot-fuer-die-welt.de.

Unterrichtsideen

Ich verzichte hier auf die Dokumentation von Texten, Materialien, Aktionsideen oder Kampagnen. Stichworte sind beispielsweise: fairer Handel, Lidl-Kampagne, alternative Banken, sozialverantwortliche Geldanlagen, Lebensstil, solidarische Ökonomie. Die Sch. finden dazu sehr leicht Materialien, insbesondere unter www.attac.de und den dortigen Links. Die Gesamtgruppe oder arbeitsteilige Gruppen erarbeiten sich hier jeweils ein Thema oder eine Kampagne, diskutieren deren Bezug zum Stichwort „soziale Gerechtigkeit", die Aktionsideen sowie die Frage, ob und, wenn ja, wie sie sich vorstellen können, sich daran zu beteiligen.

L.-Impulse

- Informieren Sie sich mit einer Internetrecherche über eine Kampagne oder Aktionsidee im Kampf für soziale Gerechtigkeit, die Sie besonders interessiert.
- Welche Bezüge hat dies zum Thema soziale Gerechtigkeit?
- Können Sie sich vorstellen, sich an solch einer Arbeit zu beteiligen? Begründen Sie Ihre Antwort.

M1

Voneinander lernen, um die Welt zu einem lebenswerteren Ort zu machen

Am Ende des zweiten Millenniums ist die Welt weit davon entfernt, ein wünschenswerter Ort zum Leben zu sein. In den Entwicklungsländern unserer Welt gibt es zahllose Faktoren, die das Leben für die große Mehrheit der Menschen zu einer wahren Last machen, die während der Dauer des Lebens auf Erden ertragen werden muss. Äußerste Armut, die viele Menschen der elementaren Sozialdienste wie etwa Bildung und medizinische Betreuung beraubt, ist das Los dreier von fünf Menschen, die in der Dritten Welt leben. Und die Situation wird durch die steigende internationale Verschuldung noch drückender. So breiten sich Krankheiten mit alarmierender Geschwindigkeit aus. Politische Unruhen und Bürgerkriege, häufig ausgelöst von ethnischen, ideologischen und ähnlichen Unstimmigkeiten, die sonst ganz normale Lebenswirklichkeiten sind, werden zu ausreichenden Erklärungen für nicht enden wollende Fehden und bittere Leiden.

Und auch die entwickelten Länder sind keine begehrenswerten Orte, um dort zu leben. Die in hohem Maße materielle Entwicklung, die diese Länder charakterisiert, führt zu einem sinnleeren Dasein für die dort lebenden Menschen. Das kommt daher, weil die entwickelte Welt den materiellen Fortschritt zu ihrem Gott gemacht hat und so dem Geist seine ganze Bedeutung nimmt. Die Ergebnisse dieser Vergötterung der materiellen Wirklichkeit sind beim heiligen Paulus im ersten Kapitel seines Briefes an die Römer so gut beschrieben: Hass gegen Gott, der sich in sehr seltsamen Phänomenen wie Teufelsanbetung, Schlechtigkeit und Böses aller Art, erniedrigende Sinnenlust etc. zeigt (vgl. Röm 1,18-32).

Kurz, unsere Welt am Ende dieses zweiten Jahrtausends scheint eine große Krise durchzumachen, die nahezu kein Zeichen der Hoffnung auf eine hellere Zukunft aufweist. Wir scheinen in einer tragischen Situation ohne Ausgang zu leben. …

Wie aufgezeigt wurde, findet sich der Ursprung der Krise in der Tatsache, dass die Menschen die Herrlichkeit des unvergänglichen Gottes eingetauscht haben für eine wertlose Imitation, für das Bild des vergänglichen Menschen (vgl. Röm 1,23). Der Schlüssel zur Lösung der Krise aber liegt in der Botschaft, dass Jesus der Herr ist und dass Gott ihn von den Toten auferweckt hat. Durch diesen Glauben wird die Menschheit gerettet werden (vgl. Röm 10,9).

Obwohl diese Botschaft, wie der heilige Paulus sagt, nun überall in der Welt verkündet wurde: „Ihre Stimme war in der ganzen Welt zu hören und ihr Wort bis an die Enden der Erde" (Röm 10,18), sendet der Herr immer noch Prediger in die ganze Welt: „Darum geht… und macht alle Menschen zu meinen Jüngern" (Mt 28,19). Der Herr sendet seine Gläubigen aus den entwickelten Ländern zu allen Nationen, einschließlich der Entwicklungsländer, gerade wie er seine Gläubigen aus den Entwicklungsländern zu allen Nationen sendet, einschließlich der entwickelten. Auf diese Weise wird das Grundgefüge dafür geschaffen, dass wir voneinander lernen können.

Auf der Basis des universalen Gebotes des auferstandenen Herrn an seine Jünger, zu allen Völkern zu gehen, wird die Struktur dafür geschaffen, dass wir voneinander lernen können, um die Welt zu einem lebenswerteren Ort zu machen. Die Universalität dieses Gebotes gilt nicht nur dem Ziel der Evangeliumsbotschaft, sondern sie betrifft auch den Ausgangspunkt der Abgesandten – die Menschen, die ausgesandt werden, um die Evangeliumsbotschaft zu überbringen. Deshalb werden die Gläubigen des afrikanischen Kontinents nachdrücklich aufgefordert, ihre missionarische Rolle zu übernehmen.

Aber es darf gefragt werden: Ganz ehrlich, welche Rolle können die armen, erst kürzlich evangelisierten Nationen Afrikas spielen, besonders in Bezug auf die reichen Länder des jahrhundertealten Christentums?

Aus der konkreten Lebenssituation in entwickelten Ländern sollte ganz klar ersichtlich werden, dass materielle Entwicklung an sich nicht der Schlüssel zu echter menschlicher Freude und Erfüllung ist und es nicht sein kann. Materielle Entwicklung, die Gott aussperrt, führt stets zu der Situation des „Turms zu Babel", ein Zustand von Spaltungen im Durcheinander, von Missverständnis und unverständlichem Sprachengewirr. Die Evangeliumsboten aus Afrika und anderen Ländern des Südens müssen die entwickelten Länder an diese Evangeliumswahrheit erinnern. Materielle Güter dürfen nicht zu göttlichen Rängen erhoben werden, vor denen die menschliche Würde erniedrigt wird, wie wir es heute erleben.

Mit anderen Worten, Missionare aus der in der Entwicklung begriffenen Welt sollten den entwickelten Ländern helfen, die wahre christliche Demut wiederzuerlangen, die die negativen Auswirkungen einer Entwicklung erkennt, welche Gott ausschließt. Materialismus, Hedonismus, Mangel an Achtung gegenüber dem menschlichen Leben etc. sind einige Konsequenzen der Entwicklung ohne Gott. ...

Zuerst sollte darauf hingewiesen werden, dass einige der Theologen und Prediger in der entwickelten Welt es sehr schwierig finden, die Evangeliumsbotschaft in ihrer Gesamtheit weiterzugeben. Sie neigen vielmehr dazu, die Botschaft zu kompromittieren, damit sie sich besser in die Strömungen der Welt einfügt. Ein solcher Kompromissgeist ignoriert das Gebot des Herrn: „und sie (alle Nationen) zu lehren, **alles** zu befolgen, was ich euch geboten habe".

Polycarp Kardinal Pengo, Dar es Salaam, in: Groß, E./König, K. (Hg.): Religiöses Lernen der Kirchen im globalen Dialog, Münster 2000, 586-589 i.A.

M2 Die Evangelische Kirche Deutschlands und die Armut

In der unmittelbaren Nachkriegszeit in Deutschland war es möglich, klar und orientiert an der biblischen Tradition selbstkritisch festzustellen:

Wir haben es unterlassen, die Sache der Armen und Entrechteten gemäß dem Evangelium von Gottes kommendem Reich zur Sache der Christenheit zu machen. (Fünfte These des „Darmstädter Wortes" des Bruderrates der EKD, 1948)

Die EKD-Denkschrift „Gerechte Teilhabe – Befähigung zu Eigenverantwortung und Solidarität. Eine Denkschrift des Rates der EKD zur Armut in Deutschland, Juli 2006" formuliert heute so:

Eine Kirche, die auf das Einfordern von Gerechtigkeit verzichtet, deren Mitglieder keine Barmherzigkeit üben und die sich nicht mehr den Armen öffnet oder ihnen gar Teilhabemöglichkeiten verwehrt, ist – bei allem möglichen äußeren Erfolg und der Anerkennung in der Gesellschaft – nicht die Kirche Jesu Christi.

Im November 2006 fand in Würzburg die Synode der EKD statt, die unter dem Motto stand: „Gerechtigkeit erhöht ein Volk. Armut muss bekämpft werden – Reichtum verpflichtet." Dort haben die Kirchen in Deutschland beschlossen:

Menschen vom gemeinsamen Leben auszuschließen und Teilhabe zu verweigern, ist Sünde vor Gott. Gott traut uns zu, unser Land gerecht zu gestalten und seinen Reichtum zum Wohle aller einzusetzen. In diesem Geist äußern wir uns zur Situation der Menschen in unserem Lande und erwarten, dass Armut bekämpft und Reichtum in die Pflicht genommen wird. In den Armen begegnet uns Christus. Reichtum verpflichtet. Reichtumsvermehrung darf jedoch nicht die Lebensgrundlagen und Teilhabechancen anderer gefährden. Reichtum muss dem Gemeinwohl heute und in Zukunft dienen. … Weltweit faire Chancen eröffnen! Der Reichtum Deutschlands stellt auch international eine Verpflichtung dar. Unser Land muss deutlicher als bisher Beiträge zur Gestaltung der weltweiten Entwicklungspartnerschaft zwischen reichen und armen Ländern leisten. Dazu gehört eine Steigerung der Ausgaben für Entwicklungszusammenarbeit. Der Welthandel und das internationale Finanzsystem müssen so gestaltet sein, dass die Menschenrechte sowie ökologische Standards verwirklicht werden können. Ein faires Regelsystem für die Weltwirtschaft ist nötig.

Einer der Autoren der Denkschrift „Gerechte Teilhabe" erläutert deren Verständnis von Gerechtigkeit. Heinrich Bedford-Strohm schreibt:

Was ist die sozialethische Stoßrichtung des in der Denkschrift vertretenen Verständnisses von Gerechtigkeit? Die Gerechtigkeitsdiskussion der vergangenen Jahre war geprägt von der Auseinandersetzung um die Begriffe „Verteilungs- und ‚Befähigungsgerechtigkeit". Die Denkschrift bezieht in dieser Debatte klar Position, indem sie sagt: Das eine ist ohne das andere gar nicht zu haben. Wenn nur auf Verteilungsgerechtigkeit gesetzt und die Befähigungsgerechtigkeit, also die Eigenverantwortung jedes Einzelnen, vernachlässigt wird, werden Menschen langfristig abhängig von Wohlfahrt gehalten. Deswegen ist ‚Fördern und Fordern' kein absurder Gedanke, sondern diskussionswürdig. Wer meint, durch finanzielle Transfers alleine sei der biblischen Option für die Armen schon Genüge getan, verfehlt die inhaltliche Stoßrichtung dieses aus der lateinamerikanischen Befreiungstheologie heraus entwickelten theologischen Stichworts, das auch von den Befreiungstheologen immer als Beteiligungsoption verstanden worden ist.

Gesellschaftliche Teilhabe lässt sich also nicht auf materielle Teilhabe reduzieren, aber sie setzt selbstverständlich materielle Teilhabe voraus – wie die Denkschrift sehr deutlich betont. Deswegen ist es genauso falsch, die Verteilungsgerechtigkeit nun weitgehend durch die Befähigungsgerechtigkeit ersetzen zu wollen, wie das manche wirtschaftsliberale Konzepte anstreben. Nicht nur setzt die größtmögliche Entwicklung der jeweiligen Fähigkeiten und Potenziale auch materielle Teilhabe voraus – neueste Untersuchungen zum Zusammenhang von Bildungsarmut und materieller Armut zeigen das in aller Deutlichkeit. Auch kostet die Förderung von Befähigungsgerechtigkeit Geld. Ein Sozialstaat, der befähigen will, muss auch in der Lage sein, das Geld für die Programme zur Verfügung zu stellen, mit denen die einzelnen von Armut betroffenen Menschen in die Lage versetzt werden, langfristig ein eigenverantwortliches und von gesellschaftlicher Teilhabe geprägtes Leben zu führen. Schon allein deswegen bleibt eine durch genügend Steuereinnahmen gesicherte Handlungsfähigkeit des Staates wichtig – mit dem Stichwort Steuern ist in jedem Falle eine zentrale Rolle für die Verteilungsgerechtigkeit verbunden.

Die Denkschrift vertritt deswegen ein Verständnis von Gerechtigkeit als „Teilhabe- oder Beteiligungsgerechtigkeit" (Ziffer 60), nach dem Verteilungsgerechtigkeit und Befähigungsgerechtigkeit ‚nicht gegeneinander ausgespielt werden dürfen, sondern einander bedingen' (Ziffer 61).

H. Bedford-Strohm, in: zeitzeichen 10/2006. S. 16–18

Und der Heidelberger Theologieprofessor Ulrich Duchrow kommentiert:

In Deutschland sind trotz aller Rhetorik die Armen nicht mehr Kriterium für das Gemeinwohl. Sie werden durch Hartz IV nicht nur materiell geschädigt, sondern ihrer Würde beraubt. Die Sozialpflichtigkeit des Eigentums (GG Art.14.2) steht nur noch auf dem Papier. Statt die Produktivitätsgewinne in Arbeitszeitverkürzung umzusetzen, werden sie in die explodierenden Kapitalgewinne abgesaugt. Die Steuerpolitik belastet zusätzlich die Arbeitenden und verschenkt Milliarden an die aus Unternehmensgewinnen und Vermögen Reichen. Durch deren kaum bekämpfte Steuerflucht verschuldet sich der Staat noch weiter und nutzt dies zu schrittweisem Sozialabbau. Kurz, die mehrheitsfähigen Parteien lassen sich von den Kapitaleignern erpressen.

Die institutionellen Kirchen haben sich zunehmend dem Zeitgeist angepasst. Sie werden immer mehr Spiegel der Gesellschaft, statt Salz der Erde zu sein. Folgten sie der Bibel, müssten sie sich klar an die Seite der kämpfenden Verlierer und der mit ihnen Solidarischen stellen. Stattdessen entlohnen sie ihre Beschäftigten oft unter den Tarifen im öffentlichen Dienst.

Was die Kirchen tun sollten? Dem neoliberalen System Energie entziehen durch Entlarvung der Mythen, mit denen es sich zu legitimieren versucht, und durch die Weigerung, in Entlohnung, Geldgeschäften und Konsum systemkonform zu handeln. Dies hieße, das Evangelium so zu predigen und zu leben, dass es „gute Nachricht für die Armen" ist. Bischof Kamphaus sagt das so: „Jesus nachfolgen – mehr braucht die Kirche nicht."

U. Duchrow, in: Publik-Forum 4/2007, S. 32, © Publik-Forum, Zeitung kritischer Christen, Oberursel

M3

„Ich muss nicht den Himmel tragen!"

Herr Bischof Kamphaus, am 3. Mai 1982 hat Papst Johannes Paul II. Sie zum Bischof von Limburg berufen, am 16. Juni 1982 wurden Sie durch Kardinal Joseph Höffner geweiht. Sie haben sich damals einen Wahlspruch ausgesucht: „Evangelizare pauperibus – den Armen das Evangelium verkünden". Wie sind Sie auf dieses Wort gekommen?

Ein ganz starkes Motiv war die Erfahrung des Krieges. Ich war, als der Krieg ausbrach, sieben Jahre alt, und das, was ich im Laufe des Krieges erlebt habe und wie ich gelebt habe, mit wie wenig ich ausgekommen bin, das hat mich das ganze Leben über begleitet. Aber dann kamen Erfahrungen, die diese Armut mit dem Evangelium zusammenbrachten. Da hat mich vor allen Dingen ein Priester geprägt, der Religionsunterricht gab an der Schule, die ich besuchte. Er hat oft über das einfache Leben und über die Armut in der Nachfolge Jesu erzählt. Das hat mich sehr angesprochen. Sicher spielt auch eine Rolle, dass ein Onkel von mir Franziskaner gewesen ist. Der hat mich auch stark motiviert. Und alles Brimborium, die feierlichen Dinge und so, da sehe ich wenig Zukunft in der Kirche. Ich sehe die Zukunft der Kirche darin, dass wir einfach sind, einfach werden und dass uns gerade dieses einfache Leben näher zu den Menschen führt. Eine große Robe mit allen Insignien von Macht und Feierlichkeit ist ja eher hemmend im Kontakt mit anderen, jedenfalls für mich. Die Mitra ist immer etwas von den bischöflichen Insignien gewesen, an die ich mich auch in 25 Jahren nicht gewöhnen konnte.

Ich verstehe Ihre Äußerungen jetzt auch vor dem Hintergrund der Tatsache, dass da im Moment die Papst-Kirche sich immer sehr prunkvoll inszeniert und die Medien diese farbige Selbstinszenierung sehr gerne abbilden, weil sich das viele Leute gerne angucken. Aber Sie sagen, das ist eigentlich nicht das Richtige?

Das ist nicht meine Welt. Ich urteile darüber nicht. Andere mögen das anders machen. Aber ich frage mich immer, wie würde Jesus das heute machen? Und ich kann mir nicht gut vorstellen, dass er in einem großen Auftritt versuchen würde, die Leute umzustimmen und in die Nachfolge zu holen. Ich bin eher der Meinung, dass er auf kleinere, überschaubare Gruppen setzen würde, wo man in Augenhöhe miteinander spricht und auch einander hilft und beisteht.

Sie waren jetzt mehr als drei Mal sieben Jahre Bischof, fast 25 Jahre. Sie haben ein Bischofskreuz getragen, das aus dem Holz einer alten Eiche geschnitzt ist, die auf Ihrem elterlichen Bauernhof in Lüdinghausen im Münsterland mal ein Türsturz war. Sie werden Ihr Bischofskreuz ja nicht an den Nagel hängen, sondern als Altbischof werden Sie es bei Gelegenheit immer wieder mal tragen. Wenn Sie jetzt an der Schwelle zurückblicken, was war Ihr größter Erfolg als Bischof?

Als Erstes fällt mir ein: „Erfolg ist keiner der Namen Gottes" (Martin Buber). Erfolg ist im Evangelium kein Maßstab. Aber zu den gelungenen Dingen gehört aus meiner persönlichen Sicht, dass das Bewusstsein, Weltkirche zu sein, im Bistum Limburg gewachsen ist. Wir haben in den zurückliegenden Jahren und Jahrzehnten eine ganze Reihe von Partnerschaften in aller Welt, in allen Kontinenten geschlossen. Ich sehe das als die große Aufgabe und Chance der Kirche für die Zukunft an, dass wir endlich Wettkirche werden und nicht provinziell hier nur unseren eigenen Kirchturm sehen. Dass dieses Bewusstsein gewachsen ist, darüber freue ich mich.

M3

Sie haben ja schon zu Beginn der Amtszeit ein starkes Zeichen gesetzt im Blick auf Armut. Sie sind nicht ins bischöfliche Palais gezogen, dort konnte eine mehrköpfige Flüchtlingsfamilie einziehen. War das damals Neigung des Herzens oder war das auch eine Art Demonstration?

Nein, das war Neigung des Herzens. Ich habe häufiger gesagt, Armut verträgt keine Reklame. Ich hoffe, dass ich mir treu geblieben bin, selbst in der Befolgung dieses Satzes. Ich hab's jedenfalls nicht bereut, dass ich ins Priesterseminar gezogen bin. So konnte ich in Limburg morgens immer eine Viertelstunde zu Fuß gehen vom Priesterseminar zum Ordinariat, und unterwegs habe ich schon ein Dutzend oder mehr Leute getroffen und „Guten Morgen" gesagt. Dadurch habe ich viele Kontakte mit Leuten in der Stadt, mit einfachen Leuten. Ich kenne die Leute von der Müllabfuhr zum Beispiel oder die Arbeiter der Stadt Limburg, die grüßen schon von Weitem freundlich, und das finde ich auch gut, dass das so ist. Es ist jedenfalls gut, nicht nur in Karossen zu fahren, sondern zu Fuß zu laufen, Wege zu gehen.

Gibt es eine Lebensweisheit, etwas, das Ihnen hilft? Das Sie in schweren Zeiten am meisten aufgerichtet hat?

Ich erzähle mir selbst oft eine Fabel, eine Tiergeschichte. Zwei Vögel sind in der Luft, und der eine Vogel, völlig untypisch, liegt auf dem Rücken und hat seine Beine gegen den Himmel gestreckt. Da kommt der andere Vogel vorbei und sagt: „Du, was ist denn mit dir los? Warum liegst du denn auf dem Buckel und hast deine Beine gegen den Himmel gestreckt?" Da sagt der ganz bedeutungsvoll: „Ja, ich muss mit meinen Beinen den Himmel tragen. Wenn ich die einziehe, stürzt der Himmel zusammen." Er sagt das, und es kommt ein Windstoß, es löst sich ein Blatt vom Baum und fällt raschelnd herunter. Der Vogel erschrickt, zieht, so schnell er kann, seine Beine ein, dreht sich um und fliegt weg. Der Himmel aber bleibt an seinem Ort. Man könnte ja lachen über diesen Vogel, der sich so wichtig nimmt, dass er meint, er müsse den Himmel tragen, und beim ersten Schrecken ist er auf und davon. Daran entscheidet es sich für mich, ob man meint, man müsse selbst alles tragen oder ob man sich getragen weiß. Das ist ein himmelweiter Unterschied, ein anderes Leben, ob man sich getragen weiß oder angestrengt und verzweifelt die Beine ausstreckt. Wer sich getragen weiß, der hat Hände und Füße und Kopf und Herz frei, kann sich anderen zuwenden, findet diese Fabel fabelhaft und dieses Getragensein. Es ist ein Wort in der Komplet, im Abendgebet der Kirche: In deine Hände, Herr, lege ich mein Leben. Das bete ich jeden Abend bewusst, und wenn ich das am Ende meines Lebens auch sagen kann, das wär's.

Interview mit Bischof Kamphaus, in Publik-Forum 2/2007, S. 46–49 i. A., © Publik-Forum, Zeitung kritischer Christen, Oberursel

M4

Vom Reichtum der Armut

Kleiderkammer statt Kaufrausch: Maya Woock lebt in der christlichen Basisgemeinde Wulfshagenerhütten bei Kiel

Ich bin jetzt 18 Jahre alt und ich hab noch nie Geld abgehoben. In der *Basisgemeinde Wulfshagenerhütten* hat keiner eigenen Besitz. Die 70 Menschen, die hier wohnen, teilen alles, was sie haben – wie die ersten Christen Wir leben und arbeiten gemeinsam: Die Erwachsenen in der Hauswirtschaft oder in der Holzwerkstatt. Die Kinder werden nach der Schule im Kinderhaus betreut. Mittags essen wir alle zusammen.

Schon in der Grundschule wurde ich gefragt: „Wieso habt ihr nur einen Fernseher?" oder: „Wieso bekommst du kein Taschengeld?" Das hat mich gestört, weil ich es nicht beantworten konnte. Meine Eltern haben sich ja vor 20 Jahren für dieses Leben entschieden, nicht ich.

Der wahre Schatz ist die Glaubwürdigkeit des Lebens. Für uns ist das ein festes Fundament. Wir können sagen: „Meine Eltern machen was, die reden nicht nur." Der Vater einer Mitschülerin entwirft Panzer. „Er ist kein Mörder, das ist einfach sein Job", sagt sie. Sie rechtfertigt sich für ihn. Das brauche ich nicht. Meine Eltern handeln nach dem, was sie sagen. Gerade im Glauben. Was sie in der Bibel lesen, versuchen sie umzusetzen. Es ist nicht Show.

Ein paar Sachen stören mich aber doch. Dass ich nie Geld in der Tasche hab und alles absprechen muss. Die Leute in der Schule sagen: „Lass uns treffen. Jetzt haben wir schon drei Wochen nichts gemacht." Meine Eltern meinen: „Einmal im Monat reicht." Aber das hat vielleicht nichts mit der Gemeinde zu tun. Wenn man erwachsen wird, will man einfach selbstständiger sein.

Ich mag gern schöne Kleider. Meistens habe ich Glück und finde in unserer Kleiderkammer gebrauchte Sachen, die schick sind und die mir passen. Bei uns gilt die Regel: Was notwendig ist, kauft man. Alles darüber hinaus – weil es einfach nur schön ist – wünscht man sich zum Geburtstag. Bei mir wollen die Großeltern immer ganz viel schenken. Ich habe dann einmal im Jahr ungefähr 50 Euro und suche mir aus, was ich möchte.

Ich hatte schon Phasen, wo ich alles in Frage gestellt habe – auch Gott. Ich frage mich: Wie kann ich überhaupt mit Gott in Beziehung treten, wenn keine eindeutige Kommunikation stattfindet? Viele raten mir: „Du musst auf Zeichen achten." Dafür bin ich oft zu ungeduldig.

Der Besuch des Sonntagsgottesdienstes ist für mich und meine beiden Geschwister Pflicht. Aber das regelt jede Familie anders: Manche Jugendliche kommen phasenweise gar nicht. Ich würde meinen Kindern auch erlauben wegzubleiben – und zugleich das Gespräch nicht abreißen lassen. Sobald etwas gezwungen ist, bringt es nichts.

Wenn ich zweifle, ist immer jemand für mich da. Aber solche Gedanken auszusprechen, muss ich erst einmal schaffen. Bei uns wird der Glaube vorausgesetzt. Ob er bei den Erwachsenen stabiler ist, weiß ich nicht. Ich finde, wir sprechen zu wenig darüber. Nicht aufzugeben – das zeichnet die Gemeinde aus. Ich vergleiche das immer mit einer Ehe: Da ist ja auch nicht ständig alles toll. Aber wenn man zusammenbleibt, kann es auch wieder gut werden.

Nach dem Abi werde ich erst einmal die Gemeinschaft verlassen. Die meisten jungen Erwachsenen von uns verbringen ein Jahr in einem sozialen Projekt im Ausland. Ich denke nicht, dass ich was Großes verpasst habe, weil ich hier aufgewachsen bin. Man kann eigentlich alles ausprobieren, was man will. Ich weiß immer, was schlecht ist – und tue es manchmal trotzdem. Aber wahrscheinlich fühle ich mich dabei ganz anders als die Freunde aus der Schule.

Viele aus meiner Klasse haben mit zwanzig schon alle Beziehungskrisen durchgemacht. Nur ganz wenige wollen heiraten. Die geben schon auf. Das ist für uns nicht so. Ich freue mich aufs Leben. Wenn ich an die Zukunft denke, ist meine Frage nicht: Welchen Beruf wähle ich? Sondern: Was will ich mit meinem Leben machen? Hier zu bleiben wäre zu einfach.

Protokolliert von S. Henning, Publik-Forum 24/2006, S. 23,

Erfolgreiche Solidarität mit Arbeitslosen

M5

Die Aktion „1+1 – Mit Arbeitslosen teilen" (Kontakt: www.kda-bay.de) der *Evangelisch-Lutherischen Kirche in Bayern* hat im Jahre 2006 Spenden in Höhe von 539 186,29 Euro erbracht. Das waren 7,5 Prozent mehr als 2005. Getreu dem Konzept der Aktion wird dieser Spendenbetrag von der bayerischen Landeskirche auf 1 078 372,58 Euro verdoppelt. Mit dieser Summe wurde die Wiedereingliederung von 265 Langzeitarbeitslosen in den Arbeitsmarkt gefördert. Darunter befinden sich 20 Jugendliche, die als besonders schwer vermittelbar galten. Sie werden jetzt in verschiedenen Berufen qualifiziert und erhalten die Chance auf eine fundierte Ausbildung. Seit Beginn der Aktion im Herbst 1993 hat sie 15,255 Millionen Euro an Spendengeldern erbracht. Mit diesem Geld konnten mehr als 5500 Menschen in mehr als 300 Kirchengemeinden, Einrichtungen und Vereinen in ganz Bayern wieder in Arbeit gebracht werden. Nach Ansicht der Initiatoren hat die Aktion nichts von ihrer Aktualität verloren, denn die Lage vieler Arbeitsloser habe sich seit 1993 deutlich verschlechtert.

Publik-Forum 4/2007, S. 18, © Publik-Forum, Zeitung kritischer Christen, Oberursel

M6 Fünfzig Dollar für ein neues Leben

Vor dreißig Jahren galt die Idee noch als völlig verrückt. Frauen in Asien oder Afrika Geld leihen, damit sie Hühner züchten können? Damit sie Feldfrüchte mit einem neuen Fahrrad zum Markt bringen können? Kleinkredite an die Armen seien zu riskant, meinten viele. Inzwischen boomt das Geschäft mit Klein- und Kleinstkrediten. Die Vereinten Nationen haben das Jahr 2005 zum Jahr des Mikrokredits erklärt.

Einer der Pioniere der Mikrofinanzierung ist die ökumenische Entwicklungsgesellschaft Oikocredit. 1975 vom Weltkirchenrat gegründet, sollten Rücklagen der kirchlichen Organisationen, etwa für Rentenzahlungen oder andere langfristige Verpflichtungen, mit ethischem Anspruch, aber dennoch profitabel angelegt werden. Das betont Gerd van Maanen, Mitglied im Aufsichtsrat von Oikocredit, besonders. „Wir brauchten doch ein Instrument für unsere Rücklagen, das der Bergpredigt näher steht als der Wall Street. Aber wenn ich ehrlich bin, zuerst habe ich auch nicht geglaubt, dass Menschen in Afrika Darlehen zurückzahlen würden." Im Jahr ihres dreißigjährigen Bestehens hat die ökumenische Entwicklungsgesellschaft alle Erwartungen bei weitem übertroffen. Oikocredit ist heute der weltgrößte private Geldgeber für Kleinkredite mit einem Darlehensvolumen von rund 200 Millionen Euro, das von 24 000 Mitgliedern und 37 Förderkreisen investiert wurde. Auf Einlagen werden höchstens 2 Prozent Zinsen gezahlt, damit die Kredite zu günstigen Konditionen weitergegeben werden können. Was genau ein Mikrokredit ist, lässt sich nicht festlegen. In einigen Ländern sind es 50 oder 100 Dollar. In Europa gelten 25 000 Euro noch als Mikrokredit. Entscheidend ist, dass die Darlehen Menschen oder Gruppen gegeben werden, die bislang von Banken als nicht kreditfähig eingestuft wurden.

Oikocredit hat sich darauf spezialisiert, weltweit Mikrokreditorganisationen wie zum Beispiel CARD auf den Philippinen zu refinanzieren. Der Gründer von CARD, Aris Alip, erinnert sich noch gut an die Zeit, als ihn alle anderen auslachten und für verrückt erklärten. Er hatte den Traum den Ärmsten der Armen zu helfen. Er wollte Landlosen und Bettlern Kredit für eine selbstständige Existenz geben. „Wir suchen die sterbenden Armen und die hungernden Armen", erläutert Aris Alip sein Konzept. „Wir gehen dahin, wo die Ärmsten sind, in die ländlichen Gebiete, in die Berge, auf die Inseln. Sie kommen niemals zu uns, weil sie zu schüchtern und oft ohne Hoffnung sind. Wir suchen nach ihnen. Das ist es doch, worum es bei Entwicklung geht."

Von zehn Menschen lehnen zunächst sieben den Kredit ab, weil sie Angst und kein Zutrauen zu sich selbst haben, erzählt Aris Alip. Doch er schenkt jedem sein Vertrauen, macht Mut und gibt ihnen fünfzig Dollar. 99,9 Prozent seiner Kredite werden zurückgezahlt und verbessern das Leben der Armen nachhaltig. Angefangen hat Aris Alip vor rund 15 Jahren mit 30 Kunden. Heute hat seine Organisation 150 000 Klienten und viele Nachahmer seines Konzeptes. Die Erfolge sind direkt sichtbar. 60 Prozent der Mitarbeiter von Aris Alip sind inzwischen die Kinder seiner Kunden. Die hatten ihren neuen Verdienst vor allem in die Ausbildung ihrer Kinder investiert und damit den ewigen Kreislauf der Armut durchbrochen.

Die Mikrofinanzierung hat weltweit die Regeln traditioneller Banken ins Gegenteil verkehrt. „Wenn Banken an die Reichen verleihen, geben die Pioniere der Mikrofinanzierung den Armen Kredit", erläutert Sam Daley-Harris, der Direktor der Kampagne für einen Mikrokredit-Gipfel, die Prinzipien des neuen Finanzkonzeptes. „Wenn Banken Männern etwas leihen, geben Mikrofinanzierer es Frauen. Wenn Banken viel Papierarbeit verlangen, geben sie auch Analphabeten Kredit. Wenn Kunden zu den Banken müssen, gehen diese Pioniere zu ihren Klienten." Statt Sicherheiten zu verlangen, versuchen Mikrofinanzinstitutionen die Fähigkeiten von Menschen einzuschätzen. Entscheidend für Erfolg oder Misserfolg eines Projektes sind das Engagement, der Wille, die Darlehen zurückzuzahlen – und das gegenseitige Vertrauen.

Meist sind es Frauen, denen Oikocredit mit Kleinkrediten eine Existenzgründung ermöglicht. Nicht nur aus politischen Gründen, sondern weil Frauen einfach die besseren Kreditnehmerinnen sind und eine deutlich höhere Rückzahlungsquote haben als Männer. „Unsere Erfahrung ist, dass Frauen auch gerade für die Kinder viel mehr Engagement und Einsatz zeigen", sagt Daniel Voigt, Vorsitzender eines Oikocredit-Förderkreises in Berlin.

Trotz ihres weltweiten Erfolges haben die Mikrofinanzierer immer noch Schwierigkeiten zusätzliches Geld von Banken zu erhalten. Aris Alip auf den Philippinen hat inzwischen Konsequenzen gezogen. Seine Mikrokreditorganisation hat eine eigene Bank gegründet, die von den Kunden mit kontrolliert wird. Damit das Geld, das die Armen anlegen, auch wieder an die Armen als Kredit zurückfließen kann. Für UN-Generalsekretär Kofi Annan hat sich die Mikrofinanzierung in vielen Ländern als entscheidendes Mittel gegen Armut und Hunger erwiesen: „Kleine Kredite, Sparkonten, ein bezahlbarer Weg einen Gehaltsscheck nach Hause zu schicken, können den ganzen Unterschied für eine arme Familie machen. Aber Mikrofinanzierung ist keine Wohlfahrt, sondern die gleiche Möglichkeit für arme Familien, die jede andere auch hat." Aris Alip will künftig nicht nur Mikrokredite, sondern auch Mikroversicherungen für Krankheit und Rente zur persönlichen Absicherung anbieten.

Jutta Schwengsbier, in: zeitzeichen 10/2005. S. 16–18 i.A.

M7

Kampf für Gerechtigkeit als Gottesdienst

Paul Löffler, Jahrgang 1931: 1961 bis 1968 war er beim Ökumenischen Rat in Genf für Stadt- und Industriemission tätig. 1969 bis 1974 Dekan und Dozent für Ökumene an der Near East School of Theology in Beirut (Libanon), anschließend Studienleiter der Missionsakademie an der Universität Hamburg und ab 1985 für die ökumenische Arbeit seiner Kirche in Hessen und Nassau verantwortlich. Er lebt jetzt im Ruhestand in Lauenburg/ Elbe.

Die Grundierung meiner spirituellen Orientierung begann in der Studienzeit, jedoch nicht in der Beschäftigung mit Theologie. Damals kam ich über die Industrie- und Sozialarbeit der Gossner Mission in Mainz-Kastell mit der Realität von Arbeiterinnen und Arbeitern in Fabriken, mit den Arbeitsbedingungen in Industriebetrieben und den Realitäten zwischen Kapital und Arbeit in Kontakt. Diese Erfahrungen vertieften sich, als ich 1961 im Zusammenhang mit einer Studie „Menschliche Probleme in der Industrie von Bangalore" die viel dramatischeren Verhältnisse in Indien kennen lernte. Zugleich begriff ich, dass wir es mit globalen Prozessen der Industrialisierung und Urbanisierung zu tun haben, die überall in der Welt vergleichbare Strukturen der Dehumanisierung und der ungerechten Verteilung der Lebenschancen und Güter hervorbringen.

Für mein Glaubensverständnis als Christ verband sich damit eine brisante Entdeckung. Wir sind herausgefordert, die Wertvorstellungen unseres Glaubens auch auf Strukturen zu beziehen und an wirtschaftlichen wie sozialen Strukturen und damit politisch abzuarbeiten. Das war für mich eine aufregend neue Dimension, Konsequenz und Reichweite von Glauben zu verstehen. Aber welche Spiritualität hilft mir dabei, mich beim Tun des Glaubens zu orientieren und meinen Glauben zu nähren?

Aufgewachsen war ich mit einer pietistischen Spiritualität, in der alles um die ganz persönliche Beziehung zwischen mir und Gott in Jesus Christus kreiste. Ihre Ausprägungen in Bibellesen, Andacht und Gebet waren darauf angelegt, das persönliche Lebensverhalten gottgefällig zu gestalten und im Geiste der Liebe Jesu mit den mir verbundenen Menschen umzugehen. Dies war wohl für eine persönliche Lebensgestaltung ausreichend, stieß jedoch da an seine Grenzen, wo ich im vorgegebenen Arbeitstakt in funktional zugeschnittenen Beziehungen mit Anderen Maschinen betätigte. Da reduzierte sich mein christlicher Impuls zu leben auf die Vermeidung eines Fluchs oder den freundlichen Gruß zu Arbeitsbeginn oder, wie es andere eifrigere Christengruppen taten, darauf, am Werkstor Flugblätter zu verteilen mir der Botschaft: „Jesus liebt dich!" Das konnte nicht genügen! Aber woher war eine geistliche Orientierungshilfe zu gewinnen, die mein geistliches Engagement in der Gesellschaft tragen würde?

Damals, 1961 in Indien, entdeckte ich auch zugleich eine andere geistliche Welt. Sie begegnete mir zum Beispiel durch die Person des Laientheologen und Soziologen M. M. Thomas, der sie wiederum selber von unterschiedlichen Orten gesammelt hatte. Auf der Weltkirchenkonferenz 1975 in Nairobi, die sich mit „Strukturen der Ungerechtigkeit und dem Kampf um Befreiung" beschäftigte, nannte er sie „Spiritualität des Kampfes" (Spirituality of Combat). Er stellte die Frage: „Wie können wir einander helfen, unsere Kämpfe (für mehr Gerechtigkeit) so zu führen, dass sie ein Bestandteil unseres Gottesdienstes werden?" Er erinnerte an die Taizé-Gemeinschaft und ihr Streben „nach einer Heiligkeit im Handeln, die Kampf und Meditation vereint". Die Heilige Liturgie hebt beispielsweise die Vergötzung einer Rasse, einer Nation, einer Klasse auf. Die Eucharistie zelebriert die Einheit der ganzen Menschheit schon jetzt.

M7

Das ruft bei mir eigene Erinnerungen wach: Wie die Bibelgeschichte von der Fußwaschung Jesu an seinen Jüngern eine verändernde Wirklichkeit im Schwarzen-Ghetto von New Heaven schaffte, indem ein weißer Kommunalpolitiker den schwarzen Geschwistern öffentlich die Füße wusch. Im pfingstlerischen Gottesdienst in Rio erlebte ich, wie Gewerkschafterinnen ihre betrieblichen Auseinandersetzungen im lauten Gebet vor Gott und die Gemeinde brachten und gestärkt in ihre Kämpfe zurückkehrten. Zu Hause haben mich ökumenische Feiern mit Menschen aus Afrika, mit ihren glaubensstarken Gesängen, mit ihren kämpferischen Fürbitten und klaren Worten gegen Apartheid aufgebaut für mein eigenes Engagement. Solche geistlichen Kraftströme entstehen, wo eine für Gerechtigkeit engagierte Gruppe vor Gott feiert, sich der langen Glaubensgeschichte des ganzen Gottesvolkes auf Erden bewusst wird und an die Visionen erinnern lässt, die unseren Kampf orientieren.

In der großen ökumenischen Bewegung und in ihrem Rhythmus von Feiern und Kämpfen sind auch die Visionen entstanden, die bei den notwendigerweise kleinen Schritten auf den langen Wegen zu etwas mehr und manchmal auch nur gegen weniger Gerechtigkeit die Fernziele beschreiben. Seit der Weltkirchenkonferenz 1968 in Uppsala ist es für mich insbesondere die Vision vom „neuen Jerusalem" gewesen. Mit knappen und fast märchenhaften Strichen skizziert da der Visionär Johannes sein Zukunftsbild von der Gesellschaft: eine offene Stadt ohne Mauern, in die Menschen aus allen Völkern ihre Schätze bringen und miteinander teilen. Da ist auch ein Tempel nicht mehr nötig, weil Gott mit den Menschen wohnt und in besonderer Zuwendung die Tränen aller derer abwischt, die für die Verwirklichung dieser Stadt gelitten haben.

Sicher, dieses neue Jerusalem schaffen wir nicht selbst. Es kommt am Ende als eine Gabe „vom Himmel" herab. Doch es gilt schon jetzt, sich darauf auszurichten.

Viele Jahre lang war ich in meiner geistlichen Orientierung davon ausgegangen, dass wir reale Schritte zur Teilerrichtung des neuen Jerusalem gehen könnten. Seit einiger Zeit bin ich da nicht mehr so sicher, glaube zumindest, dass es ein elend langer Weg wird. Zur Zeit orientiere ich mich daran, dass sich Teile der Vision beispielhaft darstellen lassen, vielleicht nur auf Zeit und nicht mit einem kumulativen Effekt. Aber hier und da blitzt Gerechtigkeit auf.

Es sind mehr Zeichen in Richtung des neuen Jerusalem als Bauteile oder Blaupausen für die himmlische Stadt. Aber diese Zeichen sind auch politisch relevant und verfügen über die Qualität von Orientierungshilfen für wirksame Veränderungen der Gesellschaft.

P. Löffler, in: Rundbrief initiativ der Ökumenischen Initiative Eine Welt im Juni 2006, S. 31f. (www.oeiew.de)

M8

Die Kirche und die verantwortliche Gesellschaft

Sektion III der ersten Vollversammlung, Amsterdam 1948

14. Der Mensch ist geschaffen und berufen, ein freies Wesen zu sein, verantwortlich vor Gott und seinem Nächsten. Alle Tendenzen innerhalb des Staates und der Gesellschaft, die den Menschen die Möglichkeit des verantwortlichen Handelns berauben, sind eine Verleugnung des Willens Gottes über den Menschen und Seines Erlösungswerkes. Eine verantwortliche Gesellschaft ist eine solche, in der Freiheit die Freiheit von Menschen ist, die sich für Gerechtigkeit und öffentliche Ordnung verantwortlich weiß und in der jene, die politische Autorität oder wirtschaftliche Macht besitzen, Gott und den Menschen, deren Wohlfahrt davon abhängt, für ihre Ausübung verantwortlich sind.

15. Der Mensch darf niemals zum bloßen Mittel für politische oder wirtschaftliche Zwecke gemacht werden. Der Mensch ist nicht für den Staat geschaffen, sondern der Staat für den Menschen. Der Mensch ist nicht für die Produktion geschaffen, sondern die Produktion für den Menschen. Für eine Gesellschaft, die unter modernen Lebensbedingungen verantwortlich bleiben soll, ist es erforderlich, dass die Menschen die Freiheit haben, ihre Regierungen zu kontrollieren, zu kritisieren und zu wechseln, dass die Macht durch Gesetz und Tradition verantwortlich gemacht und, soweit wie möglich, auf die ganze Gemeinschaft verteilt wird. Es ist erforderlich, dass wirtschaftliche Gerechtigkeit und die Bereitstellung gleicher Entfaltungsmöglichkeiten für alle Mitglieder der Gesellschaft gesichert werden.

W. Stierle, D. Werner, M. Heider (Hrsg.), Ethik für das Leben. 100 Jahre ökumenische Wirtschafts- und Sozialethik. Rothenburg 1996. S. 33 f.

Theologische Probleme in der Sozialethik

M9

Weltkonferenz von Church and Society, Genf 1966

Erstens: Gottes Handeln gestaltet beständig die Ordnungen menschlicher Macht um, demütigt die Stolzen und Reichen und erhebt die Unterdrückten. Die Kreuzigung Christi ist das letzte Gericht über einen sich selbst schützenden Status quo, und der Ruf der Kirche, das wandernde Gottesvolk zu sein, ist eine beständige Herausforderung an die Sicherheiten dieser Welt. Der Christ ist darum gerufen, ein radikales Nein zu den Machtstrukturen zu sprechen, die den Status quo verlängern und um den Preis der Ungerechtigkeit gegenüber seinen Opfern stärken. Er muss darum auch entsprechend handeln. Es ist besonders seine Aufgabe, sich um einen wirksamen sozialen Wandel zu bemühen. Es könnte seine Aufgabe sein, in diesem Handeln die Buße zum Ausdruck zu bringen, zu der er seine eigene herrschende Gruppe ruft. Nur dann ist er bereit zu dem Zeugnis, das er dem Revolutionär schuldet: Freiheit von Hass, Freiheit zum Aufbau einer neuen Welt, in der auch der Gegner einen gerechten Platz findet; Freiheit von Selbstgerechtigkeit, Freiheit zum Miteinander, das auch revolutionäre Pläne und Macht modifizieren muss; denn auch Revolutionen stehen unter dem Gericht, wenn sie ihre Sache absolut setzen und das letzte Heil versprechen.

Zweitens: Der Christ lebt in der Welt von der Hoffnung auf den endgültigen Sieg Jesu Christi über die Macht dieser Erde. Darum sieht er das Ringen um Gerechtigkeit und echte Menschlichkeit in unserer Zeit unter dem Zeichen dieser Hoffnung. Die Bibel drückt das symbolisch aus durch ihr Reden von einem „neuen Himmel und einer neuen Erde". Weil der Messias, der Gott und Mensch zugleich ist, vom Tode auferstanden ist, in den die pervertierte menschliche Macht ihn geschickt hat, sind Christen gerufen, für die Verwandlung der menschlichen Gesellschaft an jedem Punkte zu arbeiten, in der Hoffnung, dass Gott ihre Arbeit zum Guten wenden werde, ob sie Erfolg oder Misserfolg haben.

Drittens: Das Urteilen der Christen über das, was recht und unrecht, was in den Vielschichtigkeiten des politischen und wirtschaftlichen Wandels menschlich und unmenschlich ist, ist eine Disziplin, die im ständigen Dialog mit den biblischen Quellen, mit der Ansicht der Kirche durch die Geschichte hindurch und heutzutage mit den besten Einsichten der sozialwissenschaftlichen Analyse vollzogen wird. Aber sie bleibt eine Disziplin, die nicht auf ein theoretisches System der Wahrheit, sondern ein Handeln in der menschlichen Gemeinschaft gerichtet ist. Ihr Ziel ist nicht einfach, die Welt zu verstehen, sondern auf die Macht Gottes, die die Welt neu schafft, Antwort zu geben. Der Christ kann sich das Urteil über die Form seines Gehorsams nicht vorbehalten. Er muss in seiner Welt nach bestem Wissen in dem Glauben handeln, dass der Heilige Geist ihn führt, Gottes Willen zu tun. Die christliche Theologie ist nur insofern prophetisch, als sie in reiflicher Überlegung zu erklären wagt, wie Gott an einem bestimmten Ort und zu einer bestimmten Zeit am Werk ist, und so der Kirche zeigt, wo und wann sie an Seinem Werk teilzunehmen hat.

Viertens: In der Welt ist die Kirche dazu berufen, jener Teil der Welt zu sein, der auf Gottes Liebe für alle Menschen Antwort gibt, und so die Gemeinschaft zu werden, in der Gottes Beziehung zum Menschen bekannt ist und verwirklicht wird. Die Kirche ist der Mittelpunkt und die Erfüllung der Welt. Andererseits ist sie die Dienerin der Welt und bezeugt ihr die Hoffnung ihrer Zukunft. Sie ist gerufen, die Gemeinschaft zu sein, in der die Welt ihr zukünftiges mögliches Sein entdecken kann. Wenn sie diesen Auftrag nicht erfüllt und, wie es oft der Fall ist, die Vorurteile der Welt widerspiegelt, ist sie ihrer Berufung nicht treu.

W. Stierle, D. Werner, M. Heider (Hg.): Ethik für das Leben. 100 Jahre Ökumenische Wirtschafts- und Sozialethik. Rothenburg ob der Tauber 1996, S. 47–50

M10 Theologische Probleme in der Sozialethik

Weltkonvokation des ÖRK, Seoul 1990

Grundüberzeugung I: Wir bekräftigen, dass alle Ausübung von Macht vor Gott verantwortet werden muss

Die Welt gehört Gott. Deshalb sollen Art und Weise, in der menschliche Macht und Autorität ausgeübt werden, der Absicht Gottes mit dieser Welt dienen und vor den Menschen verantwortet werden, in deren Namen dies geschieht. Diejenigen, die wirtschaftliche, politische, militärische, gesellschaftliche, wissenschaftliche, kulturelle und juristische Macht ausüben, sollen Haushalter im Namen von Gottes Gerechtigkeit und Frieden sein. In Christus wird die Macht Gottes unübersehbar deutlich. Sie zeigt sich gerade im Leiden als erlösende und mitleidende Liebe, die mit der geschundenen und leidenden Menschheit solidarisch ist. Die so verstandene Macht Gottes befähigt die Menschen, die Botschaft der Befreiung, der Liebe und der Hoffnung, die neues Leben gibt, zu verkünden, Widerstand gegen Ungerechtigkeit zu leisten und die Mächte des Todes zu bekämpfen.

Wir bekräftigen, dass die Art und Weise der Ausübung menschlicher Macht und Autorität unter dem Urteil Gottes stehen und vor den Menschen verantwortet werden müssen. Zu ihr gehört das Recht der Menschen auf volle Mitwirkung. In Christus hat Gott den Sinn der Macht als mitleidende Liebe ein für allemal deutlich gemacht: sie ist stärker als die Macht des Todes.

Wir werden jeder Ausübung von Macht und Autorität widerstehen, die ein Machtmonopol anstrebt und auf diese Weise Veränderungen hin zu Gerechtigkeit, Frieden und Bewahrung der Schöpfung verhindert.

Wir verpflichten uns, die positiv aufbauende Kraft der Basisbewegungen zu unterstützen, die für die Menschenwürde und die Befreiung kämpfen und ein gerechtes und partizipatorisches Regierungs- und Wirtschaftssystem anstreben.

Grundüberzeugung II: Wir bekräftigen, dass Gott auf der Seite der Armen steht

Die Armen werden ausgebeutet und unterdrückt. Ihre Armut ist kein Zufall. Sie ist sehr oft das Ergebnis einer bewusst darauf gerichteten Politik, Reichtum und Macht zu vergrößern. Armut ist ein Skandal und ein Verbrechen. Es ist Gotteslästerung zu sagen, sie entspreche dem Willen Gottes. Jesus ist gekommen, damit wir „das Leben in seiner ganzen Fülle“ (Johannes 10,10) haben. Durch seinen Tod und seine Auferstehung hat Christus die Mächte entlarvt und besiegt, die den Armen ihr Recht auf Leben in seiner ganzer Fülle verweigern (Lukas 4,16-21). Gott steht auf der Seite der Armen. In den Schreien der Armen hören wir die uns herausfordernde Stimme Gottes.

Jene, die die Gesellschaft als die „Geringsten“ behandelt, nennt Jesus seine Geschwister (Matthäus 25,31-46). Wir sehen zwar die Notwendigkeit diakonischer Dienste und dringender Maßnahmen in Notsituationen ein, doch müssen wir heute erkennen, dass die Bedürfnisse der „Geringsten“ nur dadurch befriedigt werden können, wenn die Strukturen der Weltwirtschaft grundlegend verändert werden. Wohltätigkeit und Hilfsprojekte allein können weder die Bedürfnisse der ärmsten Milliarde Menschen befriedigen, deren Mehrheit Frauen und Kinder sind, noch ihre Menschenwürde schützen. Die Lösung für die Schuldenkrise ist eine gerechte Weltwirtschaftsordnung. Umschuldungen reichen nicht aus.

Wir bekräftigen, dass Gott auf der Seite der Armen steht. Wir erklären, dass wir als Christen die Pflicht haben, Gottes Handeln im Kampf der Armen für die Befreiung von uns allen zu unterstützen.

Wir werden allen Kräften, politischen Maßnahmen und Institutionen widerstehen, die Armut verursachen und verlängern oder sie als unvermeidlich und unveränderlich hinnehmen.

Wir verpflichten uns, solche Organisationen oder Bemühungen zu unterstützen, die für die Abschaffung von Ausbeutung und Unterdrückung arbeiten.

W. Stierle, D. Werner, M. Heider (Hg.): Ethik für das Leben. 100 Jahre Ökumenische Wirtschafts- und Sozialethik. Rothenburg ob der Tauber 1996, S. 94-97

Heil und soziale Gerechtigkeit

M11

Weltmissionskonferenz, Bangkok 1973

Viele Christen, die um Christi willen im wirtschaftlichen und politischen Kampf gegen Ungerechtigkeit und Unterdrückung stehen, fragen sich und die Kirchen, was Christsein und wahre Kirche heute bedeuten. Ohne die Erlösung der Kirchen aus ihrer Gebundenheit an die Interessen der herrschenden Klassen, Rassen und Staaten gibt es keine heilbringende Kirche. Ohne die Befreiung der Kirchen und der Christen aus ihrer Komplizenschaft mit institutioneller Ungerechtigkeit und Gewalt kann es für die Menschheit keine befreiende Kirche geben. Alle Kirchen, alle Christen sind gefragt, ob sie allein Christus und seinem Erlösungswerk dienen oder auch noch den Mächten der Unmenschlichkeit (Mt 6,24). Wir trachten nach der charismatischen Kirche, die heilbringende Kräfte in Bewegung setzt (1. Kor. 12). Wir trachten nach der Kirche, die Aktionen für die Befreiung und Unterstützung der Arbeit anderer Befreiungsgruppen anbahnt, ohne auf den eigenen Nutzen zu schauen. Wir streben nach einer Kirche, die nicht nur Zufluchtsort der Erlösten ist, sondern eine Gemeinschaft der in Christi Liebe der Welt dienenden Menschen.

In dem umfassenden Heilsbegriff erkennen wir vier soziale Dimensionen:

1. Das Heil wirkt im Kampf um wirtschaftliche Gerechtigkeit gegen die Ausbeutung des Menschen durch den Menschen.
2. Das Heil wirkt im Kampf um die Menschenwürde gegen politische Unterdrückung durch Mitmenschen.
3. Das Heil wirkt im Kampf um Solidarität gegen die Entfremdung der Menschen.
4. Das Heil wirkt im Kampf um die Hoffnung gegen die Verzweiflung im Leben des einzelnen.

Im Erlösungsprozess müssen wir diese vier Dimensionen zueinander in Beziehung setzen. Ohne politische Freiheit gibt es keine wirtschaftliche Gerechtigkeit, ohne wirtschaftliche Gerechtigkeit keine politische Freiheit. Soziale Gerechtigkeit ist ohne Solidarität nicht denkbar, Solidarität nicht ohne soziale Gerechtigkeit. Es gibt keine Gerechtigkeit, keine Solidarität ohne Hoffnung, keine Hoffnung ohne Gerechtigkeit, Menschenwürde und Solidarität. Indessen gibt es von der Geschichte gesetzte Prioritäten, denen zufolge das Heil in einer Dimension zunächst vorweggenommen wird. Der Ausgangspunkt ist in jeder von uns gestalteten und durchlittenen Situation anders. Wir müssen uns bewusst sein, dass die jeweils vorweggenommene Dimension noch nicht das ganze Heil ist.

Wenn wir realistisch vom Heil sprechen wollen, dann dürfen wir uns der Frage nach den angemessenen Mitteln nicht verschließen. Jede der vier aufgezählten Dimensionen bedarf ihrer besonderen Mittel. Wir werden wirtschaftliche Gerechtigkeit nicht ohne Teilnahme an der wirtschaftlichen Macht und nicht ohne Einsatz wirtschaftlicher Macht verwirklichen können. Politische Freiheit werden wir nicht erlangen können, ohne an politischer Machtausübung mitzuwirken und politische Macht einzusetzen. Kulturelle Entfremdung wird nicht zu überwinden sein, ohne dass wir uns kulturellen Einfluss zunutze machen. In diesem Zusammenhang diskutierten wir über die Anwendung physischer Gewalt zur Befreiung als Gegenmittel gegen unterdrückerische Gewaltanwendung. Die christliche Tradition gibt auf diese Frage keine eindeutige Antwort, denn sie rechtfertigt weder die Gewaltanwendung, noch verwirft sie politische Macht. Jesu Gebot, liebet eure Feinde, setzt Feindschaft voraus. Wir sollen unseren Feinden aber nicht feindselig begegnen, sondern sollen sie von ihrer Feindschaft befreien (Mt 5,43-48). Dieses Gebot untersagt uns brutale Gewaltanwendung und rücksichtslose Missachtung des Lebens. In den Fällen institutionalisierter Gewaltanwendung, struktureller Ungerechtigkeit und legalisierter Unmoral schließt Liebe indessen auch das Recht auf Widerstand ein.

W. Stierle, D. Werner, M. Heider (Hg.): Ethik für das Leben. 100 Jahre Ökumenische Wirtschafts- und Sozialethik. Rothenburg ob der Tauber 1996, S. 126-128

M12

Gute Nachricht für die Armen

Weltmissionskonferenz, Melbourne 1980

1. Das Reich Gottes, das mit Jesus Christus begonnen hat, bringt Gerechtigkeit, Liebe, Friede und Freude und die Freiheit vom Zugriff der Herrschaften und Gewalten, diesen dämonischen Mächten, die menschliche Institutionen und menschliches Leben versklaven und bis in deren Grund durchdringen. Gottes Gericht offenbart sich als eine Umwälzung der Normen, Werte und Strukturen dieser Welt. Im Blick auf das Reich bevorzugt Gott die Armen.

Jesus verkündet am Anfang seiner Tätigkeit, indem er sich auf ein Wort, das dem Propheten Jesaja zuteil wurde, bezieht: „Der Geist des Herrn ist bei mir, darum weil er mich gesalbt hat, zu verkündigen das Evangelium den Armen ..." (Lk 4,18). Diese Ankündigung war nicht neu, denn Gott hatte seine Vorliebe für die Armen durch die ganze Geschichte Israels hindurch gezeigt.

In Jesus identifizierte sich Gott mit den Armen und Unterdrückten, indem er seinen Sohn sandte, damit er als Galiläer lebt und dient - der direkt zum einfachen Volk sprach: der versprach, die zu segnen, die die Bedürfnisse der Hungrigen, der Durstigen, der Fremdlinge, der Nackten, der Kranken und Gefangenen erfüllten; und der schließlich den Tod am Kreuz als politischer Missetäter erlitt. Die gute Nachricht, die der Kirche anvertraut ist, besteht darin, dass Gottes Gnade in Jesus Christus war, der „ob er wohl reich ist, doch um euretwillen arm wurde, auf dass ihr durch seine Armut reich würdet" (2 Kor. 8,9).

2. Armut, wie sie in der Schrift vorkommt, ist Leiden, Verarmung und Unterdrückung. Sie kann aber auch überschwängliche Freude und überströmende Freigebigkeit einschließen (2 Kor. 8,1ff.). Das Evangelium, das der christlichen Kirche gegeben ist, muss diese fortdauernde Sorge Gottes um die Armen neu aufnehmen, denen Jesus den Segen des Reiches zugesprochen hat. Jesu Entscheidung für die Armen wird zu einem Vorbild und zu einer Herausforderung für jeden und zeigt, wie das Reich Gottes zu empfangen ist. Die Armen sind „selig", weil sie sich nach Gerechtigkeit sehnen und auf Befreiung hoffen.

3. Die gute Nachricht für die Reichen bestätigt, was Jesus als Evangelium für die Armen verkündet, indem sie die Reichen aufruft, auf Gott und seine grenzenlose Gnade zu vertrauen. Es ist ein Ruf zur Buße, der bedeutet:

- auf die Sicherheit von Reichtum und materiellem Besitz zu verzichten, die tatsächlich Götzenverehrung ist;
- die ausbeuterische Macht als eine dämonische Erscheinungsform von Reichtum aufzugeben;
- sich von Gleichgültigkeit und Feindseligkeit gegenüber den Armen der Solidarität mit den Unterdrückten zuzuwenden.

4. Das Kommen des Reiches als Hoffnung für die Armen ist deshalb eine Zeit des Gerichts für die Reichen. Im Lichte dieses Gerichts und dieser Hoffnung zeigt es sich, dass alle Menschen weniger menschlich gemacht worden sind. Gerade die Kennzeichnung von Menschen als entweder reich oder arm zeigt sich nun als Merkmal dieses Verlustes an Menschlichkeit. Die Armen, an denen man sich versündigt hat, werden weniger menschlich gemacht. indem sie beraubt wurden. Die Reichen werden weniger menschlich gemacht durch die Sünde, dass sie andere berauben. Das Gericht Gottes kommt so als ein Urteil zugunsten der Armen. Dieses Urteil befähigt die Armen, sich für den Sturz der Mächte einzusetzen, die sie binden. Damit werden die Reichen von der Notwendigkeit zu herrschen befreit. Wenn dies eingetreten ist, dann ist es für die gedemütigten Reichen wie für die Armen möglich, menschlich zu werden und dazu fähig, auf die Herausforderung des Reiches Gottes antworten zu können.

W. Stierle, D. Werner, M. Heider (Hg.): Ethik für das Leben. 100 Jahre Ökumenische Wirtschafts- und Sozialethik. Rothenburg ob der Tauber 1996, S. 148-150

AGAPE[5]-Aufruf zur Liebe und zum Handeln

M13

Gott, Schöpfer, durch dich erhalten deine Schöpfung Integrität und die Menschen ihre Würde; Gott, Erlöser und Befreier, durch dich werden wir frei von Sklaverei und Tod; Gott, Heiliger Geist, durch dich werden wir verwandelt und gestärkt. Wir wollen Zeugnis ablegen von deiner Liebe, deinem Leben und deiner verwandelnden Gnade.

Alle: In deiner Gnade, Gott, verwandle die Welt.

Wir sind abgestumpft gegenüber dem Leiden und der Ungerechtigkeit. Auch unter uns befinden sich viele, die unter den Folgen der wirtschaftlichen Globalisierung leiden: Frauen, die missbraucht werden und dennoch für das Leben sorgen; Kinder, denen die elementarsten Rechte verweigert werden; Jugendliche, die wirtschaftlicher Unsicherheit und Arbeitslosigkeit ausgesetzt sind; alle, die unter ungerechten Bedingungen arbeiten; die vielen, die im Netz ungerechter Handelsbeziehungen und Schuldknechtschaft gefangen sind. Es gibt behinderte Menschen und solche, die am Rande der Gesellschaft leben, farbige Menschen, die häufig als erste und am härtesten von der Armut betroffen sind, und die Verstoßenen, die entfremdet sind von ihrem Land und der Erde – auch sie, geschlagen, geplündert und ausgebeutet. Menschen, denen die Lebensgrundlage entzogen wurde, sind auch häufig am anfälligsten für Krankheiten wie HIV/AIDS. Wir bekennen, dass viele von uns es versäumt haben, Solidarität mit ihnen zu zeigen.

Alle: In deiner Gnade, Gott, verwandle die Welt.

Wir erliegen den Versuchungen des Komforts und seiner leeren Versprechungen, wo wir uns eigentlich für die teure Nachfolge Jesu und für Veränderungen entscheiden sollten. Wir werden dazu verleitet, Unterdrückung und Leiden als selbstverständlich hinzunehmen, wo wir eigentlich an unserer Hoffnung festhalten und für Gerechtigkeit und Befreiung eintreten sollten.

Wir bekennen, dass viele von uns es versäumt haben, auf wirtschaftliche Ungerechtigkeit und ihre zerstörerischen Folgen mit einer klaren Glaubenserklärung und geeigneten Maßnahmen zu reagieren. Wir erliegen den Versuchungen des Materialismus und des Geldes. Wir spielen nach den Regeln der Habgier und finden uns mit politischer und militärischer Macht ab, wo wir uns eigentlich auf die Seite der Armen und der Ausgegrenzten stellen sollten.

Alle: In deiner Gnade, Gott, verwandle die Welt.

Herr, wir bitten dich um Vergebung.

Alle: In deiner Gnade, Gott, verwandle die Welt.

Gott, lass für unsere wirtschaftlichen Strukturen die gleichen Regeln gelten wie für deinen Haushalt des Lebens, in dem Liebe, Gerechtigkeit und Gnade regieren. Lass uns vor Veränderungen und der Suche nach Alternativen keine Angst haben. Lass uns für Gerechtigkeit eintreten, indem wir uns den destruktiven wirtschaftlichen Kräften entgegenstellen, und indem wir mit Hoffnung das Gnadenjahr des Herrn verkündigen, den Erlass der Schulden, die Freiheit für die Gefangenen und Ruhe für den Boden. Lass uns an der Verwirklichung einer Wirtschaft der Liebe und der Solidarität arbeiten.

Alle: In deiner Gnade, Gott, verwandle die Welt.

5 Das griechische Wort „agape" steht im Neuen Testament für Nächstenliebe. Es ist hier zugleich die Abkürzung für ein Programm des Ökumenischen Rates der Kirchen: „Alternative Globalisation Addressing People and Earth".

M13

Herr, sende uns hinaus, für die Erde zu sorgen und alles zu teilen, was für ein Leben in Gemeinschaft notwendig ist; alles Lebensfeindliche zu bekämpfen und anzuprangern, unsere Nächsten zu lieben und Gutes zu tun, so dass es dort, wo der Tod war, Leben geben wird. In deiner Gnade, Gott, hilf uns, die Akteure deiner Verwandlung zu sein und deinen Aufruf zu hören, mutig zu handeln.

Alle: Gott, unser Schöpfer, möge die Kraft deiner Gnade uns verwandeln, Christus gib uns Mut und Hoffnung, unser Leben miteinander und mit der Welt zu teilen, Heiliger Geist, stärke uns, damit wir im Dienst der Menschen und der Erde für Gerechtigkeit eintreten können. In deiner Gnade, Gott, verwandle die Welt. Amen.

In dem Geist dieses uns alle verbindenden Gebets fordern wir einander auf, den Mut zum Handeln aufzubringen. Der AGAPE-Aufruf lädt uns ein, gemeinsam für die Umgestaltung wirtschaftlicher Ungerechtigkeit einzutreten und uns auch weiterhin in Reflexion und Analyse mit den Herausforderungen der wirtschaftlichen Globalisierung und dem Zusammenhang zwischen Reichtum und Armut auseinanderzusetzen.

K. Wilkens (Hrsg.), In deiner Gnade, Gott, verwandle die Welt. Porto Alegre 2006. Frankfurt 2007. S. 289–291

M14

Ideologie und Religion des Mammonismus

Die „Diktatur des Geldes" scheint naturgegeben und kommt in ideologischer und religiöser Hinsicht völlig zwanglos „postmodern" daher: *Anything goes*. Es ist die liberalste Diktatur, die es je gab. Die Ideologie des Mammonismus besteht aus drei einander perfekt ergänzenden Teilen, die alle drei ihre Wurzeln in der Aufklärung haben:

- der Neoliberalismus mit seinem Menschenbild des homo oeconomicus und seinem Mythos von der „unsichtbaren Hand" des Marktes, die die ungenierten Egoismen der einzelnen Akteure auf wundersame Weise in das Gemeinwohl verwandelt, wenn man sie nur ließe (d.h. deregulierte),
- der Utilitarismus mit seinem ebenfalls reduktionistischen Bild vom Menschen als Interessenträger und seinem Ziel, die implizit quantifizierbar gedachte und in Geldwerte übersetzbare Summe des 'Glücks' zu maximieren und die des „Leids" zu minimieren,
- der Materialismus und Objektivismus mit seinem wiederum reduktionistischen Menschenbild des genetischen Determinismus und molekularbiologischen Funktionalismus, der das Leben für vollständig erklärbar hält und alles Nutzbare daran patentierbar und privatwirtschaftlich verfügbar macht.

Dieser Ideologie-Komplex des westlichen Modernismus hält sich selbst für antiideologisch per se, in Wahrheit aber stellt er den umfassendsten Atheismus der Geistesgeschichte dar. Seine zivilisationsprägende Suggestion und Wirkungsmacht liegt nicht in seiner Überzeugungskraft, sondern in seiner umfassenden Orientierung auf das Machen des Machbaren sowie auf das kurzfristig und vordergründig Nutzbare.

Von diesem Ideologie-Komplex zu unterscheiden ist ihr integrierender, quasireligiöser Kern, der eigentliche Mammonismus. Es ist die „Religion" der Eingeweihten. Das „Glaubensbekenntnis" des Mammonismus lässt sich in drei Artikeln zusammenfassen:

- Aus Geld muss mehr Geld werden.
- Der Markt mit seiner „unsichtbaren Hand" hat immer Recht.
- Erst wenn es den Reichen gut geht, kann es auch den übrigen gut gehen.

Die volle Wirkungsmacht aber erhält der mammonistische Materialismus und Atheismus erst durch die Konsumreligion, die er für die breite Masse der Käuferinnen und Käufer bereithält. Es ist die Marktreligion, die von der Werbewirtschaft systemkonform gepredigt wird. Ihr verborgener Gott ist der Mammon, aber sie hat ein ganzes Pantheon von Marken-Fetischen kreiert, deren (Götzen-)Bilder – Image genannt – sie unentwegt stilisiert. Nachdem religiös gebildete und vermittelte Wertorientierungen der Einordnung in übergreifende gemeinschaftliche und geschichtliche Zusammenhänge zur Sinnerfüllung menschlichen Daseins im Verfolg der westlich geprägten „Modernisierung" weitgehend verloren gegangen sind, bedient die Marktreligion als Religion des Haben-Wollens mit ihrem Pantheon die unstillbaren religiösen Bedürfnisse des Menschen. Ihr Menschenbild ist der Kunde.

Der beschriebene Ideologie-Komplex und die „Werbereligion" sind gewissermaßen die Software der westlichen Moderne, deren Hardware der wissenschaftlich-technisch-industrielle Komplex mit der ihn antreibenden Eigentumsstruktur ist.

„Ihr könnt nicht Gott dienen und dem Mammon" (Mt 6,24). Mit diesem Wort stellt Jesus die Sache klar. Das galt schon immer, aber mit dem Totalitär-Werden des monetär beherrschten Marktes stellt sich die Frage nach der Bedeutung dieses Wortes neu: Sie wird zur Bekenntnisfrage angesichts der ultimativen Krise, in die die nun globalisierte westliche Zivilisation hineintreibt. Mit Caritas und sozialer Diakonie ist es nicht mehr getan. Sie sind nur besondere Kanäle des „trickle down" mit dem Ziel, dieses auch wirklich bis nach „unten" kommen zu lassen. Verweigerung des Mammondienstes heißt abkoppeln von der Ökonomie der leistungslosen Selbstbereicherung auf Kosten der Armen, heißt Kirche der Armen für die Armen werden. Das Christentum muss nicht nur religiös, intellektuell und sozial, sondern auch alternativ-ökonomisch Gestalt gewinnen.

H.-J. Fischbach: Wollt ihr den totalen Markt? In: forumEB 3/1998. S. 4–13

M15 Konrad Raiser: „Es wird keine Armen unter euch geben"

Als Leitthese soll die Forderung gelten, dass die strukturelle Armut überwunden werden muss. Wichtig ist zunächst die Unterscheidung und zugleich Verknüpfung von politischer Gerechtigkeit im Sinne von Legalität, verdichtet vor allem in der Vorstellung der bürgerlichen Menschenrechte, und sozialer Gerechtigkeit im Sinne der Überwindung des Gegensatzes von Arm und Reich. Beides sind institutionelle und strukturelle Probleme, die daher nicht allein auf der Ebene der ethischen Gesinnung des einzelnen gelöst werden können, sondern Forderungen an die vernünftige Regelung des menschlichen Zusammenlebens stellen. Beide sind unlösbar miteinander verbunden und dürfen nicht gegeneinander ausgespielt werden. „Keine Gerechtigkeit ohne Freiheit, keine Freiheit ohne Gerechtigkeit".

Wenn dies gilt, dann folgt daraus, dass die legal garantierte politische Freiheit allein das Problem der sozialen Gerechtigkeit noch nicht löst. Sie gestattet allenfalls, diesen Konflikt ausdrücklich zum Thema der Politik zu machen. Unterhalb der Grenze der absoluten, strukturell bedingten Armut werden jedoch auch die politisch garantierten Freiheitsrechte nutzlos. ... Eine Gesellschaft, welche die elementaren Bedürfnisse ihrer Glieder auf Nahrung, Kleidung, Wohnung, Gesundheit und Bildung nicht gewährleistet, kann nicht gerecht genannt werden, auch wenn sie den Forderungen der Legalität genügt und die bürgerlich-politischen Rechte respektiert. Dieser Maßstab gilt sowohl national wie im Verhältnis der Staaten untereinander. Die heutige liberale Ordnung der Weltwirtschaft versagt gegenüber diesem Maßstab. Auch hochentwickelte Industrieländer, die sich den Zielen einer sozialen Marktwirtschaft bzw. des Wohlfahrtsstaates verpflichtet haben, sind betroffen durch die Wirklichkeit neuer Armut, deren Ursachen struktureller Natur sind. ...

Unbestreitbar ist der Unterschied zwischen den Strukturen menschlicher Beziehungen in großen und kleinen Gesellschaften. Und es ist kein Zweifel, dass die biblische Tradition, vor allem das Neue Testament, weitgehend im Rahmen der Großfamilie oder der Hauswirtschaft denkt. In diesem Umfeld ist direkte, unvermittelte Zuwendung zum einzelnen Menschen möglich, die in den großen Hochkulturen durch differenzierte, rechtliche und institutionelle Strukturen vermittelt werden muss. Bei genauerem Zusehen zeigt sich jedoch, dass gerade die rechtlichen Ordnungen im Alten Testament verstanden werden wollen als konkrete Gestalt der Liebe. Gott wacht selbst über der Einhaltung der Gemeinschaftsverhältnisse. Er will das Wohlergehen aller Glieder der Gemeinschaft. Daher ist das Recht und das Gebot Gottes nicht so sehr eine allgemeine ethische Norm, nach der im konkreten Einzelfall über Recht und Unrecht entschieden wird. Gottes Recht bezeichnet vielmehr das Geflecht von Gemeinschaftsbeziehungen. Gerecht ist ein Mensch, ein Verhalten, das dem Schalom, dem Wohlergehen aller dient. Daher ist Gottes Recht prägnant Schutzrecht für die armen und schwachen Glieder des Volkes, für die Witwen und Waisen, für die Sklaven und die Fremdlinge. ... Gott zu erkennen, heißt zu erkennen, dass er Recht, Gerechtigkeit und Güte auf Erden schafft. ...

M15

Diese Vorstellung durchzieht ebenfalls die Praxis Jesu. So ergeben sich überraschende Verbindungslinien zwischen der biblischen Redeweise von Gottes Recht und Gerechtigkeit und der sozialen Auslegung der Menschenrechte.

- Gottes Gerechtigkeit zielt auf die gerechte, heile Gemeinschaft des Bundesvolkes. Gott erkennen heißt seinem Recht dienen, der Ordnung der Gemeinschaft entsprechen.
- Gottes Recht ist Schutzrecht für die Schwachen und Armen. Gerade weil Gottes Sorge allen Menschen gilt, richtet sie sich vornehmlich auf die, die unter den Menschen rechtlos sind.
- Die Menschenrechte sind daher als Beziehungsgrößen zu verstehen: Sie bestimmen, was einem Glied der Gemeinschaft gerechterweise zusteht.

Die biblische Tradition kehrt damit die traditionelle Perspektive um, indem sie das Wohlergehen der Gemeinschaft den Freiheitsrechten des einzelnen vorordnet, indem sie den Armen Priorität gegenüber einer abstrakten Gleichheit aller Menschen einräumt. Gewiss sind die biblischen Anordnungen nicht unmittelbar auf komplexe Industriegesellschaften zu übertragen. Dennoch bieten sie nach wie vor entscheidende Anstöße, wie z. B. die Forderung des Schuldenerlasses, über die Bedingungen einer gerechten Gesellschaft heute neu nachzudenken.

K. Raiser in: Carl Friedrich von Weizsäcker, Das Ende der Geduld. „Die Zeit drängt“ in der Diskussion, © Carl Hanser Verlag, München

M16

Fulbert Steffensky: Und siehe, es war sehr gut!

„Du sollst daran denken, dass du Knecht im Ägyptenland warst und der Herr, dein Gott, dich von dort herausgeführt hat mit mächtiger Hand und ausgerecktem Arm. Darum hat dir der Herr, dein Gott, geboten, den Sabbattag zu halten."

Der Sabbat war für das Volk Israel im neuen Land ein Erinnerungstag. Sie sollten nie vergessen, woher sie kamen: aus der Sklavenschaft im fremden Land wo sie ausgebeutet waren und wo ihre Kinder nicht leben konnten. Gott bleut mit dem Gebot des Sabbats dem Volk den Gedanken der Freiheit ein und die Liebe zu ihr. Offensichtlich verrät es die eigene Freiheit so gerne, wie es seinen Gott verrät. Die Erinnerung geht weiter. Das Volk soll an diesem Tag auch an das Glück und an die Schönheit des eigenen Anfangs denken, an die Schöpfung und an das Paradies. Die Erinnerung an den Anfang weckte die Erinnerung an den geheimen Namen, den alle schon vor Gott haben und der einmal offenbar werden soll. Die Anfangserinnerung wurde zur Hoffnung auf das, was einmal werden soll im Reiche der Himmel. Alle Lebensmühe wird dort vorbei sein, niemand wird mehr Beute des anderen, und die Königswürde von allen wird offenbar werden. Und so trat man am Sabbat aus der Mühsal der Gegenwart. Die Menschen spielten das, was sie einmal seien werden: Freie im Lande der Freiheit; Söhne und Töchter dieses Gottes, der das Reich der Güte errichtet hat. Man arbeitete nicht an diesem Tag, wie es die Knechte tun, denn man spielte schon den Entronnenen. Man aß weißes Brot und trank Wein, und man sang Lieder, als ginge das Leben schon. In diesem Vorspiel war die Zeit des wahren Lebens schon angebrochen, und kein Leben kommt, das nicht vorgespielt und vorfabuliert wurde.

„Eines Tages wird es sein!" – das ist die Sehnsucht und die Drohung der Leute, die mehr brauchen, als die Gegenwart ihnen bietet. Mensch ist man, solange man nach dem Land der Freiheit Ausschau hält und solange man sich nach ihm sehnt. Nur da ist nichts mehr zu erwarten, wo nichts mehr erwartet wird. Da ist nichts mehr zu erwarten, wo man sich für den hält, den alle kennen – für den kleinen jüdischen Arbeiter, der seine Familie kaum ernähren kann; für die Frau, die in der Mühsal des Lebens ihre Kinder aufzieht. Da ist nichts mehr zu erwarten, wo man sich nicht mehr als Sohn und Tochter aus dem anderen Land begreift, das man schon feiert mit Brot und Wein und Liedern. Die Christen feiern diese Freiheit im Gedächtnis an die Auferweckung Christi an einem anderen Tag, am Sonntag. Aber wir feiern das Gleiche, die Erinnerung an den guten Anfang des Lebens und die Vorwegnahme jenes ganzen Lebens, das jetzt noch verhüllt ist. Welche Schönheit liegt in der Feier des Sabbats oder des Sonntags! Welche Kühnheit, der gegenwärtigen Lebensplage, dem knechtischen Leben mit dem Sonntag sein todgültiges Recht zu bestreiten; sich die Poesie der Lieder und der Gebete zu erlauben; andere Kleider anzuziehen und zu essen und zu trinken und damit den zu spielen, der man erst werden wird! Die anderen Kleider und das andere Verhalten waren nicht nur Äußerlichkeiten, sie waren der Hinweis auf den Geist der Sache. Eine störrische Größe hatte jene alte Zeit, in der der Sabbat oder der Sonntag beachtet wurde. Die Menschen entzogen sich trotz der Armut und der Kargheit jener Zeit dem Diktat des Funktionierens. Die Zeit und die Kräfte der Menschen und der Tiere lagen brach, sie brachten keinen Profit. Für einen Tag verweigerten sich die Menschen dem Reich der Zwänge. Sie nahmen die ihnen zugedachte Würde vorweg. Dieser Tag hob die Unterscheidung von Herr und Knecht und von arm und reich auf.

F. Steffensky: Schwarzbrot-Spiritualität. Stuttgart 2005. S. 156–159 i.A.,

Aruna Gnanadason: Frauenunterdrückung ist Sünde

Auch in der Bibel wird der Eva-Mythos, der den Fall des Mannes und den Verlust des Paradieses begründet, durch das strikte Festhalten am Bericht der Erschaffung von Mann und Frau (Gen 2,7ff.) und durch das Herunterspielen des späteren priesterschriftlichen Berichts (Gen 1,26ff.) verfestigt. Solche Mythen haben die Grundlage für die theologische Basis der kirchlichen Verteufelung der Frauen für Jahrhunderte geliefert. Die ersten Kirchenväter ließen in ihren Verlautbarungen u.a. folgendes verbreiten, um die Frauen von allen kirchlichen Leitungsfunktionen auszuschließen:

> Frauen, ihr seid das Einfallstor des Teufels. Ihr habt den vom Weg abgebracht, den der Teufel nicht direkt anzugreifen wagte. Es ist euer Verschulden. dass der Sohn Gottes hat sterben müssen; ihr solltet immer in Trauer und Lumpen gehen. (Tertullian)
>
> Adam wurde durch Eva zur Sünde verführt und nicht Eva durch Adam. Es ist nur würdig und recht, dass die Frau jenen als Herrn und Meister akzeptiert, den sie zur Sünde verleitet hat. (Ambrosius)
>
> Die Frau ist ein krankes Eselsweibchen, ein abscheulicher Bandwurm, ein Vorposten der Hölle. (Johannes von Damaskus)

Kein Zweifel, Frauen leiden am schlimmsten unter der unsicheren, krisengeschüttelten Wirtschaftssituation und unter der militaristischen Kultur. Mehr und mehr wird deutlich, dass Gewalt gegen Frauen, sei es in der Familie oder in der Gesellschaft, politischer Natur ist. Das ist ein Symptom des Militarismus, der die Gesellschaft durchdringt. Es ist eine grundlegende Realität, dass Frauen in Indien während ihres ganzen Lebens in irgendeiner Weise diskriminierende Praktiken erleben müssen. ... Die Frau ist gefangen in einem Teufelskreis der Gewalt, der ständig versucht, ihr Sein auszubeuten und zu zerstören. Im indischen Kontext ist die Vergewaltigung eine politische Waffe, um rebellische Frauen zu unterdrücken: Ein komplexes Zusammenspiel der Kräfte eines ungleichen sozioökonomischen Systems und der Institution des Patriarchats entwickelt eine Ideologie und ein Wertsystem, um sich zu verbreiten. Ideologie und Wertsystem werden durch den heimtückischen Sozialisationsprozess und durch strukturelle Formen der Gewalt in Institutionen wie dem Gesetz, den Medien und der Familie, die die sozialen und ökonomischen Verhältnisse und Rollen bekräftigen, weitertradiert. Individuelle persönliche Gewalt gegen Frauen, wie Vergewaltigung und das Töten von Frauen wegen zu kleiner Mitgift, widerspiegeln daher nur die strukturelle Gewalt unserer Gesellschaft, die Bedingungen erzeugt, die in sich destruktiv sind. Frauenunterdrückung und Gewalt gegen Frauen haben in entscheidendem Maße eine kulturelle, psychologische, materielle und soziologische Basis.

Frauen haben begonnen, ihren Weg zur Sonne auf einen neuen Tag hin zu gehen. Eine zwar kleine, aber überzeugte Gruppe von Frauen innerhalb der Kirche Indiens und anderen Teilen Asiens hat begonnen, die Bibel in einer wissenschaftlichen Weise neu zu lesen, die der Frauenbefreiung und der Befreiung der Menschen generell verpflichtet ist. Diese Erfahrung ist die Grundlage für die Bewusstseinsbildung. Dem ist hinzuzufügen, dass asiatische Frauen die Bibel mit ihrem eigenen Bewusstsein der Unterdrückung als asiatische Frauen oder als Dritt-Welt-Frauen verstehen müssen. Das macht die Aufgabe doppelt schwierig, aber ebenso herausfordernd.

M17

Asiatische Theologinnen entdecken aus ihrem kulturellen Erbe neue Konzepte vom Antlitz Gottes. Die Gleichzeitigkeit der weiblichen und männlichen Prinzipien im Konzept der *Ardhanariswara*, wo Gott halb Mann, halb Frau ist, ist ein Schritt in diese Richtung. In Asien kann das Antlitz Gottes in verschiedenen Bildern entdeckt werden, sogar im Bild der Frau aus einem Slum, die ihr neugeborenes Baby in den Armen hält und mit mutigen Augen in eine leere Zukunft schaut, mit der Entschlossenheit, dass sie und ihr Kind leben werden.

Die Wiederentdeckung ihres biblischen Erbes hat Theologinnen dazu geführt, aus der Jesusbewegung, die eine nicht-hierarchische Gemeinschaft von Gleichgestellten war, Kraft zu schöpfen. Sünderinnen, Prostituierte, Bettlerinnen, Steuereintreiber, rituell Befleckte, Krüppel und Verarmte bildeten zur Mehrheit die NachfolgerInnen Jesu. Dies sind die Letzten, die die Ersten geworden sind, die Hungernden, die gesättigt worden sind, die Nichteingeladenen, die eingeladen worden sind. Und viele von diesen waren Frauen.

Jesus verschwendet keine Zeit damit, zu versuchen, die weibliche Rolle durch eine neue Würdigung der alten Aufgaben aufzuwerten. Im Gegenteil, er schafft eine Alternative. Die Freiheit der Frau in Christus schließt deshalb im Kern ihre Freiheit vom Herrschaftssystem ein, das ihre Persönlichkeit durch die Gefangennahme ihrer Weiblichkeit erniedrigt. Die christlich-feministische Sichtweise führt automatisch zur Kritik der historisch-kulturellen Traditionen, die den Frauen eine falsche und verdrehte Vorstellung ihrer Körper, ihrer Fähigkeiten, ihrer Rolle, ihrer Verantwortlichkeiten, ihrer Würde und ihres Schicksals gegeben haben. Jede Frau ist aufgerufen, sich als Person und als Frau zu wandeln, nicht indem sie eine glückliche Sklavin wird, die die von der Gesellschaft geforderte Unterordnung als Segen sieht, sondern als ein Individuum, das ebenso mit menschlicher Würde und erlösender Kraft ausgestattet ist wie ihr männliches Gegenüber. Frauen haben erkannt, dass sie Kraft und Macht von einem Gott herleiten, der eine deutliche Vorliebe für diejenigen hat, die diskriminiert werden.

Leidenschaft und Solidarität. Theologinnen der Dritten Welt ergreifen das Wort. Luzern 1992, S. 115-125 i.A.

Compassion: Leidempfindliche Weltverantwortung

Jesu erster Blick galt nicht der Sünde der Anderen, sondern dem Leid der Anderen. Die Sünde war ihm nicht zuletzt Verweigerung der Teilnahme am Leid der Anderen, war ihm Weigerung, über den dunklen Horizont der eigenen Leidensgeschichte hinauszudenken, war ihm, wie das Augustinus genannt hat, „Selbstverkrümmung des Herzens".

Diese elementare Empfindlichkeit für das Leid der anderen kennzeichnet Jesu neue Art zu leben. Diese Leidempfindlichkeit hat nichts zu tun mit Wehleidigkeit, nichts mit einem unfrohen Leidenskult. Sie ist vielmehr der gänzlich unsentimentale Ausdruck jener Liebe, die Jesus meinte, wenn er – übrigens ganz in der Tendenz seines jüdischen Erbes – von der unzertrennlichen Einheit von Gottes- und Nächstenliebe sprach: Gottesleidenschaft als Mitleidenschaft, als politische Mystik der Compassion. Ein Christentum, das sich an der Wurzel fasst, bekommt es immer wieder damit zu tun. Wer Gott im Sinne Jesu anerkennt, nimmt die Verletzung der vorgefassten eigenen Interessen durch das Unglück der anderen in Kauf, wie das die Parabel vom Barmherzigen Samariter insinuiert, mit der sich Jesus in das Gedächtnis der Menschheit hineinerzählt hat.

Nun gibt es in der deutschen Sprache kein Wort, das diese elementare Leidempfindlichkeit unmissverständlich zum Ausdruck bringt. „Mitleid" ist kaum mehr unschuldig zu gebrauchen. Es klingt jedenfalls zu gefühlsbetont, zu praxisfern, zu unpolitisch. So verwende ich versuchsweise das Fremdwort „Compassion" als Schlüsselwort für das Weltprogramm des Christentums im Zeitalter der Globalisierung und ihres konstitutionellen Pluralismus der Religions- und Kulturwelten. Und ich verstehe dabei diese Compassion nicht als vages „Mitgefühl" von oben oder von außen, sondern als Mitleidenschaft, als teilnehmende, als verpflichtende Wahrnehmung fremden Leids, als tätiges Eingedenken des Leids der Anderen. Diese Compassion verlangt vorweg die Bereitschaft zu einem Blickwechsel, zu jenem Blickwechsel, zu dem die biblischen Traditionen immer wieder einladen, uns selbst auch mit den Augen der Anderen, vorweg der leidenden und bedrohten Anderen anzuschauen und einzuschätzen. Für diese Compassion gilt der kategorische Imperativ: „Sieh hin und du weißt!" (H. Jonas).

Wo diese Compassion gelingt, beginnt das, was neutestamentlieh das „Sterben des Ich" heißt, es beginnt die Selbstrelativierung unserer vorgefassten Wünsche und Interessen in der Bereitschaft, sich von fremdem Leid „unterbrechen" zu lassen. Es beginnt das, was mit einem ebenso anspruchsvollen wie verstörenden Wort „Mystik" genannt wird. Diese Mystik der Compassion ist in meinen Augen übrigens die typisch biblische Anleitung zur Mystik überhaupt, durchaus zur mystischen Selbstrelativierung, zum „Verlassen des Ich" – aber eben nicht als eine Preisgabe des Ich, nicht als ein Verschwinden des Ich in der gestaltlosen Leere eines subjektlosen Universums, sondern als das immer tiefere Hineinwachsen in einen mystischen Bund zwischen Gott und den Menschen, in dem – anders als in den fernöstlichen Religionen – das Ich nicht einfach mystisch aufgelöst wird, sondern moralisch-politisch beansprucht wird in einer Mystik der Compassion: Gottesleidenschaft, die sich als Mitleidenschaft, als Mystik der offenen Augen erfährt und bewährt.

Diese Mystik der Compassion ist eine durch die Begegnung mit den leidenden Anderen „geerdete" Mystik; gleichzeitig ist sie oft nichts anderes als die angenommene Erfahrung eines „Leidens an Gott", nicht um so den alltäglichen, zuweilen schrecklich „profanen" Leidenserfahrungen noch eine religiöse überzustülpen, nicht um so der öffentlichen Leidensgeschichte der Welt am Ende doch noch eine private religiöse hinzuzufügen, sondern um in dieser Mystik des Leidens an Gott alle unsere himmelschreienden Leiderfahrungen zu versammeln, sie dem Abgrund der Verzweiflung und des Vergessens zu entreißen und zu einer neuen Praxis zu ermutigen. Zu einer neuen Praxis, welche die Schuldfähigkeit und Umkehrbedürftigkeit der Handelnden durchaus einschließt – nicht um so das neue öffentliche Handeln mit politikferner religiöser Romantik sofort wieder zu betäuben, sondern um diesem Handeln die Basis des Hasses und der puren Gewalt zu entziehen.

M18

So wie die theoretische Neugierde als typisch griechische Mitgift für Europa gelten kann und das republikanische Staats- und Rechtsdenken als typisch römische Mitgift, so darf m.E. der Geist der Compassion als die typisch biblische Mitgift gesehen werden für Europa im Zeitalter der Globalisierung und ihres Pluralismus der Religions- und Kulturwelten. In diesem Geist der Compassion zeigt sich die weltberührende und weltdurchdringende Kraft des Christentums. Er schickt die Christen an die Front der politischen, der sozialen und kulturellen Konflikte. In ihm liegt die Wurzel zum Widerstand gegen die Selbstprivatisierung des Christentums in unseren pluralistischen Verhältnissen. Ich erläutere ihn anhand von Beispielen, die die Situation unseres neuen Jahrhunderts berücksichtigen.

Erstens: Dieser Geist der Compassion will Inspiration und Motivation für eine neue Friedenspolitik sein. Fremdes Leid – bis hin zum Leid der bisherigen Feinde – wahrzunehmen und beim eigenen Handeln in Betracht zu ziehen, ist die Voraussetzung einer verheißungsvollen Friedenspolitik in unseren globalisierten Verhältnissen.

Zweitens: Dieser Geist der Compassion kann auch als Anstiftung zu einer neuen Politik der Anerkennung gelten. Es kann in den globalen politischen Verhältnissen heute nicht nur um das Verhältnis der einen Diskurspartner zu den anderen Diskurspartnern gehen, sondern – fundamentaler – um das Verhältnis der Einen zu den bedrohten und ausgeschlossenen Anderen, also auch um das Verhältnis zu den sozialen und kulturellen Opfern der Globalisierung.

Drittens: In diesem Sinne beansprucht der Geist der Compassion auch den Satz von der elementaren Gleichheit aller Menschen. Diese Gleichheit ist biblisch fundiert, und dies vor allem auch in ihrer moralischen Wendung: „Es gibt kein Leid in der Welt, das uns nicht angeht." Das Christentum verweist so öffentlich auf eine Autorität, die allen Menschen zugänglich und zumutbar ist, nämlich auf die Autorität der Leidenden, vorweg der ungerecht und unschuldig Leidenden.

Viertens: Schließlich protestiert diese Compassion gegen einen politischen Pragmatismus, der sich vom Leidensgedächtnis losgesagt hat und so zunehmend moralisch erblindet. Sie ist die Anstiftung zu einer neuen Gedächtnispolitik in Zeiten der kulturellen Amnesie als Widerstand gegen die Vergesslichkeit der modernen Freiheit, die ihr Glück schließlich nur noch auf das mitleidlose Vergessen der Opfer bauen kann.

Entnommen aus: J. B. Metz, Memoria passionis, S. 163–172 i.A.

Ulrich Duchrow: Ein Briefwechsel zwischen Arm und Reich und seine Folgen

Teofilo Lucano
Comunidad Kairos

Bischof Justus Zumkehr
Ev. Landeskirche Terra Nova
Hoffnungsstr. 1
00001 Freudenberg

Sehr verehrter Herr Bischof, lieber Bruder Zumkehr,

... bei den Lutheranern z. B. ereignete sich folgende Kuriosität: Im Sommer 2003 hatten sie ihre Vollversammlung in Winnipeg und verabschiedeten eine respektable Erklärung zur Globalisierung. Die schien dem Deutschen Nationalkomitee des Lutherischen Weltbundes offenbar so brisant, dass es folgende Sätze bei der Publikation der Erklärung wegließ:

„In unseren vielfältigen Lebenssituationen sind wir alle mit denselben negativen Konsequenzen neoliberaler Wirtschaftspolitik (dem sog. „Washington Consensus") konfrontiert, die zu wachsender Not, vermehrtem Leid und größerem Unrecht in unseren Gemeinschaften führen ... Diese falsche Ideologie gründet auf der Annahme, dass der auf Privateigentum, ungezügeltem Wettbewerb und der unabänderlichen Geltung von Verträgen aufgebaute Markt das absolute Gesetz ist, das das menschliche Leben, die Gesellschaft und die Umwelt beherrscht. Hier handelt es sich um Götzendienst. Er führt dazu, dass die, die kein Eigentum besitzen, systematisch ausgeschlossen werden, die kulturelle Vielfalt zerstört wird, instabile Demokratien demontiert werden und die Erde verwüstet wird ... Die weltweiten negativen Auswirkungen der wirtschaftlichen Globalisierung sind in allen Teilen unserer Gemeinschaft spürbar, aber doch besonders im Süden sowie in Mittel- und Osteuropa ... Luther erinnert die Geistlichen auch daran, dass sie verpflichtet sind, verborgenes Unrecht einer wirtschaftlichen Praxis, die die Schwachen ausbeutet, aufzudecken."

Haben wir hier die Schlagwörter dessen, wovor die westeuropäischen Kirchen Angst haben?

1. Haben sie Angst davor, zuzugestehen, dass alle von der neoliberalen Wirtschaftspolitik negativ betroffen sind und dass sie deshalb auch gemeinsam mit dem Süden, der besonders betroffen ist, ein klares Nein dazu sprechen und entsprechend handeln müssten?

2. Haben sie Angst davor, die dahinter stehende Ideologie zu verurteilen, die offenbar ihre gesamte Gesellschaft beherrscht?

3. Haben sie Angst davor, diese Ideologie als »Götzendienst« zu erkennen, was hieße, dass sie gerade als Kirchen Verantwortung übernehmen müssten, ohne diese an die so genannten Wirtschaftsfachleute abschieben zu können?

4. Haben sie Angst, den Götzen beim Namen zu nennen: Privateigentum – nicht im Sinn von Gebrauchseigentum, sondern den um der Vermögensvermehrung willen in den Markt eingebrachten, in Geld gemessenen Tauschwert des Eigentums, das Kapital?

5. Und haben sie Angst davor, die theologischen Quellen ihrer eigenen Tradition als Orientierungshilfe zu befragen: die Bibel und die Reformatoren, deren Hauptanliegen es war, mit der befreienden biblischen Botschaft die kirchliche Manipulation Gottes und der Gläubigen zu bekämpfen?

M19

Die Frage nach den Reichen und ihrer Rolle ist also nicht die Frage nach den Subjekten der Veränderung, sondern gerade nach den Kräften der Blockierung von notwendiger Veränderung. Das hat durchaus praktische Bedeutung. Wenn z.B. die EKD in Deutschland immer gern den Dialog mit den Mächtigen als Weg zu einer Lösung von Problemen empfiehlt und versucht, statt sich klar an die Seite der Unterlegenen zu stellen und mit ihnen gemeinsam zu kämpfen, so ist das bereits ein Zeichen für ihre Gefangenschaft in dem bestehenden Machtsystem. Das Gleiche gilt für den nach wie vor in vielen Kirchen herrschenden Expertenglauben, pseudotheologisch verbrämt mit einer neulutherischen Zweireichelehre („Die Vernunft erkennt die Sachgesetze").
Wenn der springende Punkt die Bereicherung der Reichen ist, welche die Armen verarmt und die Natur zerstört, was ist dann die Alternative? Die Magna Charta der biblischen Ökonomie, die Geschichte der Speisung des Volkes in der Wüste durch geschenktes Manna, beschreibt sie so: »Als sie die Gomer (das sind Gefäße) zählten, hatte keiner, der viel gesammelt hatte, zuviel, und keiner, der wenig gesammelt hatte, zu wenig. Jeder hatte so viel gesammelt, wie er zum Essen benötigte« (Ex 16,18). Das ist die Ökonomie des genug für alle. Diese Ökonomie ist an den Lebensbedürfnissen der Menschen über die Generationen hinweg orientiert, nicht an der kurzfristigen maximalen Akkumulation von Kapital durch möglichst hohe Profite der Kapitaleigner.

Mit Ihnen in Christus verbunden
Ihr Teofilo Lucano

In: Carl Amery (Hg.): Briefe an den Reichtum. München 2005, S. 216–235 i.A.

Landeskirche Terra Nova
Bischof Justus Zumkehr

Herrn
Dr. Felix Scherhalder
Daimlerstr. 10
70567 Stuttgart

Sehr geehrter Herr Scherhalder,

seit einigen Jahren fordern uns die Kirchen aus dem Süden auf, in einem ökumenischen Prozess »Wirtschaften im Dienst des Lebens« nach den Ursachen der Armut in ihren Ländern, aber auch bei uns zu fragen. Sie sagen, dass es bei uns Reichtum und Bereicherung gibt, die arm machen. Deshalb haben wir begonnen, nach gerechtem Wirtschaften zu fragen. Sie sagen, sonst verlören wir das Recht, uns Kirche zu nennen. In diesem Zusammenhang wenden wir uns auch an Sie.

Wir versuchen dies auf der Basis der Bibel zu tun. Das gibt uns eine gewaltige Orientierungshilfe in den komplexen Strukturen und Ideologien der heutigen Wirtschaft und Politik – obwohl das alles weit ins antike Griechenland und den Alten Orient zurückreicht.

In dieser Situation traten in Israel Propheten auf, die daran erinnerten, dass das Besondere am biblischen Gott Gottes klare Parteinahme für die Armen ist. Gott erkennen heißt, den Armen zum Recht verhelfen (Jeremia 22,16) – so wie dies von Anfang an berichtet wird.

Jesus von Nazareth setzt diese Tradition fort. Er ermächtigt, heilt und fördert die Armen auf verschiedenste Weise. In seinem Geist entstehen solidarische Gemeinschaften, in denen das Eigentum geteilt wird und es deshalb keine Armen mehr gibt (Apostelgeschichte 4,32 ff.). Gleichzeitig stellt er die Menschen vor die Entscheidung zwischen Gott und Mammon (Matthäus-Evangelium 6,24). Mammon ist die Bezeichnung sowohl für die ökonomischen Bereicherungsmechanismen wie auch für die Macht in ihnen, die in den Menschen die Gier nach immer mehr erzeugt und die sie auf den so gesammelten Reichtum wie auf einen Gott vertrauen lässt. Die Reichen ruft er zur Umkehr.

Das Beispiel einer solchen Umkehr ist der Oberzöllner Zachäus in Jericho (Lukas 19,1-10). Die Zollpächter in Judäa kollaborierten mit der damaligen imperialen Besatzungsmacht, den Römern. Sie mussten eine bestimmte Summe an diese abführen, hatten aber die Freiheit, für sich selbst mehr aus den Menschen herauszupressen. Das machte sie sehr unbeliebt im Volk. Als Jesus nach Jericho kam, musste Zachäus auf einen Baum klettern, um isoliert vom Volk Jesus dennoch zu sehen. Dieser sah ihn und bot ihm die Tischgemeinschaft an. Als sie in Zachäus' Haus waren, kündigte dieser aufgrund der Freude an der Begegnung mit Jesus an, dass er die Hälfte seines Vermögens den Armen geben und denjenigen, denen er zu viel Zoll abgenommen hatte, den Schaden vierfach wieder gutmachen werde. Das ging weit über die übliche Armensteuer hinaus und bedeutete gleichzeitig die Entscheidung, die üblichen wirtschaftlichen Praktiken zur Bereicherung aufzugeben und durch sie zugefügtes Unrecht wieder gutzumachen – mehr als gesetzlich gefordert.

Die Apostelgeschichte des Lukas (Kap 4,32 ff.) beschreibt dieses freiwillige Teilen des Eigentums, so dass es keine Armen mehr gibt, als die normale Praxis von allen, die Eigentum haben und zur urchristlichen Gemeinde gehören wollen.

Es gibt allerdings auch mehrere Geschichten, die zeigen, dass Reiche nicht bereit sind, ihr Eigentum zu teilen und deshalb Jesus nicht nachfolgen, z. B. Lukas 18, 18-30. In diesem Zusammenhang sagt Jesus: „Wie schwer ist es für Menschen, die viel besitzen, in das Reich Gottes zu kommen! … Was für Menschen unmöglich ist, ist für Gott möglich." Ein Beispiel dieser Möglichkeit ist Zachäus.

M20

Lang und oft genug haben wir als Kirchen diese klaren biblischen Sachverhalte nicht deutlich ausgesprochen und so den Reichen nicht die Wahrheit gesagt. Darum versuchen wir, es nun im Rahmen des ökumenischen Prozesses »Wirtschaften im Dienst des Lebens« zu tun – in Solidarität mit den Armen und in Gemeinschaft mit vielen Christinnen und Christen in Süd und Nord.

Nun, Sie kennen das alles: Die Schere zwischen Arm und Reich öffnet sich immer weiter, die Verarmung der Mehrheit der Weltbevölkerung und die Zerstörung der Natur schreiten dramatisch voran. Und den zentralen Grund dafür kennen Sie auch: eine Wirtschaftsform, deren Hauptziel es ist, den Reichtum von Kapitaleigentümern zu vermehren (Ökonomie des shareholder value). In der Summe zieht das Kapitaleigentum weit mehr aus dem gemeinsam erwirtschafteten Ergebnis als die Arbeitenden und ohnehin die Ausgeschlossenen. Wir leben in einem System, in dem Reichtum arm macht.

Darum rufen wir auch Sie als reiches Glied unserer Kirche auf: Bitte treten Sie mindestens der Initiative „Vermögende für Vermögenssteuer" bei. Darüber hinaus schlagen wir Ihnen vor, durch Selbstbesteuerung den arm Gemachten auf geeignete Weise Wiedergutmachung zu leisten und solche Gruppen und Bewegungen zu unterstützen, die für eine gerechtere Weltwirtschaftsordnung kämpfen. Wir fordern Sie auf, sich aller spekulativen und steuervermeidenden Reichtumsvermehrung zu enthalten und evtl. solchen Beispielen zu folgen, die nicht auf dem Privateigentum an den Produktionsmitteln aufbauen, sondern in denen das Kapital von einer Stiftung verwaltet wird und volle Mitbestimmung der Arbeitenden erreicht ist.

Weiters sind wir der Auffassung, dass – vom biblischen Glauben aus gesehen – auf Ihrem Reichtum nur dann Segen ruht, wenn er geteilt wird. Die Bibel sagt sogar, dass diejenigen, die sich an diesem System der Bereicherung auf Kosten anderer und der Erde beteiligen, unter Gottes Gericht stehen, der mit den arm Gemachten solidarisch ist. Das kann man heute auch ohne Bezug auf Gottes Gericht ausdrücken, indem man darauf hinweist, dass sozial und ökologisch zerstörerisches Handeln in einer globalen Welt auf alle zurückschlägt, auch die Täter (z. B. im Fall der Klimakatastrophe). Wer sich an diesen Mechanismen der Reichtumsvermehrung der Eigentümer beteiligt, ohne sich zu bemühen, selbst daraus befreit zu werden und sie in Richtung auf mehr Gerechtigkeit zu verändern, kann sich nicht Christ in der Nachfolge Jesu nennen. Wer zu Jesus Christus gehören – die Bibel sagt: gerettet werden – will, muss sein Eigentum und dessen Erträge mit den Armen teilen, muss diejenigen, die er durch seine Teilnahme an diesem Wirtschaftssystem geschädigt hat, entschädigen und seine Wirtschaftspraktiken ändern.

Wir verkennen nicht, dass wir alle auf die eine oder andere Weise an diesem Wirtschaftssystem teilhaben. Wir sagen dies auch zu den Gemeinden, die z. B. durch Geldanlagen, die mehr finanzielle Erträge bringen als die realwirtschaftlichen Wachstumsraten erlauben, in ungerechtes Wirtschaften verstrickt sind. Jesus sagt, es ist menschlich unmöglich, dass Reiche ins Reich Gottes kommen. Bei Gott aber ist es möglich.

Wir laden Sie ein, mit Armen und armen Kirchen Kontakt aufzunehmen, sich Gottes Geist zu öffnen, wie die Urchristen ihr Eigentum mit den Armen zu teilen und so zu wirtschaften, dass alle Menschen und die Erde leben können. Wir sind gern bereit, Ihnen Kontakte zu Armen im Süden wie auch bei uns zu vermitteln – ähnlich wie Jesus dem Zachäus Tischgemeinschaft anbot. Wir sind sicher, dass die Freude eines Lebens in gerechten Beziehungen alle Mühen einer Umorientierung weit übertreffen wird.

In der Verbundenheit des Glaubens an Gottes Gerechtigkeit und Barmherzigkeit
Ihr Bischof Justus Zumkehr

In: Carl Amery (Hg.): Briefe an den Reichtum. München 2005. S. 253–257 i.A.

VII. Gerechtigkeit: „Eine Welt ohne Armut ist möglich" – Ein Modell ethischer Urteilsbildung

Theologische und didaktische Aspekte

Christlicher Glaube, die Kirchen und mit ihnen natürlich auch ethische Perspektiven evangelischer und katholischer Theologien müssen sich seit Beginn der Neuzeit auf dem Markt unterschiedlicher Religionen, Philosophien, Ideologien und anderer Anbieter von Sinn behaupten. Die für Europa Jahrhunderte lange Selbstverständlichkeit, dass christliche Normen Gültigkeit haben, ist mit der Aufklärung zerbrochen. Daraus resultiert an Hand konkreter Problemstellungen die Aufgabe induktiver ethischer Urteilsbildung, die intersubjektiv plausibel gemacht werden kann und muss – also ein an Regeln orientierter Urteilsentscheid und nicht lediglich eine deduktive Anwendung von Normen.

Deshalb steht fast am Ende dieses Materials ein allgemeines Konzept ethischer Urteilsbildung, das sich in den letzten Jahrzehnten in unterschiedlichsten Kontexten vielfach bewährt hat; der evangelische Theologe Heinz Eduard Tödt hat es in den 1970er Jahren entworfen, erprobt und publiziert.[6] Die Anwendung des Modells im Zusammenhang der Fragen nach sozialer Gerechtigkeit setzt biblische und kirchen- bzw. theologiegeschichtliche sowie sozialethische Kenntnisse voraus, die in den vorangegangenen Bausteinen erarbeitet wurden. Es nimmt seinen Ausgangspunkt bei konkreten ethischen Problemen und Situationen.

Intentionen

- Die Sch. sollen die Veränderung ethischer Reflexion von Christinnen und Christen, Kirchen und Theologien mit Beginn der Neuzeit kennen und beschreiben und das Modell ethischer Urteilsbildung an Einzelbeispielen einüben können.
- Die Sch. sollen an Hand des Modells ethischer Urteilsbildung ihre Kenntnisse der Bausteine II bis VI aktualisieren, festigen und anwenden können.
- Die Sch. sollen an einem konkreten Problem sozialer Ungerechtigkeit das Modell ethischer Urteilsbildung anwenden können.

Unterrichtsideen/Verlaufsplanung/Projektideen

1. Ethische Urteilsbildung

Literatur zur Vorbereitung

H. E. Tödt, Versuch einer ethischen Theorie sittlicher Urteilsfindung. In: ders., Perspektiven theologischer Ethik. München 1988. S. 21-48.

G. Orth, Vom Garten Eden aus. Schöpfung in Gefahr. Frankfurt 1992. S. 81-87.

6 H. E. Tödt, Versuch einer ethischen Theorie sittlicher Urteilsfindung. In: ders., Perspektiven theologischer Ethik. München 1988. S. 21-48.

Unterrichtsideen

Die Sch. lesen und diskutieren zunächst in **M1** gemeinsam den einführenden Text zur ethischen Urteilsbildung. Sodann erarbeiten sie in sechs Gruppen die einzelnen Schritte ethischer Urteilsbildung, stellen diese in der Gesamtgruppe vor und diskutieren offene Fragen. Anschließend üben sie in Gruppen mit unterschiedlichen Themen in Kurzform das Modell ein, so dass sie erkennen, wie das Modell funktioniert und damit später arbeiten können. Sie ordnen abschließend die bisher erlernten biblischen und kirchen- bzw. theologiegeschichtlichen Materialien den einzelnen Schritten zu.

L.-Impulse

- Welche zentrale Veränderung bedeuten Aufklärung und Neuzeit für die Stellung der Kirchen und für theologisches Argumentieren?
- Erarbeiten Sie in Gruppen die Schritte ethischer Urteilsbildung und stellen Sie sie anschließend in der Gesamtgruppe vor.
- Üben Sie in Kurzform, d.h. pro Schritt ca. 10 Minuten, das Modell ethischer Urteilsbildung ein, so dass Sie sich vorstellen können, wie es funktioniert. Wählen Sie dabei aus folgenden drei Themen jeweils eines aus; z. B. können gewählt werden: Wasserknappheit, Hamburger-Konsum, Obdachlosigkeit.
- Wenn Sie an die bisher erarbeiteten Bausteine unseres Unterrichtes denken, wo in diesem Modell würden Sie die biblischen Texte und ihre Auslegungen, wo das erarbeitete kirchen- und theologiegeschichtliche sowie das sozialethische Wissen brauchen können?

Ethische Urteilsbildung

M1

Mit der Neuzeit wird das Christentum als „Prinzip öffentlicher Ordnung“ (R. Sennett) abgelöst. Christlicher Glaube und mit ihm die jetzt als Konfessionen organisierten Kirchen müssen sich auf dem Markt konkurrierender Überzeugungen einbringen. Dabei wird deutlich, dass das moderne ethische Bewusstsein von Autonomie und damit von der Einsicht bestimmt ist, dass Ableitungen von Handlungsperspektiven aus festgelegten Prinzipien oder zeitlos gültigen Normen weder ausreichend noch angemessen sind. Ausreichend sind sie nicht, weil unsere heutige Lebenswirklichkeit dadurch gekennzeichnet ist, „dass wir sehr viel mehr als frühere Zeiten durch Probleme bedrängt werden, für die es keine konventionellen, sittlich allgemein gebilligten Lösungsmöglichkeiten gibt“ (H. E. Tödt). Dies gilt für Fragen der persönlichen Lebensführung ebenso wie für gesellschaftliche und weltweite Problemsituationen gleichermaßen. Angemessen sind sie nicht, weil sie mit dem modernen, der Aufklärung verdankten Autonomiebewusstsein kollidieren.

Prozesse ethischer Urteilsbildung werden so nötig, die ihren Ausgangspunkt nicht mehr bei feststehenden Normen nehmen, sondern bei den Problemen und ihrem Kontext beginnen, die ethisch reflektiertes Handeln nötig machen. Pointiert hat dies G. Picht einmal so formuliert: „Nicht das Subjekt setzt sich die Aufgabe, sondern die Aufgabe konstituiert das Subjekt.“[7] Nicht ein Individuum und seine Normen und Lebensregeln sind also der Ausgangspunkt für ethisches Urteilen. Vielmehr sind es die ethisch zu bewältigenden Aufgaben, in denen und von denen ausgehend Menschen sich bei ihrer Bearbeitung als (Handlungs-)Subjekte erfahren.

Im Folgenden soll das Konzept ethischer Urteilsbildung, das H. E. Tödt[8] vor Jahrzehnten entwickelt hat und das sich in mancherlei Modifikationen als hilfreich erwiesen hat, vorgestellt werden. Idealtypisch lässt sich der Urteilsverlauf in sechs Schritten darstellen:

- Wahrnehmung, Annahme und Bestimmung eines Problems als eines ethischen,
- Situationsanalyse,
- Erwägung von Verhaltensoptionen,
- Auswahl und Prüfung von Normen, Gütern und Perspektiven,
- Prüfung der ethisch-kommunikativen Verbindlichkeit von Verhaltensoptionen,
- Urteilsentscheid.

Im konkreten Urteilsverlauf werden die Schritte mehrfach und in unterschiedlichen Richtungen durchlaufen; durch ihre wechselseitige Konkretisierung kommt es schließlich zum Urteilsentscheid.

7 G. Picht, Der Begriff der Verantwortung. In: ders., Wahrheit, Vernunft, Verantwortung. Philosophische Studien. Stuttgart 1969. S. 337.
8 H. E. Tödt, Versuch einer ethischen Theorie sittlicher Urteilsfindung. In: ders., Perspektiven theologischer Ethik. München 1988. S. 21-48.

M1

Wahrnehmung, Annahme und Bestimmung eines Problems als eines ethischen

Um mit der wachsenden Zahl von Problemen umgehen zu können, werden diese meist nur als in sich begrenzt wahrgenommen, die technisch, politisch, ökonomisch oder anders, also mit spezifischen Sachkompetenzen zu lösen sind. Ohne das wäre Alltagshandeln auch kaum möglich. In nahezu allen Problemen gibt es auch eine, manchmal verborgene, ethische Dimension. Sie wird wahrgenommen, wenn man das Problem in den Gesamtzusammenhang des Lebens einordnet und wenn es so denjenigen, der sich damit beschäftigt, in seinem Verhalten nun unbedingt angeht. So ist in diesem ersten Schritt – erst recht wenn ein mit anderen gemeinsamer Prozess ethischer Urteilsbildung angestrebt wird – eine präzise Problemwahrnehmung und -beschreibung nötig. Die zu beantwortende Frage lautet: Was ist das Problem und worin liegt seine ethische Dimension?

Situationsanalyse

Die Analyse der Situation, in der ein ethisches Problem wahrgenommen wird, bildet den zweiten Schritt. Situationen können weder vollständig – das wäre eine unendliche Aufgabe – noch objektiv – die Wahrnehmenden sind immer hinein verknüpft in die Situation – erfasst werden. So gehört zur Situationsanalyse zuerst eine Auswahl, welche ihrerseits durch das Wirklichkeitsverständnis und die Absichten des oder der Urteilenden gesteuert und verantwortet wird. Zur Situationsanalyse gehören neben den die Situation bestimmenden Fakten bereits Überlegungen mit Blick auf die Interessen, Güter und Tugenden, die in der Situation eine wichtige Rolle spielen sowie über mögliche Handlungen und deren Folgen. Schließlich stellt sich die Frage, wer von dem Problem in besonderer Weise betroffen und herausgefordert ist. Diese unterschiedlichen Faktoren zeigen, dass die Situationsanalyse selbst bereits von ethischer Relevanz ist, steht hier doch bereits das Sich-Verhalten zur umgebenden Wirklichkeit, zu Mitmenschen und zum eigenen Selbst auf dem Spiel. Die zu beantwortende Frage lautet: Welche Elemente der Situation sind für die jetzt anstehende ethische Urteilsbildung bedeutsam?

Beurteilung von Verhaltensoptionen

Bei diesem Schritt der Urteilsbildung geht es zunächst um die Entdeckung unterschiedlicher Verhaltensoptionen. Mit unterschiedlichen Verhaltensoptionen können unterschiedliche ethische Problemlösungen angestrebt werden. Die verschiedenen Verhaltensoptionen werden beurteilt und schließlich daraufhin befragt, ob sie ggf. mit einer Gewissensentscheidung verbunden sind. Verhaltensoptionen erhalten dann eine ethische Qualität:

- wenn sie gemessen werden am Ziel des Handelns, Unterlassens oder des Erleidens von Situationen,
- wenn sie in Beziehung gesetzt werden zur Person des/der Urteilenden, d.h. zu seiner/ihrer Identität und Integrität (Verhaltensoptionen als Gewissensentscheidungen).

Die zu beantwortende Frage lautet: Wie werden unterschiedliche Verhaltensoptionen gegeneinander abgewogen und welche werden in die engere Wahl gezogen?

M1

Prüfung von Normen, Gütern, Perspektiven

Die Prüfung und Klärung von Normen, Gütern und Perspektiven soll die Voraussetzung dafür schaffen, sich für eine Verhaltensoption zu entscheiden. Normen sind tief in die gesellschaftliche Wirklichkeit verflochtene, sprachlich formulierbare Verhaltensdirektiven. Sie sind bei allen bisherigen Schritten ethischer Urteilsbildung bereits beteiligt; jetzt gilt es zu klären, welche möglicherweise konkurrierenden Normen bedeutsam sind; weiter wird so nach ihrem Geltungsanspruch gefragt, dass diese im Urteilsentscheid gebührend berücksichtigt werden können. Schließlich müssen möglicherweise neue Normen ausgehandelt werden – so wie Luther einmal erklärt hat, Christen seien im Glauben ermächtigt, auch neue Dekaloge zu entwerfen, die klarer seien als die des Mose. Welche Normen ausgewählt und welche Normen ggf. neu formuliert werden, hängt davon ab, unter welchen übergreifenden Perspektiven Menschen ihr Verhältnis zu sich selbst, ihren Mitmenschen, ihrer Mitwelt und ggf. Gott gegenüber bestimmen. Hier werden – im Falle ethischer Urteilsbildung von Christinnen und Christen – biblische Traditionen, Lehrstücke aus der Kirchen- und Theologiegeschichte und gegenwärtige dogmatische und ethische Überlegungen wichtig. Solche übergreifenden Perspektiven werden schließlich auch wichtig bei der Abwägung, welche Güter jemand bevorzugt und welche Übel er in Kauf zu nehmen bereit ist. Die zu beantwortende Frage lautet: Welche Normen, Güter und Perspektiven sind in diesem ethischen Urteilsprozess als individuelle oder gruppenspezifische Maßgaben von Bedeutung?

Prüfung der ethisch-kommunikativen Verbindlichkeit von Verhaltensoptionen

Hier geht es darum, zu prüfen, ob die in Aussicht genommene Verhaltensoption in dem Sinne vernünftig ist, dass sie andere zu folgender Zustimmung provoziert: Jeder Mensch sollte in dieser Situation und unter gleichen lebensgeschichtlichen Voraussetzungen sich so verhalten, wie es der vorgesehene Urteilsentscheid gebietet. Alle Normfindung und alle Güterabwägung zielen auf eine Verständigungsmöglichkeit, die nicht an die Grenzen individueller Entscheidungen gebunden ist. Christliche Ethik, von der hier vornehmlich die Rede ist, beansprucht, dass Verhaltensoptionen in einem Kommunikationsprozess verbindlich gemacht werden können. Erscheint dies nicht möglich, müssen die Verhaltensoptionen erneut überprüft werden, es sei denn es handelt sich um die eindeutige Gewissensentscheidung eines Einzelnen. Die zu beantwortende Frage lautet: Mit welchen Verhaltensoptionen kann ethische Verbindlichkeit erreicht werden?

Urteilsentscheid

Der Urteilsentscheid zieht aus dem Erwägen und Verknüpfen der vorangegangenen Schritte das Fazit. Mit dem Begriff „Urteilsentscheid“ wird darauf angespielt, dass hier eine (urteilende) kognitive Einsicht und ein (willentlicher) das eigene Verhalten bestimmender Entschluss zusammen kommen. Jeder Urteilsentscheid enthält dabei ein Wagnis: Dass immer nicht vorhersehbare Folgen eigenen Verhaltens einbezogen werden müssen, verweist auf ein hohes Risiko. Auch setzt sich der Urteilende ja selbst in gewisser Weise aufs Spiel in seiner Entscheidung: Er bringt sich gegenwärtig wie zukünftig verantwortlich in das Geschehen ein. Die zu beantwortende Frage lautet: Wie will ich mich/wollen wir uns zu dem ethischen Problem dieses ethischen Urteilsbildungsprozesses verbindlich verhalten?

G. Orth

VIII. Zwischen Sintflut und Regenbogen: Fantasie für Gerechtigkeit und Würde und Glück

Theologische und didaktische Aspekte

Nach der Sintflut richtete Gott den Regenbogen auf als Zeichen seines Bundes mit allen Menschen und seiner Schöpfung; der Regenbogen steht seitdem für den Erhaltungswillen Gottes, den es „gereut" hatte, ob der Bosheit der Menschen seine Schöpfung zerstören zu wollen (Genesis 7–9). Der Regenbogen wurde nie zum Symbol jüdischen wie christlichen Glaubens – Greenpeace hat ihn für sich als Zeichen zum Kampf gegen die Zerstörung der Erde gewählt.

Wie das Lob Gottes und der Dank, in denen wir uns der Güte Gottes versichern, am Beginn aller evangelischen Ethik stehen, so die erste Bundeszusage Gottes an deren Ende: „Solange die Erde steht, sollen nicht aufhören Saat und Ernte, Frost und Hitze, Sommer und Winter, Tag und Nacht" (Genesis 8, 22). Die elementaren Lebensbedingungen der Menschen wie der Natur sind von Gott zugesagt für das Bestehen der Erde.

Das Loben und das Danken und das Vertrauen auf diese frühe Verheißung Gottes, die allen Menschen – vor dem Bund mit seinem Volk Israel und vor Jesus Christus – gilt, setzen Fantasie frei für die Schöpfung und in ihr für Gerechtigkeit zwischen den Menschen und die Würde und das Glück jedes Einzelnen. „Kinder sind auf der Welt, um glücklich zu sein." Der kubanische Schriftsteller José Marti hat das Wort Jesu in Markus 10 Vers 14 in diesem Sinne übersetzt. „Glücklich" sollen sie sein, sagt José Marti. Und Markus sagt: „Lasset die Kinder zu mir kommen und wehret ihnen nicht, denn ihnen gehört das Reich Gottes." Markus meint wohl: Kinder sind Gottes Lieblinge.[9] Zum Glück gehören die Wertschätzung und die Würde jedes einzelnen Menschen: sie sind Bedingung seines Glückes. Gabriela Mistral spricht nicht von Würde und Wertschätzung, aber der Vorgang ist der gleiche, wenn sie in einem ihrer Liebesgedichte schreibt:

Wenn du mich anblickst, werd' ich schön,
schön wie das Riedgras unterm Tau.
Wenn ich zum Fluss hinuntersteige,
erkennt das hohe Schilf mein sel'ges Angesicht
nicht mehr.

Angesehen werden – das ist die Bedingung von Würde. Ich kann sie mir nicht selbst geben; sie gehört zu mir, wird mir entgegengebracht und ist Grund, „sozusagen grundlos vergnügt" zu sein: „Ich freue mich vor allem, dass ich bin." Auf diesem Boden kann Gerechtigkeit wachsen.

Drei Texte sind diesem Baustein zugeordnet. Sie beginnen mit Dorothee Sölles Lob Jesu als des glücklichsten Menschen, den sie kennt und dessen Fantasie zur Weltveränderung aus dem Glück geboren wird. So erscheint die Gestalt Jesu als das Bild des Menschen, der Gerechtigkeit will. Es folgt ein Text von Siba Shakib, einer afghanischen Autorin, die 2001 ein Buch veröffentlicht hat mit dem Titel „Nach Afghanistan kommt Gott nur noch zum Weinen". Es ist ein wütender Text, der hinweist auf die Notwendigkeit der Weltveränderung und an einem kleinen Beispiel Handlungsmöglichkeiten aufzeigt. Der Abschnitt schließt mit einem Text von Fulbert Steffensky, der nach Spiritualität und Frömmigkeit fragt, um dem Leiden und der Not zu widerstehen.

Intentionen

- Die Sch. sollen den Zusammenhang von Glück und Fantasie wahrnehmen können.
- Die Sch. sollen wahrnehmen, dass zu Glück und Fantasie auch Wut gehören kann als Motor zur Veränderung ungerechter Strukturen.
- Die Sch. sollen erfahren können, wie man sich langfristig machen kann in der Leidenschaft für das Recht der Schwachen.

9 W. Gern, Kinderarmut in einer reichen Gesellschaft. In: Junge Kirche. 4/2006. S. 24-28, hier S. 27.

Unterrichtsideen/Verlaufsplanung/Projektideen

1. Glück und Fantasie – das Beispiel Jesu

Literatur zur Vorbereitung

D. Sölle, Fantasie und Gehorsam. Stuttgart/Berlin 1968.

Unterrichtsideen

Sölles Ziel ist das Glück der Menschen. Sie sucht es abzulesen am Leben Jesu. Die Sch. lesen gemeinsam **M1** und diskutieren zunächst das in diesem Text deutlich werdende Jesusbild, sodann die Frage nach dem Glück der Menschen und inwieweit ihnen dabei Jesus als Maßstab bedeutsam erscheint. Schließlich sollen die Sch. kritisch nachfragen nach dem von Sölle postulierten Zusammenhang von Glück und Fantasie.

L.-Impulse

- Ist Ihnen Sölles Perspektive auf Jesus neu? Inwieweit können Sie ihr zustimmen, wo möchten Sie Differenzen benennen?
- Kennen Sie den Zusammenhang von Glück, Fantasie und Macht aus Ihrem eigenen Leben oder dem anderer Menschen? Ist Ihnen dieser Zusammenhang plausibel?
- Welches Menschenbild wird in Sölles Text deutlich?

2. Sie sollen um Vergebung bitten und gehen

Literatur zur Vorbereitung

S. Shakib, Nach Afghanistan kommt Gott nur noch zum Weinen. München 2002.

Unterrichtsideen

Die Sch. machen sich zunächst vertraut mit der aktuellen Lage in Afghanistan, lesen gemeinsam **M2** und diskutieren dann zuerst das Gegenüber von Azadine und George Bush. Sodann besprechen Sie das Handlungsmodell von Azadine. Schließlich bilden sie zwei Gruppen – für bzw. gegen den Abzug aller fremden Truppen aus Afghanistan – und tauschen ihre Argumente aus.

L.-Impulse

- Wie kämpft Azadine, wie der amerikanische Präsident für den Frieden? Welcher Kampf ist menschlicher und chancenreicher?
- Wie schätzen Sie die politische Praxis von Azadine ein?
- Wie denken Sie über einen Abzug der ausländischen Truppen aus Afghanistan?
- Ist die Wut, die aus dem Text von S. Shakib spricht, ein Gefühl, das die Sch. nachvollziehen können? Ist Wut für Sie fühlbar angesichts der Ungerechtigkeit in der Welt?

3. Sich langfristig machen in der Leidenschaft für das Recht der Schwachen

Literatur zur Vorbereitung

F. Steffensky, Mut zur Endlichkeit. Sterben in einer Gesellschaft der Sieger. Stuttgart 2007.

Unterrichtsideen

Die Sch. lesen gemeinsam **M3** und diskutieren – möglicherweise auf Grund ihrer eigenen Erfahrungen – die Bedeutung von Spiritualität für ihr eigenes Leben und ihre Auseinandersetzung um Gerechtigkeit.

L.-Impulse

- Azadine hat sich langfristig gemacht in ihrem Kampf für Frieden und Gerechtigkeit in Afghanistan. Wir wissen nicht, wie. Daniel Berrigan trank Wein und betete. Was sind Ihre Versuche, nicht aufzugeben?
- Spielt Spiritualität dabei für Sie eine Rolle?
- Diskutieren Sie den Zusammenhang von „Kontemplation und Kampf" (Taizé).

M1 Glück und Fantasie – das Beispiel Jesu

Ich halte Jesus von Nazareth für den glücklichsten Menschen, der je gelebt hat. Ich denke, dass die Kraft seiner Fantasie aus dem Glück heraus verstanden werden muss. Alle Fantasie ist in Gelingen verliebt, sie lässt sich etwas einfallen und sprengt immer wieder die Grenzen und befreit die Menschen, die sich unter diesen Grenzen in Opfer und Entsagung, in Repression und Rache ducken und sie so ewig verlängern. Jesus erscheint in der Schilderung der Evangelien als ein Mensch, der seine Umgebung mit Glück ansteckte, der seine Kraft weitergab, der verschenkte, was er hatte. Das konventionelle Bild von Jesus hat immer seinen Gehorsam und seinen Opfersinn in den Vordergrund gestellt. Aber Fantasie, die aus Glück geboren wird, scheint mir eine genauere Beschreibung seines Lebens. Sogar sein Tod wäre missdeutet als das tragische Scheitern eines Glücklosen, er wäre zu kurz verstanden, wenn nicht die Möglichkeit der Auferstehung in Jesus selber festgehalten werden würde! Auferstehung als die weitergehende Wahrheit der Sache Jesu ist aber im Tode dieses Menschen gegenwärtig; er hat den Satz ‚Ich bin das Leben' auch im Sterben nicht zurückgenommen.

Für Jesus und gegen alle fremdbestimmte Begründung seines Entwurfs gilt: Je mehr Glück, umso mehr Fähigkeit zu wirklicher Preisgabe. Von Christus ist zu lernen: Je glücklicher einer ist, umso leichter kann er loslassen. Seine Hände krampfen sich nicht um das ihm zugefallene Stück Leben. Da er die ganze Seligkeit sein nennt, ist er nicht auf Festhalten erpicht. Seine Hände können sich öffnen.

Es besteht ein Sachzusammenhang zwischen dem Glück, dem Ich und seiner Fantasie, ein Zusammenhang, der an Jesu Leben deutlich wird, aber für alle Menschen gilt. Wenn man diesen Zusammenhang mit den älteren theologischen Wörtern beschreibt, so ist es der von Gnade, Rechtfertigung des Sünders und Heiligung der Welt. In der Gnade, die so erscheint, dass einem Menschen sein Leben glückt, konstituiert sich ein anderes Ich, das den eigenen Ängsten entnommen ist, das befreit oder erlöst ist, und eben dieses Ich kann seine Aufgabe nun nicht mehr im Erfüllen bestimmter Vorschriften sehen, eine christliche Ethik nicht mehr auf Gehorsam gründen, weil die Aufgabe nun Weltveränderung ist, die die Tugend der Fantasie braucht.

Dass Gott für Jesus Befreiung bedeutete, Entfesselung aller Kräfte, die in jedem von uns gefangen liegen und mit denen wir Wunder tun können, die nicht geringer sind, als die, die von Jesus erzählt wurden, schien vergessen. Das Gefühl, ein erfülltes Leben zu haben, das Glück Jesu ging verloren. Es war, als wolle man den Menschen mehr und Größeres als das Glück Jesu versprechen – eine erst nach dem Tode sich realisierende Anteilhabe am göttlichen Leben. Mit Hilfe dieses Droben, dieses Später, ist das Glück diffamiert worden und die Veränderung der Erde auf Möglichkeiten des Glücks hin unterblieb. Noch immer befürchten wir heimlich vom Glück, es müsse auf Kosten anderer gehen, verdächtigen es als einen Raub an anderen, weil wir die Erde selber und die in ihr vorgesehenen Möglichkeiten von Glück als konstant, als unbeweglich ansehen. Wird die Welt dagegen als die Bewegung auf ein Ziel hin angesehen, wird Gott als in der Geschichte handelnd erfahren und nicht im Jenseits der Natur ruhend und ewig seiend vorgestellt, so lassen sich auch die Chancen des Glücks vermehren. Gott hat sich nach christlicher Überlieferung so in unsere Hände gegeben, dass er entdeckbar ist – im Gesicht des Menschen von nebenan, dass man ihn finden kann in den versteinerten Ordnungen, die wir verändern können, dass er als diese produktive Unendlichkeit sichtbar wird in unserer Welt.

D. Sölle, Fantasie und Gehorsam. Stuttgart/Berlin 1968. S. 63, 65, 66f, 79, 71 i.A.

Sie sollen um Vergebung bitten und gehen

M2

Meine afghanische Freundin Azadine ist Ärztin. Sie macht es wie der Präsident der Vereinigten Staaten von Amerika. Sie kämpft für den Frieden. Der Präsident kämpft mit Bomben. Azadine mit Zetteln. Azadine zeigt ihre Zettel westlichen Politikern und Exilafghanen. Wieder und wieder. Stundenlang.

Seit über zwei Jahrzehnten macht sie immer wieder das Gleiche. Sie spricht und kämpft und kämpft und spricht. Über die Lage in ihrer Heimat. Sie tauscht Ideen aus. Diskutiert. Streitet. Es geht um die Zukunft ihrer Heimat. Um die Zukunft ihrer Kinder. Um ihre eigene Zukunft. Seit über zwei Jahrzehnten. Immer wieder. Zukunft. Ob in den Dörfern, Städten oder in den Zelten der Nomadinnen – die Frauen wollen Frieden. Bomben sind Bomben, sagen Azadine und ihre Freundinnen. In wessen Namen sie geworfen werden, macht für uns keinen Unterschied. Alles, was wir wissen, ist, dass Bomben töten. Statt Bomben zu werfen, Krieg zu führen und ihre Söldner nach Afghanistan zu bringen, soll die Welt uns endlich helfen, unser Land wieder aufzubauen. Schließlich sind die über zwei Jahrzehnte andauernden Kriege nicht die der Afghanen. Nachdem die Sowjetunion und die USA abgezogen sind, haben Pakistan, Iran, Saudi-Arabien und wer weiß, wer sonst noch, und allen voran die USA ihren Krieg gegen Afghanistan fortgesetzt. Anders. Aber sie haben ihn fortgesetzt. Sie haben ihre Minen und ihre Waffen zusammen mit ihren Agenten und Spitzeln, zusammen mit ihren Söldnern und Marionetten in Afghanistan gelassen und haben sie angestachelt. Zum Brudermord.

Das letzte Mal hatte Azadine Namen von Vergewaltigern dabei. Dieses Mal stehen Namen von Toten auf ihren Zetteln, Namen von Kindern, Frauen und Männern. Getötet von Bomben der USA und ihren Verbündeten. Es gibt immer mindestens einen anderen Weg als Krieg, sagen sie. Das Mindeste, was der Westen und die UN hätten tun müssen, bevor sie ihre Bomben auf Afghanistan abwerfen, wäre die Einrichtung von Schutzzonen für die zivile Bevölkerung gewesen. … Für die Frauen in Afghanistan bedeutet Frieden, dass die Länder, die ihnen seit 23 Jahren nichts als Krieg, Minen und Tote, Hunger, Krankheiten und Vergewaltigungen gebracht haben, ihre Minen, Waffen und Soldaten nehmen, das afghanische Volk um Vergebung bitten und gehen. GEHEN!

S. Shakib, Bomben sind Bomben. In: TAZ, 24. 12. 2001. Zitiert nach: E. Diederich, Globalisierung und Krieg. Vortrag auf der Friedenskonferenz Baden-Württemberg am 27. 10. 2002. Unveröffentl. Manuskript

M3 Sich langfristig machen in der Leidenschaft für das Recht der Schwachen

Lassen Sie mich einen Augenblick über Menschen nachdenken, die an diesen Fronten (sc.: an der Seite leidender und sterbender Menschen) des Lebens arbeiten! Sie brauchen vielleicht in besonderer Weise die ernährenden Kräfte der Frömmigkeit, einer christlichen Frömmigkeit oder einer Weltfrömmigkeit. Warum? Meine erste Antwort: dass sie die richtige Lesart des Evangeliums lernen. Wie lernen sie, dass die Armen seine ersten Adressaten sind? Es gibt in der Theologie so viel Rhetorik ohne Erkenntnis, und es ist nicht selbstverständlich, die Augen Christi in den Augen des sterbenden Kindes, der verwitweten Frau und des an seiner Krankheit leidenden Mannes zu lesen. Man muss ein gebildetes Herz haben, um Gott in den Gestalten der Kraftlosigkeit zu erkennen. Das ist nicht nur eine Frage der Moral. Eine Moral, die sich auf nichts anderes berufen kann als auf sich selber, bleibt kurzatmig. Wie lerne ich Barmherzigkeit, und wie verlerne ich, die eigenen Wünsche triumphieren zu lassen in der Behandlung eines Menschen? Das sind Fragen der Spiritualität und der Frömmigkeit.

Wie mache ich mich langfristig in der Leidenschaft für das Recht der Schwachen? Man konnte in den letzten Jahrzehnten so viele engagierte Menschen resigniert und ermattet sehen. Man konnte sehen, wie sie sich in der psychologischen Selbstpflege erschöpften. Wie esse ich die Texte und mit ihnen den Geist unserer Tradition? Wie atme ich im Gebet den Geist Christi, dass Gotteserkenntnis und Barmherzigkeit nicht mehr feindliche Geschwister bleiben? Wie arbeiten wir, ohne die Hoffnung zu verlieren? All das ist eine Frage der Spiritualität und der Frömmigkeit.

Wie behalten Menschen in dieser Arbeit den Humor angesichts der eigenen Endlichkeit? Wer am Heil der Menschen und an der Gerechtigkeit arbeitet, hat eine fast unendliche Idee: niemand soll aufgegeben werden. Aber sie sind endliche Menschen. Wie können diese Menschen in kleinen Schritten gehen und den großen Gedanken nicht verlieren oder nicht zugunsten des großen Gedankens in Gewalt gegen sich selber oder gegen andere verfallen? Wie behalten sie die Distanz zu sich selber und lernen den Satz zu sprechen: Geschlagen ziehen wir nach Haus, unsere Enkel fechten's besser aus! Nur wenn man eine Herkunft hat, kann man eine Zukunft denken, die nicht nur aus uns selbst besteht, sondern aus der Kraft von allen; aus der Kraft unserer Toten und der Kraft unserer Enkel. Wir bauen an der Zukunft, aber die Zukunft besteht nicht nur aus uns und unseren Kräften. Ich erinnere mich an eine wunderbare Begebenheit mit Daniel Berrigan, dem Friedensaktivisten, der wegen seiner Friedensarbeit in den USA lange im Gefängnis war. Einmal hat er uns besucht nach einer solchen Gefängniszeit. Er war müde und abgespannt und wollte bei uns lesen, Musik hören, beten und mit uns ins Theater gehen. Es kam ein Anruf aus einem Friedenscamp, wo viele junge Leute zusammen waren. „Daniel muss sofort kommen!", sagte der Leiter des Camps. „Hier hat er sein Publikum und hier ist er unentbehrlich!" Berrigan verweigerte sich und sagte: „Jetzt will ich Wein trinken und beten." Mir hat die Ruhe dieses unruhigen Herzens imponiert. Er konnte ohne Verzweiflung arbeiten, und er kannte seine eigene Endlichkeit. Wenn das nicht Frömmigkeit ist und eine Spiritualität, wie wir sie brauchen! Eine Spiritualität, die uns zu Menschen mit gebildeten Träumen und mit langfristigen Optionen macht, ist ein Moment des Protestantischen Profils.

Warum sollen wir fromm sein? Jetzt eine Antwort, die überhaupt nicht auf die Effizienz und die Verzweckung von Frömmigkeit schielt und die auch nicht zum Thema passt: Es ist schön zu loben, zu beten und zu singen; die Lieder der Toten und der lebenden Geschwister zu singen und sich in ihre Lebensvisionen zu vertiefen. Es ist schön! Als kritische Christen sich vor vielen Jahren einmal zu einer Wochenendtagung in Berlin trafen, machten einige der Teilnehmenden den Vorschlag, am Sonntag einen Gottesdienst zu feiern. Über diesen Vorschlag wurde gestritten, und einige fragten skeptisch nach der Funktion dieses Gottesdienstes im Progress der Befreiung. Der alte Gollwitzer hörte sich diese Diskussion bekümmert an und sagte dann: Ich will den Gottesdienst, weil es schön ist, mit euch zu beten und zu singen. Diesem entwaffnenden Argument, das eigentlich kein Argument war, konnte sich niemand entziehen. Und dieses „sunder warumbe" ist das Herz der Frömmigkeit.

F. Steffensky: Mut zur Endlichkeit. Sterben in einer Gesellschaft der Sieger. Stuttgart 2007. S. 30-36 i.A,

C Lernerfolgsüberprüfungen

Klausur

Gib uns unser täglich Brot

Um es gleich vorwegzunehmen: die Hungernden brauchen nicht unser Gebet; sie brauchen Gerechtigkeit und Solidarität. – Und so stehen wir da mit vollen Bäuchen und bitten um Brot... Lächerliche Gestalten, wenn nicht alles so tief traurig wäre.

H.-J. Venetz, Das Vaterunser. Gebet einer bedrängten Schöpfung. Fribourg/Brig 1989. S. 63

Gott sucht die Materie auf, um in ihr zu wohnen (Johannes 1,14), er lässt sich auf die Brotfrage ein und mit ihr auf das Alltags- und Wirtschaftsleben: Die Utopie einer Erde, auf der alle genug haben, hat ihren Ort in den Ursprungsgeschichten jüdischen und christlichen Glaubens (vgl. z. B.: Exodus 16, Matthäus 6,19-34; 20,1-15; Lukas 12,16-21; Apostelgeschichte 2,42-47; 4,32-35).

Und wir? Sozialhilfeempfänger, Arme, Tagelöhner, Arbeitslose, Bettler und Hungrige sind kaum in unseren Gottesdiensten. Mit ihnen beten wir – die normale bürgerliche Mittelschichtgemeinde, die auch dieses Buch liest – nicht das „Vater unser". Sie und die Hungernden der Erde, auf der alle zwei Sekunden ein Kind an Hunger, Unterversorgung und Not stirbt, brauchen nicht unser Gebet als Ersatzhandlung. Sie brauchen die Umverteilung des Reichtums, brauchen Gerechtigkeit und Solidarität. Und nur und ausschließlich im Zusammenhang solchen praktisch-politischen Verhaltens, solcher Praxis der Veränderung des eigenen Lebensstiles und der gesellschaftlichen Strukturen, ist Fürbitte rechtschaffen möglich.

Die auf die Bitte um das tägliche Brot folgende Bitte lautet: „Vergib uns unsere Schuld wie auch wir vergeben unsern Schuldigern". Stellen wir uns kurz vor, die Brotbitte wäre parallel formuliert: Gib uns unser täglich Brot heute, wie auch wir es denen geben, die es brauchen – die Bitte müsste uns im Halse stecken bleiben.

Auch in dieser Bitte geht es um „unser", nicht um „mein" Brot. Habe ich mehrfach darauf verwiesen, dass das Beten des „Vater unser" immer auch stellvertretendes Beten für alle Menschen ist, so nötigt der Plural in dieser Bitte zum Teilen. Auch dieser Bitte des „Vater unser" entspricht also eine bestimmte Handlungsform: Das Teilen nicht nur unseres Reichtums, sondern das Teilen des täglichen Brotes mit denen, die seiner bedürfen.

So macht die Bitte um das tägliche Brot heute deutlich: Die Welt darf nicht bleiben wie sie ist. Richteten sich die ersten drei Bitten des „Vater unser" auf Gottes Handeln, so richtet sich diese an uns: Im Umgang mit dem täglichen Brot wird der Glaube konkret; in unserem Umgang mit dem täglichen Brot entscheidet sich die Ernsthaftigkeit der Bitte um das Kommen des Gottesreiches und um das sich darin ausdrückende Geschehen des Willens Gottes.

Schließlich verweist das Bitten um tägliches Brot auf den korrespondierenden Dank für Essen und Trinken. Danken können signalisiert, dass ich nicht allein aus mir lebe. Ich kann und muss mich nicht selbst um alles sorgen. Würde dies nicht Freiheit bedeuten?! „All eure Sorge werft auf ihn..." Würde dies nicht Fantasie freisetzen, wenn wir frei werden von der lähmenden Sorge um den nächsten Tag?! Würde dies nicht das Antlitz der Erde verändern, wenn wir dafür Sorge tragen, dass alle Menschen in den Genuss solcher „Sorglosigkeit" gelangen?!

Gib uns unser täglich Brot – so beten Menschen,

- die solidarisch sind mit denen, die Not leiden, und das Teilen dessen einüben, was sie haben,
- die eine Ökonomie des Genug einüben, in der alle zu ihrem Recht auf Essen und Trinken gelangen können,
- die wissen, dass sie nicht Gott und dem Mammon dienen können, und die den Weg der Befreiung gehen,
- die in der christlichen Gemeinde beispielhaft erproben, was gesellschaftliche und weltweite Realität werden muss.

G. Orth, Wie im Himmel so auf Erden. Das Vater unser heute beten und verstehen. Stuttgart 2004. S. 63–65, © Radius Verlag, Stuttgart

Arbeitsaufträge

1. Geben Sie den Gedankengang der beiden Texte in eigenen Worten und in einem Zusammenhang wieder.
2. Ein indischer Bischof sagte einmal: „Im Vater unser steht nicht: Gib uns unseren täglichen Kuchen." Erläutern Sie diesen Satz auf dem Hintergrund dessen, was Sie in diesem Kurs gelernt haben.
3. Schlagen Sie die genannten biblischen Stellen nach und erläutern Sie deren Bedeutung für die Hoffnung auf eine Erde, in der alle genug haben.
4. Das Vaterunser beten reiche und arme Christen. Worin liegt die Differenz im Verstehen der Brot-Bitte, wenn arme und wenn reiche Christen dies beten?

Mündliche Abiturprüfung

Elisabeth von Thüringen und Franz von Assisi

Von Elisabeth von Thüringen wird berichtet, dass sie einmal in einem Unwetter ein Kind auf einem Holzstoß sitzend fand, das sie mit den Augen ansah, aus denen die Trauer der ganzen Welt sprach. Sie fragte das Kind: „Kind, wo ist deine Mutter?" Es heißt, in der Nacht erschien ihr Christus am Kreuze und er sah sie an mit den Augen des Kindes. Das ist eine Legende. Eine Legende heißt nicht nur eine erfundene Geschichte, sondern eine Legende ist auch eine Lesart des Lebens. So muss man das Leben lesen, d.h. die Augen Christi erkennen in den Augen des gequälten Kindes, in der vergewaltigten Frau, in dem Mann, der sich totarbeiten muss und nicht verdient, was er zu verdienen hat. Vielleicht ist Christus in dieser Weise ein spiritueller Mensch gewesen, weil er die Armen ‚lesen' konnte, weil er die Nöte der Menschen lesen konnte.

Von Franz von Assisi wird erzählt, dass er angefangen hat, in allen Dingen Gott zu lieben. Er kam zu einer Quelle und sagte: „Schwester Quelle, erzähle mir von Gott." Und die Quelle sprudelte auf, als ob sie reden wollte. Und dann wurde sie still, und er sah auf dem Grund der Quelle das Gesicht der Klara, der er in Freundschaft und Liebe verbunden war. Er ging weiter und kam zu einem Mandelbäumchen und sagte: „Mandelbaum, erzähle mir von Gott." Und der wurde aufgeregt und fing zu Unzeiten an zu blühen, und er erzählte auf diese Weise von Gott mit seiner Stimme. Und er kam zu einem alten Mann und sagte ihm: „Alter, erzähle mir von Gott." Und der Alte nahm ihn mit in eine Stadt in das Quartier der Armen, wo die Kinder der Armen spielten und die Menschen ihre Wäsche wuschen. Und der Alte teilte Brot aus, und die Menschen teilten das Brot weiter unter sich. Und der Alte sagte: „Unser Brot, unser Vater." Das ist eine andere Doppeldeutigkeit, ein anderes Mal ein zweites Gesicht. Das zweite Gesicht der Dinge ist eine Voraussetzung dafür, dass Franz den Mandelbaum nicht nur als fruchtbringenden Baum, verkäufliche Früchte tragend, sieht, dass er das Wasser nicht nur als Wasserstraße, als Benutzbares sieht. Er lässt den Dingen ihre Sprache, sie sind für sich da und für Gott da, den sie loben.

F. Steffensky, Spiritualität des Lebens. In: Junge Kirche 2/2005. S. 54-57, hier S. 54

Arbeitsaufträge

1. Beschreiben Sie Inhalt und Form der beiden Berichte und beantworten Sie die Frage, warum hier die Form bedeutsam für den Inhalt ist.
2. Benennen Sie Gemeinsamkeiten und Differenzen der beiden Berichte.
3. Was bedeuten die beiden Berichte für die Wahrnehmung sozialer Ungerechtigkeit? Welche Beziehungen stellen Christinnen und Christen zwischen sozialer Ungerechtigkeit und ihrem Glauben her?
4. Stellen Sie die beiden Berichte in Beziehung zu Johann Baptist Metz' Begriff der „Compassion" und dem Zusammenhang von „Kontemplation und Kampf", wie er von der Gemeinschaft in Taizé gelebt wird.

Facharbeit: Ethische Urteilsbildung zu sozialer Gerechtigkeit

Arbeitsaufträge

1. Wählen Sie ein aktuelles sozialethisches Problem aus den vielfältigen Themenfeldern sozialer Ungerechtigkeit in Deutschland aus, stellen Sie es dar und begründen Ihre Wahl.
2. Erläutern Sie dessen ökonomische und sozialpolitische Hintergründe.
3. Stellen Sie dann den Prozess ethischer Urteilsbildung an Hand dieses Problems dar.
4. Begründen Sie abschließend, warum ein solcher Prozess ethischer Urteilsbildung heute notwendig ist und wie Ihr Ergebnis des Prozesses ethischer Urteilsbildung in den gesellschaftlichen Diskurs eingebracht werden kann.